Über die Autoren:

Christoph Kuch – Der Diplomkaufmann sieht aus wie ein ganz normaler Familienvater, der in einem gemütlichen Vorort von Nürnberg wohnt. Auf den zweiten Blick sieht er immer noch so aus, denn genau das ist er. Aber gerade deshalb ist er auch der beliebteste Mentalmagier Deutschlands und gern gesehener Gast in zahlreichen TV-Shows. Seine über zwanzigjährige Erfahrung auf den großen Bühnen dieser Welt hat ihm Einblicke in das menschliche Verhalten gestattet, die er in Seminaren und Coachings vermittelt. Die faszinierendsten Erkenntnisse teilt er nun in seinem ersten Buch.

Florian Severin – Der Absolvent der Filmakademie (Schwerpunkt Drehbuch und Animation) schreibt von klein auf. Angeblich hat er bereits seine ersten Worte nicht gesprochen, sondern direkt mit Babybrei auf den Tisch geschmiert. Sein Wissen, wie man Menschen beeinflusst, hat er über viele Jahre in der Werbebranche gewonnen und als Autor mehrerer Sachbücher, die auch in andere Sprachen übersetzt wurden, weitergegeben. Seit über zwanzig Jahren tritt er als Zauberkünstler in Theatern auf und arbeitet an Fernsehproduktionen vor und hinter der Kamera mit. Außerdem isst er gerne Schokodonuts.

Näheres zum Buch erfahren Sie unter:
www.aberglaube-bringt-unglueck.de

Christoph Kuch

mit Florian Severin

Sei nicht abergläubisch, das bringt Unglück!

Die Psychologie
des Unglaublichen

Besuchen Sie uns im Internet:
www.knaur.de

Originalausgabe September 2014
Knaur Taschenbuch
© 2014 Knaur Taschenbuch
Ein Unternehmen der Droemerschen Verlagsanstalt
Th. Knaur Nachf. GmbH & Co. KG, München
Alle Rechte vorbehalten. Das Werk darf – auch teilweise –
nur mit Genehmigung des Verlags wiedergegeben werden.
Redaktion: Antje Steinhäuser
Umschlaggestaltung: ZERO Werbeagentur, München
Umschlagabbildung: FinePic®, München
Satz: Daniela Schulz, Puchheim
Druck und Bindung: CPI books GmbH, Leck
ISBN 978-3-426-78692-5

2 4 5 3

Vorwort

> *»I can read your mind.«*
>
> The Alan Parsons Project – *Eye in the Sky*

Tiefe Verbeugung, der Vorhang schließt sich. Ich stehe dahinter, atme durch, genieße den Moment, verlasse die Bühne und begebe mich in meine Garderobe.

Die Gäste meines Abends beginnen zu murmeln, Gläser werden mit zunehmender Frequenz zum Mund geführt, Stühle knarzend bewegt, Autos gestartet, während sich an diesem verschneiten Novembertag die ersten Zuschauer auf den Weg nach Hause machen, um ihre Babysitter abzulösen. Andere, so wird mir häufig berichtet, werden sich schlaflos in ihrem Bett wälzen, über das Geschehene grübeln und sich fragen, wo die Grenze zwischen Psychologie und Zauberei verläuft und ob Gedankenlesen eventuell doch möglich sei.

Und plötzlich, Stille.

Ich trete aus meiner Garderobe vor die Bühne. Hier, wo gerade noch Menschen gelacht und gestaunt haben, herrscht nun gähnende Leere. Ich verstaue meine Requisiten in meinem Auto. Genau in diesem Moment freue ich mich immer, Gedankenleser zu sein und nicht als Großillusionist mit einem Truck voll sperriger Kisten und schwebender Jungfrauen durch die Lande reisen zu müssen. Ich setze mich ins Auto, starte den Motor. Es beginnt zu schneien. Es ist schon eine eigenartige Welt, eine Scheinwelt, mein Beruf, meine Leidenschaft … und morgen darf ich den neuen Schreibtisch für meine Tochter aufbauen. *La vita è bella.*

Die »Welt am Sonntag« schrieb einmal über mich: »Dabei wirkt der hochgewachsene Kuch mit seinem vollen braunen Haarschopf und dem treuen Hundeblick wahrlich nicht wie ein mystischer Merlin.«[1]

Nun, das ist nicht nur eine Wirkung, das ist die Realität.

Ja, ich bin ein ganz normaler Typ, verheiratet, Vater von zwei Kindern. Einzig das, was ich vorwiegend auf großen Bühnen präsentiere, ist nicht alltäglich.

Schon in meiner frühesten Kindheit hat mich das Zaubervirus befallen. Ich kann mich noch dunkel daran erinnern, als Fünfjähriger »Stars in der Manege« gesehen zu haben. Es war 1980, und Rainer Werner Fassbinder ließ Hanna Schygulla schweben. Ich musste wissen, wie das funktionierte. Leider hatte ich bisher nie wieder die Möglichkeit, ein Video dieses Auftritts zu sehen, so dass ich heute nicht einmal mehr weiß, was genau mich an dieser Nummer so faszinierte. Zu Weihnachten bekam ich dann »Hardys Zauberkasten« geschenkt, und von da an wurde geübt. Zumindest so lange, bis alle Familienmitglieder samt Dackel herausgefunden hatten, wie die Tricks funktionierten.

Ich brauchte neues Material, mit dem ich alle verblüffen konnte und bei dem selbst mein kritischer großer Bruder Matthias keine Ahnung hatte, wie der kleine Christoph diese Wunder vollbrachte.

Glücklicherweise entdeckte ich Mitte der achtziger Jahre den »Nürnberger Zauberladen«, ein Kleinod voller Masken, Kostüme, Scherzartikel und Zaubertricks am Burgberg in der Altstadt. Häufig fuhr ich direkt nach der Schule hin und ließ mir mit großen Augen und offenem

---

1 Hannelore Crolly, »Der Mentalmagier liest die geheimsten Gedanken«, in *Welt am Sonntag* vom 28.10.2012

Mund die neuesten Kunststücke zeigen. Wenn der Herr hinter der Theke mich täuschen konnte, dann würde mir das mit Freunden und Familie auch gelingen. So trug ich mein gesamtes Taschengeld dorthin und kaufte viele unnütze Dinge. Eines davon ist mir erst kürzlich wieder in die Hand gefallen: ein Verschwindenetz für Tauben, das ich für immerhin einhundertneununddreißig Mark erstand. Dabei wollte ich nie, wirklich nie, nie, niemals in meinem Leben mit Tauben zaubern. Hinzu kommt, dass das Netz lila war. Absolut hässlich und unnatürlich. Was mich dazu bewegte, dieses, für meine damaligen Verhältnisse, Vermögen auszugeben, bleibt mir bis heute unklar.

So versetze ich mich immer noch gelegentlich selbst in Erstaunen, was für einen Zauberkünstler eine Seltenheit ist. Beschäftigt man sich intensiv mit der Zauberei und liest Bücher, sieht Videos (damals waren kleine silberne Scheiben noch ausschließlich zum Hören von Musik gedacht), geht der wundervollste Teil der Illusion, die Verblüffung, verloren. So bedaure ich sehr, dass ich dieses faszinierende Gefühl, keine Ahnung zu haben, wie ein Trick funktioniert, nur noch sehr selten verspüre. Dafür habe ich die Freude gewonnen, Menschen bei meinen Auftritten zu erstaunen und sie verblüfft oder gar fassungslos zu sehen. Deshalb mein von Herzen kommender Tipp: Versuchen Sie nicht, hinter die Magie zu kommen. Natürlich ist es menschlich, die Geheimnisse eines Zauberkunststücks erfahren zu wollen. Machen Sie sich aber bewusst, dass Sie sich mit jedem erworbenen Wissen, wie etwas funktioniert, ein Stück der Illusion, des kindlichen Denkens berauben.

Stellen Sie sich vor, an Ihrem Fenster flöge soeben ein Elefant vorbei. Was würden Sie denken? Ein Kind würde sagen: »Ui, schau mal, toll, da schwebt ein Elefant vorbei!« Ein Erwachsener hingegen: »Ui, wodurch kann denn dieser Elefant fliegen?«

Je älter wir werden, umso mehr verschwindet die Fähigkeit, Dinge einfach geschehen zu lassen und diese zu genießen.

Bevor ich mich das erste Mal auf die Bühne traute, gingen noch einige Jahre ins Land. Erst dann begriff ich, dass es auch andere Menschen faszinieren würde, was ich mache.

»Wenn ich erwachsen bin, möchte ich gerne Zauberkünstler werden.«

»Mein Sohn, beides zusammen geht nicht.«

Ich beruhigte meine Eltern und ließ sie in dem Glauben, dass ich meine Leidenschaft nie zum Beruf machen würde. Sorry, Mama, zu spät.

Im Alter von sechzehn Jahren lernte ich meinen »Zaubermeister« Werner Fleischer kennen. Er war damals Dozent an der Volkshochschule in Nürnberg und referierte über Zauberkunst. Als er sah, wie ich eine Münze aus der Hand verschwinden ließ, meinte er, ich hätte Talent und dass er mich gerne fördern würde. Danach hatte ich drei Jahre lang Privatunterricht bei ihm. Er war es, der mir vermittelte, dass für uns Zauberkünstler die Tricks nur Mittel zum Zweck sein dürften. Was wirklich zähle, sei, Menschen zu unterhalten. Die »Präsentation« sei wichtig. Zauberei lebe von der Leidenschaft. Gut könne man nur werden, wenn man etwas liebe, lebe, denke und fühle.

Die meisten Menschen haben einen Zauberer noch nie live gesehen. Die wenigsten gar einen Mentalisten. Ganz nah dran zu sein oder Teil eines Gedankenexperimentes zu werden fasziniert den Zuschauer. Ein schönes Kompliment bekam ich bei meinem Auftritt im Sat.1-Frühstücksfernsehen von der Moderatorin Karen Heinrichs, die mir backstage sagte, sie fände meine Kunst absolut faszinierend, da dies »Zauberei für Erwachsene« sei.[2]

Denke ich an meine ersten Auftritte zurück, so waren diese von extremem Lampenfieber und versehentlich zu Boden fallenden Requisiten geprägt. Jedoch ließ ich mich nicht entmutigen, blieb auf der Bühne und finanzierte mir damit sogar mein Studium. Betriebswirtschaftslehre. Oh, ja. Der ausgefallene Studiengang mit den aufregenden und abwechslungsreichen beruflichen Möglichkeiten.

Spätestens mit Beginn des Studiums verstärkte sich auch mein Interesse am menschlichen Geist. Weniger jedoch, um die Studienkollegen zu verstehen, die bereits die Vorlesungen des ersten Semesters im Anzug besuchten, als vielmehr aufgrund eines meiner Schwerpunktfächer: Wirtschaftspsychologie. Faszinierend fand ich dabei insbesondere die sozialen Teilbereiche wie Arbeits- und Führungspsychologie.

Immer häufiger ertappte ich mich, den Transfer zu vollziehen, wie ich mir das erworbene Wissen während einer Zaubershow zunutze machen könnte. Warum agieren Menschen so, wie sie es tun? Warum handeln sie immer nach gleichen Mustern? Ist es möglich, Menschen zu manipulieren, sie dazu zu bewegen, Dinge zu tun, von denen sie selbst nicht einmal vermuteten, dass sie sie tun

---

2 Mit dieser Aussage bestätigte Karen Heinrichs übrigens unbewusst einen der Väter der modernen Mentalmagie: Theodore Annemann. Im Vorwort seines Buches »Practical Mental Magic« von 1963 schreibt er, dass Mentalmagie die erwachsen gewordene Form der Zauberkunst sei.

würden? Ich verbrachte viel Zeit in der Bibliothek, las Bücher und Essays und fand eine weitere Leidenschaft – verrückte Experimente:

Warum Kinder, die ihre Schokolade nicht sofort essen, später Erfolg im Beruf haben.

Warum Menschen bereit sind, viel Geld auszugeben, wenn sie vorher eine wertlose CD geschenkt bekommen haben.

Wie man mit Gedanken töten kann.

Warum Tauben abergläubisch sind.

Warum das Tragen einer Uniform auch Deppen zu Macht verhilft.

Immer häufiger baute ich Themen der Psychologie in meine Zaubershows ein. Letztendlich entschied ich mich, meinen Auftritten einen komplett mentalmagischen Rahmen zu geben. Ich liebe die Zauberei, ich liebe gute magische Präsentationen, und ich liebe Karten, Münzen, Kisten. Aber ich will sie nicht länger vorführen. Mich begeistert die Psychologie. Diese Faszination überträgt sich auf mein Publikum. Das, was ich mache, kommt aus meinem Innersten, das bin ich, und das spüren die Zuschauer. Denn meiner Meinung nach schafft man Glaubwürdigkeit nur durch Authentizität.

Die nächsten Jahre feilte ich an meiner Show, an meinen Präsentationen und Texten, experimentierte mit neuen Ideen und Tricktechniken. Im Jahr 2012 erfüllte ich mir einen Kindheitstraum und trat bei der Weltmeisterschaft der Zauberkunst an, der Olympiade für Magier. Mit der punkthöchsten Darbietung gewann ich in der Sparte Mentalmagie.

Meine Begeisterung für Psychologie hatte sich ausgezahlt.

In diesem Buch finden Sie meine Lieblingsexperimente und die unglaublichen Erkenntnisse, die sich daraus für uns Menschen ergeben. Ein faszinierender Einblick in den menschlichen Verstand.

Nach meinen Shows kommen immer wieder
Zuschauer auf mich zu und stellen mir Fragen.
Auf den folgenden Seiten beantworte
ich die interessantesten.

Kapitel 1

»Können Sie die Lottozahlen vorhersagen?«

»Oh, oh, people of the earth,
Listen to the warning, the seer he said.«

Queen – The Prophet's Song

Nach meinem Auftritt kommt der Veranstalter, der mich gebucht hat, zu mir und nimmt mich zur Seite. Er blickt schnell nach links und rechts, um sicherzugehen, dass uns keiner belauscht. Dann flüstert er mir zu, ob ich ihm die Lottozahlen von nächster Woche verraten könne.

Möchte er mir damit durch die Blume sagen, dass meine Gagenforderung zu hoch ist?

Nein, er hofft einfach, dass ich ihm zu schnellem Reichtum verhelfe. Wo sind nur die alten Tugenden hin? Zählen denn harte Arbeit, Sparsamkeit und reiche Eltern nichts mehr? Am Blick des Mannes erkenne ich, dass er nicht lockerlassen wird. Deshalb schreibe ich sie ihm auf: 4–19–26–28–33–40. Und als Zusatzzahl die 9.

Das sind sie.

»Allerdings«, gebe ich zu bedenken, »weiß ich nicht genau, in welcher Woche die Zahlen gezogen werden. Aber ich weiß, *dass* sie gezogen werden.«

Mit dieser Aussage befinde ich mich in guter Gesellschaft. Wer als Prophet etwas taugen will, muss seine Aussagen vage halten. Nostradamus, die Galionsfigur aller Weissager, hat es vorgemacht.

Michel de Nostredame, wie sein vollständiger Name lautet, lebte im 16. Jahrhundert in Frankreich. Das finstere Mittelalter war zwar schon vorbei, aber viel los war trotzdem nicht. Die Französische Revolution sollte noch über zweihundert Jahre auf sich warten lassen, so dass sich Michel nicht einmal mit einer gepflegten Enthauptung die Zeit vertreiben konnte. Deshalb fing er an, Jahrbücher zu schreiben. Aber nicht irgendwelche Jahrbücher, sondern solche, in denen er die Zukunft beschrieb. Sozusagen die »Gala« von übermorgen. Er war dabei ungeheuer fleißig. Seine Weissagungswälzer enthalten insgesamt über sechstausend Vorhersagen und decken die Zeit bis zum Jahr 3797 ab[3] – womit er lässig und ganz nebenbei gewusst hat, dass der Maya-Kalender mit dem Verfallsdatum der Menschheit danebenliegt.

Anno Domini 3797 übrigens deshalb, weil sein Buddy Richard Roussat aus Lyon kurze Zeit vorher dieses Jahr als das Ende der Welt festgelegt hatte.[4] Unter Propheten fällt man sich gegenseitig nicht in den Rücken. Außer natürlich diesen Kalender-Indianern aus Mexiko, aber vermutlich sind denen einfach nur die Steintafeln für die weiteren Jahre ausgegangen.

Eine der ersten Prophezeiungen, mit denen Nostradamus ins Schwarze traf, war die Beschreibung, wie König Heinrich II. von Frankreich zu Tode kommen sollte. Wie für Nostradamus üblich, ist sie als fescher Vierzeiler gehalten:

---

3 Michel de Nostredame, »L'Épître à César«, 1555, in *Les Prophéties*

4 Richard Roussat, »Livre de l'estat [sic!] et mutations des temps«, 1550

»Der junge Löwe wird über den alten siegen.
In einem einzigen Duell auf dem Schlachtfeld,
Wird er seine Augen stechen im goldenen Käfig.
Zwei Dinge werden eins, dann stirbt er den
grausamen Tod.«

Heinrich II. starb im Jahre 1559 bei einem Turnier. Die Lanze seines Gegners, des Grafen Gabriel de Lorges von Montgomery, durchbrach das Visier des Königs, und ein Splitter verwundete diesen derart, dass er zehn Tage später seinen Verletzungen erlag.

Die Vorhersage scheint recht behalten zu haben: Beide Reiter führten als Wappen einen Löwen. Der Graf war jünger als der König. Heinrich trug einen goldenen Helm – den goldenen Käfig –, und der Splitter der Lanze durchbohrte sein Auge.

Volltreffer! (Ich hoffe, Sie vergeben mir den Ausdruck in diesem Zusammenhang.)

Ähnliche Treffsicherheit bewies Neil Marshall, Student der Brock University in Kanada. Mit drei Jahren Vorsprung sagte er den Anschlag vom 11. September 2001 vorher:

»In der City of God wird ein großer Donner
herrschen.
Zwei Brüder werden von Chaos
auseinandergerissen.
Während die Festung Leid erträgt,
Wird ein großer Führer unterliegen.«

Die »zwei von Chaos auseinandergerissenen Brüder« sind natürlich die Twin Towers des World Trade Centers. Und in der von Gott geliebten Stadt, die der rechtschaffenen Bürger, also New York City, herrschte an dem Tag ein Lärm, der sogar lauter war als aller Donner zusammen. In dem Vierzeiler ist sogar der Angriff auf das Pentagon als »leidtragende Festung« erwähnt.

Doch wer ist der große Führer, der unterliegt?

Da spalten sich die Meinungen. Die einen sagen, dass es Amerika sei, das den Anschlag nicht verhindern konnte. Die anderen sehen es eher so, dass damit die Ergreifung von Osama bin Laden vorweggenommen werde.

Das klingt etwas ungenau. Was denn jetzt? Soll der Angegriffene oder der Angreifer gemeint sein?

Hätte Marshall seine Vorhersage nicht etwas präziser formulieren können?

Nein, denn so funktionieren klassische Vorhersagen. Sie sind möglichst schwammig gehalten, so dass sie früher oder später auf irgendein Ereignis zutreffen. Auch Nostradamus' Weissagungen bestehen aus zahlreichen Metaphern, verfasst in einem sprachlichen Mischmasch aus Französisch, Latein und Spanisch,[5] die jede Menge Raum für wilde Spekulationen lassen.

Genau das wollte Neil Marshall mit seiner »Prophezeiung« belegen. In dem Essay, in dem er diese vier Zeilen »vorhersagt«, führt er direkt im Anschluss verschiedene Interpretationsmöglichkeiten an,[6] um zu zeigen, wie beliebig jede Weissagung ausgelegt werden könne.

---

5 Bernd Harder, »Nostradamus: Ein Mythos wird entschlüsselt«, 2000

6 Neil Marshall, »Nostradamus: A Critical Analysis«, 1996 – Ironie des Schicksals: Mit seinem Essay und der Pseudo-Vorhersage wollte Marshall die Funktionsweise von angeblichen Weissagungen aufzeigen. Nach dem 11. September kursierte sie im Netz jedoch als Beleg für eine eingetroffene Vorhersage des Anschlags. Um die Ironie auf die Spitze zu treiben, wurde die Prophezeiung nicht ihm zugeschrieben, sondern Nostradamus.

Er schreibt, dass der Donner nicht nur ein Gewitter, sondern auch ein Erdbeben sein könne. Für die »City of God« gibt er als Beispiel direkt fünf zutreffende Städte an: Mekka, Medina, Rom, Jerusalem oder Salt Lake City.

Auf diese Weise ließen sich seine vier Zeilen leicht auf eine Vielzahl von Ereignissen zurechtbiegen. »Zurecht-biegen« ist sehr zutreffend, denn wenn mal etwas nicht passt, dann wird es halt passend gemacht. New York als die Stadt Gottes zu bezeichnen wird wohl kaum jemandem in den Sinn kommen, der schon einmal zwei Stunden im Regen auf ein Yellow Cab warten musste. Zum Glück sind Metaphern jedoch sehr geduldig und beschweren sich auch nicht über abwegige Interpretationen.

Damit scheint sich der Zusammenhang von Vorhersage und Ereignis umzukehren. Offensichtlich sagt nicht der Prophet das Geschehen im Vorfeld voraus, sondern andere Menschen suchen nach einer Begebenheit die passende Vorhersage. Korrekter wäre also die Bezeichnung »*Nachher*sage«. Und das ist keine üble Nachrede.

In der Psychologie nennt man dieses (unbewusste) Vorgehen »illusorische Korrelation«. Dabei handelt es sich um die menschliche Eigenart, zwei separate Vorgänge in kausale Verbindung zu setzen.

Das macht die illusorische Korrelation zu einem dicken Kumpel und Wegbereiter des Aberglaubens. Stellen Sie sich einen Mann vor. Diesem geschieht ein Unglück. Zum Beispiel vergisst er im Bus seine Aktentasche. Während er abends seiner Frau davon erzählt, fällt ihm plötzlich ein, dass ihm am Morgen eine schwarze Katze über den Weg gelaufen ist. Seine Gattin erinnert sich, dass auch sie schon einmal Pech hatte, nachdem sie zuvor eine

Katze gesehen hatte. Daraufhin vermuten beide einen Zusammenhang, und schon haben wir den Nährboden für den felinen Unglücksboten geschaffen.[7]

Wir sind für solche »Schlussfolgerungen« sehr anfällig. Im Verlauf von sechs Jahren, nachdem der Gruselfilm »Poltergeist«[8] und seine Fortsetzungen gedreht wurden, starben vier der Schauspieler. Zufall, oder liegt auf dem Film etwa ein Fluch? Verwunderlich wäre es nicht, denn angeblich wurden für die berühmte Swimmingpool-Szene am Ende des ersten Teils echte Skelette verwendet. Hat das die Geister der Verstorbenen verärgert? Oder fanden sie den Film einfach schlecht und wollten sich deshalb an den Darstellern rächen? Ich weiß noch genau, dass ich diesen Aspekt damals gruseliger als den eigentlichen Film fand. Und wie verträgt sich der Fluch mit dem Glück von Richard Lawson, der die Rolle des Ryan in »Poltergeist« übernahm? Er scheint vor dem Fluch geschützt zu sein, denn er ist in seinem Leben bereits mehrfach einem Unglück entkommen. Zuletzt sogar einem Flugzeugabsturz, bei dem er kurz vor Abflug einen anderen Sitzplatz zugewiesen bekam und so überlebte. – Ziemlich unheimlich!

Gerade Verschwörungsfreunde sind wahre Meister im Aufspüren von abwegigen Verbindungen. Da werden Übereinstimmungen aus dem Hut gezaubert und überall

---

7 Mark Levin, »Do Black Cats Cause Bad Luck?«, 2009 – Auf die Forschung ist Verlass! Es hat tatsächlich jemand untersucht, ob Katzen Unglück herbeiführen können. Doch weder weiße noch schwarze Katzen, die über eine Straße gescheucht wurden, führten zu einer messbaren Veränderung bei einem simplen Glücksspiel.

8 »Poltergeist«, Metro-Goldwyn-Mayer, 1982 – Regie: Tobe Hooper, Drehbuch: Steven Spielberg, Michael Grais, Mark Victor, Produziert von: Steven Spielberg

die geheime Zahl 23, die Glückszahl der Verschwörungen,[9] hineingedichtet. Zum Beispiel scheint es einen seltsamen Einklang zwischen dem Attentat auf John F. Kennedy und dem auf Abraham Lincoln zu geben. Die Nachnamen beider Präsidenten haben sieben Buchstaben. Der politische Nachfolger von beiden hieß Johnson. Der Nachfolger Lincolns wurde 1808 geboren und der von Kennedy 1908. Genau hundert Jahre liegen auch zwischen der Wahl in den Kongress (1846 und 1946) und zum Präsidenten (1860 und 1960). Während auf Lincoln im Ford-Theater geschossen wurde, fuhr Kennedy in einem Ford – und zwar im Modell Lincoln. Als Beleg, wie willkürlich diese Übereinstimmungen gewählt werden, veranstaltete das »Skeptical Inquirer«-Magazin einen Wettbewerb, wer die meisten Gemeinsamkeiten zwischen zwei weiteren beliebigen Präsidenten findet.[10] Es trafen über einundzwanzig Listen ein, die teilweise sogar sechzehn Übereinstimmungen zwischen den Politikern aufwiesen.

Wer lange genug sucht, der wird auch fündig. Aber warum suchen wir überhaupt danach und meist sogar unbewusst wie im Fall des Pech bringenden Mäusefängers? Dass wir Menschen solch weit hergeholte Verkettung anstellen, liegt an unserem Gehirn. Das hat Schuld. Es steht nämlich auf »ganze Sachen« und ist permanent im Autovervollständigen-Modus. Evolutionstechnisch hat sich das einst als eine super Sache erwiesen. Diese Eigenschaft ist ein Grund, warum wir nicht so oft aufgefressen wurden.

---

9 Robert Shea und Robert Anton Wilson, »Illuminatus«, 1969

10 »Our Spooky Presidential Coincidences Contest«, 1992, in *The Skeptical Inquirer,* Vol. 16, No. 3

Wenn damals ein Tyrannosaurus[11] hinter einem Baum hervorlinste, haben unsere Vorfahren nicht begeistert gerufen: »Ach guck, ein halber Dino. Da muss ich nicht weglaufen. Der hat ja nur ein Bein!« Sie haben sich vielmehr schnell aus dem Staub gemacht. Sie mussten nicht den ganzen Carnivoren sehen, sondern es reichte eine Hälfte aus, um ihn als Gefahr zu erkennen. *(Siehe Abbildungen 1 und 2)*

Abbildung 1: Auf dieser Zeichnung erkennen Sie direkt auf den ersten Blick den Liebling aller Kinder, den guten, alten Tyrannosaurus Rex – und das, obwohl keine Linie durchgezogen ist. Trotzdem ergänzt Ihr Gehirn, der alte Puzzlefreund, sofort die fehlenden Teile, und Sie »sehen« den Dinosaurier.

---

11 Das ist natürlich nur bildlich gemeint. Ich bin mir dessen bewusst, dass die Saurier und die ersten Menschen nicht gleichzeitig die Erde bevölkerten.

Abbildung 2: Noch deutlicher wird das Verlangen unseres Gehirns, Dinge als das »Große Ganze« zu sehen, bei den sechs Kreisen. Denn die lässt uns unser Gehirn nur ungern als Kreise mit seltsamen Einkerbungen wahrnehmen, sondern wir sehen als Erstes das Haus vom Nikolaus.

Besonders faszinierend ist, dass sich nicht nur Menschen als Zusammenhangsarchitekten versuchen, sondern auch Geflügel, wie der folgende Versuch von Burrhus Skinner zeigt:

Er sperrte Tauben in einen Käfig. Mittels einer Maschine wurde dem Federvieh regelmäßig und völlig automatisch Futter zugeführt – das All-inclusive-Bändchen in Silber haben Brieftauben ja ohnehin immer am Fuß. Die Tiere hatten natürlich keine Ahnung, dass die Nahrung von ganz alleine alle zwanzig Sekunden in den Käfig fiel. Stattdessen schienen sie anzunehmen, dass einzig ihr Verhalten für den Körnernachschub verantwortlich sei. Sie vollführten verschiedene Bewegungen, um herauszufinden, bei welcher Aktion Futter in den Käfig fiel. Im

Laufe der Zeit wiederholten alle Tauben die exakt gleichen Bewegungen. Eine Tauben-Choreo, ganz ohne Tanzlehrer. Detlef D! Soost wäre begeistert. Diesen Versuch hat Skinner als »Aberglauben bei Tauben« bezeichnet.[12]

Weil das Gehirn also voll drauf abfährt, Dinge in einen größeren Zusammenhang zu setzen, verfallen wir der Verführung der »Synchronizität«. So glauben wir, dass zwischen zwei unabhängigen Ereignissen (schwarze Katze und liegen gelassen Tasche) eine Verbindung besteht. Darum liegt es auch nahe, an das Zutreffen von Vorhersagen zu glauben. Seien es die eines französischen Apothekers oder die eines amerikanischen Studenten.

Den beiden Propheten steht aber nicht nur unser leicht »zwängliches« Gehirn, sozusagen ein Strukturjunkie erster Güte, zur Seite, sondern auch die Wahrscheinlichkeitsrechnung. Bei sechstausend schwammigen Aussagen muss früher oder später einfach eine zutreffen. Außerdem war Nostradamus so schlau und hat hauptsächlich Ereignisse vorausgesagt, die ohnehin ihren festen Platz als Sidekick in der Geschichte der Menschheit haben: Hungersnöte, Kriege und Naturkatastrophen. Da musste man auch im 16. Jahrhundert kein Hellseher sein, um zu wissen, dass davon in absehbarer Zeit noch einige geschehen werden.

Sogar seltenere und konkretere Sachverhalte werden mit genügend Geduld eintreffen. Machen Sie einen Selbst-

---

12 Burrhus Frederic Skinner, »Superstition in the Pigeon«, 1948, in *Journal of Experimental Psychology,* Vol. 38, No. 2

versuch. Schnappen Sie sich einen Stuhl und dieses Buch (damit Sie etwas zum Lesen haben, während Sie warten). Gehen Sie raus auf die Straße und setzen Sie sich in die Fußgängerzone. Achtung, hier kommt meine Prophezeiung: Ich sage voraus, dass bald ein Mann mit einem schwarzen Filzhut vorbeikommen wird.

Das wird vielleicht nicht heute sein, vielleicht auch nicht morgen. Aber irgendwann kommt einer vorbei. Irgendwann werden Hüte wieder modern sein. Oder es wird irgendwann bei Ihnen in der Fußgängerzone ein historischer Film gedreht und einer der Darsteller trägt einen schwarzen Filzhut. Unwahrscheinlich? Vielleicht. Aber nicht unmöglich.

Das gibt Hoffnung; eines Tages könnte sogar einmal ein Zug der Deutschen Bahn pünktlich sein. Mathematisch auf den Punkt gebracht: Ist die Zeitachse nur lang genug, wird jede Behauptung einmal wahr.

Das entspricht dem alten Spruch, nach dem man tausend Affen den ganzen Tag auf Schreibmaschinen rumhämmern lässt, um irgendwann die Werke von Shakespeare in der Hand zu halten.

Wenn Sie wollen und entsprechend aufnahmefähig sind, geht es noch mathematischer. Die Zahl Pi ist unendlich und nicht periodisch. Sie wiederholt sich also niemals, sondern es kommen immer neue Kombinationen der Ziffern Null bis Neun. Damit müssen Sie folglich an irgendeiner Stelle hinter dem Komma auch Ihre aktuelle Telefonnummer finden. Und sogar Ihre nächste Telefonnummer, von der Sie jetzt noch gar nicht wissen, wie sie einmal lauten wird. Man kann es sogar noch weiter auf die Spitze treiben und die Stücke von Shakespeare Buchstabe für Buchstabe in Zahlen umwandeln. Also A ist 1, B bekommt die 2, C entspricht 3 und so weiter …

Und diese Zahlenfolge lässt sich ebenfalls irgendwo in der Zahl Pi finden. Sie ist nämlich unendlich. Damit brauchen Sie also keine schreibmaschinenaffinen Affen mehr, sondern nur einen Taschenrechner.

Das ist, zugegebenermaßen, sehr abstrakt und theoretisch.

Zusammengefasst heißt die Devise: »Wer warten kann, gewinnt.« Und da hat Nostradamus einen gewaltigen Vorteil gegenüber den ganzen Nachwuchspropheten. Mit sechstausend Weissagungen hat er nicht nur eine Menge möglicher Treffer angehäuft, sondern auch zeitlich einen Riesenvorsprung von vierhundertsechzig Jahren. Bei der Anzahl und der vergangenen Zeit muss natürlich irgendwann etwas eintreffen.

Als Mentalmagier kann ich mir diese Einstellungen allerdings nicht leisten. Meine Show kann nicht vierhundertsechzig Jahre dauern, damit würde sie die Blase vieler Zuschauer über das Maß des Erträglichen strapazieren. Deshalb muss ich Mittel und Wege finden, um meine Vorhersagen wahr werden zu lassen, ohne endlos warten und Däumchen drehen zu müssen.

Dazu bediene ich mich gerne einer relativ unbekannten Erkenntnis aus der Linguistik. Es handelt sich um entfernte Verwandte der Statistik, die sogenannten »semantischen Prototypen«.

Ich werde Ihnen jetzt drei Fragen stellen, und ich möchte, dass Sie diese umgehend beantworten.

Umgehend bedeutet, sofort und ohne groß nachzudenken. Glauben Sie mir, das Ergebnis wird erstaunlicher sein, wenn Sie das Erste sagen, was Ihnen in den Kopf kommt. Sie müssen die Antworten nicht laut aussprechen – je nachdem, wo Sie das Buch lesen, wollen Sie vielleicht nicht unnötig Aufmerksamkeit auf sich ziehen –, es reicht völlig, wenn Sie sich in Gedanken auf eine Antwort festlegen.

Machen Sie mit, es tut nicht weh. Versprochen. Und hinterher können wir dann vergleichen, ob ich mit meiner »Vorhersage« richtiglag.

Also, los geht's.

Denken Sie an eine Farbe.

Jetzt.

Denken Sie an ein Werkzeug.

Jetzt.

Denken Sie an ein Musikinstrument.

Jetzt.

Und zum Abschluss denken Sie noch an ein Möbelstück.

Jetzt.

Sie haben also eine Farbe, ein Werkzeug, ein Musikinstrument und ein Möbelstück im Kopf.

Hier kommt meine Vorhersage. Im Herbst 2013, als ich diese Zeilen geschrieben habe, wusste ich bereits, dass Sie sich heute für ROT, HAMMER, GEIGE und STUHL entscheiden werden.

Wie konnte ich das wissen?

Hatte ich eine Vision?

Nein, ich habe lediglich die Abhandlung von Eleanor Rosch über Prototypensemantik gelesen.[13] In den frühen siebziger Jahren hat sich die Doktorin der Harvard University mit der Kategorisierung von Objekten beschäftigt. Es ging ihr um die Frage, nach welchen Kriterien wir Menschen Dinge unterteilen. Woran erkennen wir, dass

---

13 Eleanor Rosch, »Cognitive Representations of Semantic Categories«, 1975, in *Journal of Experimental Psychology:* General, Vol. 104, No. 3

wir einen Baum vor uns haben und nicht etwa einen Laternenpfahl?

Dafür hat sie unzählige Studenten befragt, was beispielsweise einen Fisch ausmache. Die Antwort war: Er müsse im Wasser leben, Flossen und einen dicken Bauch haben. Bei einer anderen Befragung sollten die Teilnehmer des Tests verschiedene Fischarten danach beurteilen, wie »fischig« sie sind. Das Ergebnis war keine große Überraschung, je mehr Ähnlichkeit zu dem »Fisch-Prototyp« bestand, umso eher und von umso mehr Personen wurde das Tier als Fisch erkannt. Sie können es selbst einmal versuchen. *(Siehe Abbildung 3:* Wer ist hier der Fisch?)

Abbildung 3

Als typischen Fisch stufen wir eher den Wal (der sportliche, schwarz-weiße Wellenreiter auf dem oberen Bild) als den Aal (das schlauchförmige Dings mit dem hinterhältigen Grinsen) ein. Dabei ist der Wal gar kein Fisch, sondern ein Säugetier, das nur keine Beine hat und deshalb lieber im Meer abhängt. Verständlich, an Land würden ihn die Japaner und Norweger nur noch schneller erwischen und ihm ein ähnliches Schicksal wie Heinrich II. bescheren. Mitten ins Auge …!

Der Aal schneidet beim Fisch-Contest traditionell schlecht ab. Biologiestudenten und andere Streber identifizieren den Aal bei einer Gegenüberstellung zwar korrekt als aquatisches, kiemenatmendes Wirbeltier, aber wenn uns normalen Menschen ein Aal in einem Einkaufszentrum begegnete, würden wir ihn für eine Schlange halten. Und wenn uns ein Wal die Handtasche klaut, geben wir bei der Personenbeschreibung zu Protokoll, dass es ein fieser Fisch war, der uns überfallen hat.

Anscheinend hat unser Gehirn für bestimmte Begriffe ein besonderes Vorzeigeexemplar, einen Prototyp, gespeichert. Und wenn ein neues Objekt dem ähnelt, können wir es in Sekundenschnelle entsprechend zuordnen. Für die Evolution der Menschheit war das eine grandiose Einrichtung. Dadurch wusste der Urmensch, ob es sich bei dem langen Etwas vor ihm um einen Ast handelte oder doch um eine gefährliche Schlange. Und zwar, *bevor* sie ihn gebissen hat.

Darauf sind diese Prototypen angelegt. Auf Geschwindigkeit. Ihr Zweck ist es, in kurzer Zeit eine Zuordnung zu ermöglichen. Mit Ruhe und Überlegung kommen wir natürlich zum gleichen Schluss wie der besser wissende Biologiestudent und stufen den Wal korrekt als leicht überdimensionierten Säuger ein.

Deshalb funktioniert das Frage-und-Antwort-Spiel von vorhin auch nur, wenn Sie sofort und ohne nachzudenken antworten. Wenn Sie direkt das Erste sagen, was Ihnen zu »Möbelstück« einfällt, sagen Sie ziemlich sicher »Stuhl«. Wenn Sie sich Zeit lassen, warten Sie stattdessen vielleicht mit »Paravent« oder »Wanduhr« auf.

Rosch hat ihre Prototypenforschung in zwei Richtungen geführt. Nicht nur, welche Kriterien ein Objekt erfüllen muss, um in eine Kategorie zu passen, sondern auch, welcher Gegenstand eine Kategorie am ehesten repräsentiert. Es gibt sozusagen eine Best-of-Liste der Farben, der Werkzeuge und der Musikinstrumente. Die Poleposition belegen Rot, Hammer und Geige.

Meine angebliche Vorhersage ist also gar keine Vorhersage. In Wirklichkeit schlachte ich die statistische Häufigkeit von semantischen Prototypen aus. Das wiederum ist natürlich nur eine hochtrabende Umschreibung dafür, dass ich geschummelt habe.

Das ist aber nicht schlimm. Wenn es um Prophezeiungen geht, ist jedes Mittel recht. Was macht man also, wenn weder Warten noch illusorische Korrelation oder fantasievolles Interpretieren helfen? Was ist die letzte Rettung, wenn sich partout keine Vorhersage findet, die auf ein bestimmtes Ereignis zutrifft?

Dann bleibt nur rohe Gewalt!

Das Gehirn ist schon ein Ordnungsfreak, aber manche Menschen laufen den grauen Zellen echt den Rang ab. Weil sie so gerne an das Eintreffen der Vorhersagen glauben wollen, mogeln sie und verändern die historischen Fakten. So lassen sich zum Beispiel keine wirklichen Belege dafür finden, dass Heinrich II. oder der Graf von Montgomery beim tödlichen Turnier den Löwen als

Wappen gehabt hätten. Das erscheint sogar eher als unwahrscheinlich, da die Corporate Identity des Hauses Valois, zu dem Heinrich II. gehörte, im Logo einen rothaarigen Delfin vorsieht – und davon ist in Nostradamus' Vierzeiler nun wirklich keine Rede. In einigen historischen Berichten von damals verfehlt der Lanzensplitter das königliche Auge sogar und dringt stattdessen durch die Stirn ein. Sogar den goldenen Helm scheint es nie gegeben zu haben.

So viel also zu dem jungen Löwen, den ausgestochenen Augen und dem goldenen Helm.

Trotzdem hält sich hartnäckig das Gerücht, dass Nostradamus den Tod des Königs vorhersagte. Dabei hat sich Nostradamus selbst nie als Prophet bezeichnet. Ganz im Gegenteil. In mehreren Briefen an seinen Sohn sowie an König Heinrich II. und Kardinal René de Birague weist er diesen Titel von sich: »Ich bin kein Narr, ich würde mich niemals als Prophet bezeichnen.«[14]

Bekommen Sie bitte keinen falschen Eindruck von mir. Ich bin kein Miesepeter, der nur darauf aus ist, die Weissagungen anderer Leute schlechtzumachen. Gerne hätte ich Ihnen hier die eine oder andere Vorhersage präsentiert. Leider ist es mir trotz intensiver Suche nicht gelungen, auch nur eine Prophezeiung zu finden, die tatsächlich eingetroffen ist.

Dabei hatte ich sehr große Hoffnungen auf die Arbeit von Valerie J. Hewitt gesetzt. Diese hat nämlich eine Möglichkeit entwickelt, die metaphorischen Vorhersagen von Nostradamus in konkrete (!) Aussagen mit

---

14 Peter Lemesurier, »The Unknown Nostradamus: The Essential Biography for His 500th Birthday«, 2003

Datum (!!) umzurechnen.[15] Ihrer Meinung nach hatte Nostradamus bereits alles exakt vorausgesagt, dann aber schnell verschlüsselt, damit erst spätere Generationen seine Prophezeiungen lesen würden. Die Technik selbst ist ziemlich komplex, Buchstaben werden dabei nach einer bestimmten Regel durchgestrichen, andere durcheinandergewürfelt und wieder andere gegen Zahlen ausgetauscht – das deutsche Steuerrecht ist leichter zu durchschauen. Zum Glück muss es niemand verstehen, denn Hewitt hat alles schon ausgerechnet und zusammengefasst.

Das Beste an der Sache ist, dass sie die »entschlüsselten« Weissagungen Anfang der neunziger Jahre aufgeschrieben hat und diese bis zum Jahr 2010 reichen. Das bedeutet, wir haben hier endlich einmal Prophezeiungen vorliegen, die wir im Nachhinein auf ihre Aussagekraft überprüfen können.

Leider sind bei ihren konkreten Vorhersagen keine Treffer dabei. Weder wurden am 11. Mai 1995 Charles und Diana zu König und Königin gekrönt noch können wir uns seit dem 3. April 2007 mit Delfinen in ihrer eigenen Sprache unterhalten, und genauso wenig haben wir am 1. August 2005 den Planeten Venus zu unserem neuen Urlaubsdomizil erklärt.

Eine komplette Fehlanzeige.

Sollte es etwa gar keine verlässlichen Prophezeiungen geben?

Das Einzige, was ich finden konnte, ist das folgende System, um etwas über die Zukunft eines Menschen heraus-

---

15 V. J. Hewitt, Peter Lorie, »Die unglaublichen Weissagungen des Nostradamus 1995–2010«, 1994

zufinden. Damit sind Sie in der Lage, innerhalb von zwanzig Minuten mit hoher Sicherheit sagen zu können, ob ein Kind später einmal Erfolg im Beruf haben oder bereits im Kindergarten sein durch Drogenverkäufe aufgebessertes Taschengeld beim Glücksspiel mit den Erziehern verlieren wird.

Entdeckt hat das System Walter Mischel. Ende der sechziger Jahre wollte er Vorschulkinder auf ihre Fähigkeit zur Selbstkontrolle testen. Zu dem Zeitpunkt hatte er keine Ahnung, dass er damit eine verlässliche Prophezeiungstechnik entdecken würde.

Fundstelle dieser Methode, die mit ihrer Trefferquote jeden Berufswahltest der Agentur für Arbeit an die Wand spielt, war der Kindergarten[16] der Stanford University. Dort holte er Vier- bis Sechsjährige einzeln in einen Raum, der bis auf einen Stuhl und einen Tisch vollkommen leer war. Mischel zeigte den Kindern ein Marshmallow, diesen weißen aufgeschäumten Zuckerhappen, den wir zu Hause immer liebevoll Mäusespeck genannt haben. Doch der gebürtige Österreicher ließ die Kinder die Süßigkeit nicht einfach essen. Stattdessen teilte er ihnen mit, dass er mal kurz den Raum verlassen müsse. Sie könnten das Marshmallow essen, aber wenn sie warten würden, bis er zurückkäme, würde er ihnen noch ein zweites geben.

Mit diesen Worten legte er die Süßigkeit auf den Tisch und verließ die hilflosen Kleinen, die sich nun in einem

---

16 Das Wort »Kindergarten« hat sich übrigens der Deutsche Friedrich Fröbel im Jahr 1840 ausgedacht. Er gründete auch die erste Kinderaufbewahrungsstelle, und zwar in Bad Blankenburg in Thüringen. – Hey, es soll niemand sagen, dass Sie aus meinem Buch nichts Vernünftiges gelernt hätten!

Dilemma befanden. Mit großen Augen saß jedes einzelne vor der verlockenden Nascherei und fragte sich: direkt essen – oder warten und zwei bekommen?

Wie viele Kinder wären bereit, auf das kurzfristige Vergnügen zu verzichten und das Warten bewusst in Kauf zu nehmen, um dann später belohnt zu werden?

Sofort verputzt haben die wenigsten den Mäusespeck. Den Großteil hat die Aussicht auf eine Verdopplung der Süßigkeit zur Zurückhaltung verleitet. Doch mit jeder Minute wurde das Verlangen größer. Mit jeder Minute hofften die Kinder, dass Mischel endlich zurückkäme. Aber Mischel ließ sich Zeit. Viel Zeit. Bis zu zwanzig Minuten ließ er sie vor dem Marshmallow schmoren. – Ziemlich gemein, da Amerikaner normalerweise Marshmallows auf offenem Feuer schmoren und nicht umgekehrt.

Vom Nebenraum aus beobachtete Walter Mischel heimlich die Kinder bei ihrem Versuch, standhaft zu bleiben, während er selbst vermutlich Unmengen an Marshmallows vertilgte.

Unterschiedliche Strategien wurden von den Kindern angewendet. Einige kehrten der Verlockung gemäß dem Motto »Aus den Augen, aus dem Sinn« den Rücken zu oder hielten sich ihre Hände vors Gesicht. Allerdings nur, um sich regelmäßig wieder umzudrehen. Andere versuchten, der Versuchung zu widerstehen, indem sie sich selbst an den Haaren zogen oder im Raum umherrannten. Wieder andere wurden rabiat und traten erbost gegen den Tisch, von dem aus der Schaumzucker sie lockte. Einige bauten so ein starkes Verlangen auf, dass sie anfingen, die Süßigkeit zu streicheln.

Letztlich entsagte etwa ein Drittel der Versuchung, hielt bis zum Ende stand und wurde mit einem zweiten Zuckerbatzen belohnt.

Was hatte sich Walter Mischel dabei gedacht, außer dass er sich an der Qual der Kinder laben wollte? Inspiriert zu seiner Versuchsreihe wurde er von einem Experiment, das einige Jahre zuvor in Trinidad durchgeführt worden war. Dabei sollte untersucht werden, welche Kinder die meiste Selbstbeherrschung aufwiesen. Unter anderem stellte sich heraus, dass Kinder aus intakten Familien eher bereit waren, auf die sofortige Marshmallow-Vertilgung zu verzichten, um später die doppelte Ration zu erhalten.[17]

Bei seinem erneuten Versuch in den Vereinigten Staaten wollte Mischel zusammen mit seinen Forscherkollegen Antonette Raskoff Zeiss und Ebbe B. Ebbesen feststellen, mit welchen Tricks sie den Kindern helfen konnten, länger zu warten. Zum Beispiel vervielfachte sich die Wartezeit immens, wenn die Kinder währenddessen an etwas dachten, das ihnen Spaß machte.[18]

So schön diese Erkenntnisse auch sein mögen, letztlich ist das nur Wissenschaftlerkram, der auf unserer Suche nach der perfekten Prophezeiung rein gar nichts bringt. Die wirklich interessanten Ergebnisse kamen erst Jahre später ans Licht, als Mischel seine Versuchsobjekte erneut besuchte, um sich deren Werdegang anzusehen. Die Kinder, die damals auf Mischels Rückkehr gewartet hat-

---

17 Walter Mischel, »Preference for Delayed Reinforcement: An Experimental Study of a Cultural Observation«, 1958, in *The Journal of Abnormal and Social Psychology,* Vol. 56, No. 1
und
Walter Mischel, »Father-Absence and Delay of Gratification: Cross-Cultural Comparisons«, 1961, in *Journal of Abnormal and Social Psychology,* Vol. 63, No. 1

18 Walter Mischel, Ebbe B. Ebbesen, Antonette Raskoff Zeiss, »Cognitive and Attentional Mechanisms in Delay of Gratification«, 1972, in *Journal of Personality and Social Psychology,* Vol. 21, No. 2

ten, waren auch die »erfolgreichen« Kinder. Sie hatten alle durchweg gute Schulnoten und verstanden sich mit ihren Lehrern gut. Von ihren Eltern wurden sie als sehr erwachsen und vernünftig beschrieben. Diejenigen, die den Süßkram sofort aufgegessen hatten, hatten schlechtere Zeugnisse und waren auch schon mal sitzengeblieben. Fasziniert von dieser Entwicklung, stattete er ihnen einige Jahre später erneut einen Besuch ab. Von den wartewilligen Kindern hatten sogar alle besser beim Aufnahmetest für die Universität abgeschnitten als die, die das Marshmallow[19] gegessen hatten.

Damit hat Walter Mischel also tatsächlich eine Methode gefunden, um eine perfekte Prognose über das Leben eines Menschen zu treffen. Wer das Marshmallow nicht isst, wird es weit bringen. Zum einen kann er seine Handlungen überdenken, und zum anderen versteht er, dass Erfolg manchmal auf sich warten lässt. Es zeigt sich, dass unsere frühere Erkenntnis auch hier Gültigkeit hat: Wer warten kann, gewinnt!

Es dürfte klar sein, was Ihr nächster Schritt ist, wenn Sie Kinder haben: Sie setzen Ihrem Sprössling einen Schokopudding vor und sagen ihm, dass Sie mal kurz wegmüssten. Wenn er in der Zwischenzeit die Finger von dem Süßkram ließe, gäbe es hinterher noch ein Eis obendrauf. Dann gehen Sie nach nebenan und lesen dieses Buch zu Ende. Hat Ihr Nachwuchs in der Zeit den Pudding nicht angerührt, können Sie beruhigt sein. Er hat das Potenzial, der neue Herrscher dieser Welt zu werden. Sollte der

---

19 Übrigens: Viele denken, dass Mäusespeck eine amerikanische Erfindung sei. Tatsächlich aber stammt das »Guimauve« ursprünglich aus Frankreich und wurde aus dem Wurzelextrakt der Malvenart »Echter Eibisch« hergestellt.

Nachtisch bei Ihrer Rückkehr längst aufgegessen sein, setzen Sie Ihr Kind vor die Tür oder einfach auf eBay.[20]

Mischel ist also der Berufskunde-Nostradamus unserer Zeit.

Wenn Sie ihm gleichtun wollen, dann finden Sie im Internet zahllose Mitschnitte von Wiederholungen des Experimentes. Wer Spaß an den Videos aus der TV-Sendung »Upps! Die Pannenshow« hat, in der Kinder beim Trampolinspringen im Nachbargarten landen, wird auch an diesen Aufnahmen seine helle Freude haben.

Ein ganzes Kapitel, und es gibt nur eine verlässliche Vorhersage? Damit steht es im Finalspiel »Propheten gegen Vernunft« eins zu zwölf Millionen. Das ist ein denkbar schlechtes Ergebnis, was die Verlässlichkeit von Wahrsagungen angeht. Somit sollten Sie es sich besser zweimal überlegen, ob Sie wirklich Geld auf meine Lottozahlen setzen wollen!

---

20 Keine Aussagekraft hat Ihr Experiment allerdings dann, wenn Ihr Kind weder Pudding noch Eis mag.

Vorhersage

Als Mentalmagier braucht man eine ganze Menge Glück. Denn was ist, wenn einen die Wahrscheinlichkeit im Stich lässt und der Zuschauer eben nicht »Hammer«, »Geige« und »Rot« sagt, sondern eben doch »Paravent«? Oder gibt es vielleicht eine Möglichkeit, sein Glück aufzubessern? Wäre ich als Moderator der Sendung »Pimp My Luck« geeignet? Zum Glück folgt gleich das nächste Kapitel, und darin werden wir genau das unter die Lupe nehmen.

Kapitel 2

»Können Sie das Glück beeinflussen?«

»So how can you tell me you're lonely,
And say for you that the sun don't shine?
Let me take you by the hand
And lead you through the streets of London
I'll show you something
To make you change your mind.«

Ralph McTell – *Streets of London*

Er hält mir einen Geldschein vor die Nase. Instinktiv will ich schon danach greifen, da fallen mir im letzten Moment meine guten Manieren wieder ein. Ich kann einem Kind doch nicht seinen Gewinn abnehmen! Wo kämen wir denn da hin?

»Nein, das ist dein Geldschein«, sage ich, »den hast du doch in meiner Show gewonnen.«

»Ehrlich?«

»Klar. Du hast dir den Umschlag ausgesucht, in dem der Zehner steckte, und damit darfst du ihn auch behalten.«

Der vierzehnjährige Tim blickt mich sprachlos an. Dann zieht er den Zehneuroschein blitzschnell zurück und steckt ihn in die Tasche seiner Jeans.

»Super! Ich hab zehn Euro gewonnen!«

Mit diesen Worten und um zehn Euro reicher läuft der Junge zu seiner Mutter, die bereits auf ihn wartet. Begeistert erzählt er ihr, dass er das gewonnene Geld behalten dürfe.

Das ist genau die richtige Einstellung, die Tim an den

Tag legt. Damit wird er es weit bringen. Für ihn zählt nur, dass in dem Umschlag, den er sich ausgesucht hat, zehn Euro waren. Die anderen sind ihm egal.

Eine spannende Stelle in meinem Bühnenprogramm ist das »Gewinnspiel«. Dabei gebe ich einem Zuschauer vier Umschläge zur Auswahl. Er darf sich völlig frei für einen entscheiden. Was in dem Umschlag steckt, darf er behalten – die anderen bekomme ich zurück. In einem befindet sich ein Zehneuroschein, in den anderen angeblich Trostpreise. Ich werde ihn mit meinen magischen Fähigkeiten als Mentalist so beeinflussen, dass ich das Geld behalten werde. Der Zuschauer wählt nach diesen Ankündigungen einen Umschlag aus und öffnet ihn. Überraschenderweise ist darin der Schein.

Das Publikum nimmt natürlich an, dass das Experiment gehörig schiefgelaufen ist. Das soll es auch denken. Denn wie bei einem guten Film oder Roman ist das ein dramaturgischer Kniff. In dem Moment, in dem die Zuschauer sich an meinem Missgeschick laben, kommt der Twist.

Langsam öffne ich die übrigen Umschläge und zeige, was die vermeintlichen Trostpreise gewesen wären: ein Fünfziger, ein Zweihunderteuro- und im letzten Umschlag sogar ein Fünfhunderteuroschein.

Die Überraschung ist groß – offensichtlich hatte ich es von Beginn an so geplant.

Doch Timmi grämt sich nicht darüber, dass er »nur« den Zehner erhalten hat und nicht die großen Scheine. Nein, er freut sich, dass er zehn Euro gewonnen hat. Schließlich ist es ein großes Glück, dass ich gerade ihn aus den zweihundert anwesenden Zuschauern ausgewählt habe. Hätte ich eine andere Person aus dem Publikum genommen, wäre Tim ganz leer ausgegangen.

Wenn ich diese Geschichte anderen Menschen erzähle, höre ich oft, dass Tim sich die Sache einfach nur schönreden würde. Er würde die Welt durch eine rosarote Brille sehen und damit noch ziemlich oft enttäuscht werden, sobald er älter wäre.

An diesem Punkt stellt sich eine entscheidende Frage: Ist Tim glücklich, weil er Glück gehabt hat, oder hatte er Glück, weil er glücklich ist? Könnte es sein, dass Glück vergleichbar mit Geld ist – diejenigen, die reich sind, scheffeln immer mehr Geld, während die Armen arm bleiben? Das erinnert an das Paradoxon der Frage, was zuerst da war: das Huhn oder das Ei. Vielleicht legen Glückshennen gar keine Eier, sondern Glück? Ist »Glück haben« einfach Glückssache und Zufall, oder kann man das Glück pachten? Besteht die Möglichkeit, bei Gustav Gans in die Lehre zu gehen und ein professionelles Glückskind zu werden?

Ich nehme die Antwort schon mal vorweg: Ja, man kann lernen, Glück zu haben.

Um diese Behauptung zu überprüfen, hat der britische Psychologe Richard Wiseman (übrigens ein ehemaliger Zauberkünstler) folgenden Test entworfen. Zu Beginn fragte er die Teilnehmer, ob sie sich als Glückspilze einstufen würden. Danach gab er ihnen eine Zeitung mit der Aufgabe, die darin abgedruckten Fotos zu zählen. Auf der zweiten Seite stand eine ganzseitige Anzeige, dass sie aufhören könnten zu zählen. Die Anzahl der Bilder wäre dreiundvierzig. Kaum einer der Teilnehmer, die sich selbst im Vorfeld als »unglücklich« beschrieben, entdeckte die Anzeige. Fast alle »Glücklichen« fanden sie hingegen.

Zusätzlich hatte Wiseman in der Mitte der Zeitung eine

weitere Nachricht versteckt, die dem Finder einen Extralohn von zweihundertfünfzig britischen Pfund versprach, wenn er sofort mit dem Zählen aufhören und mit der Zeitung zu dem Psychologen gehen würde. Auch diese Aufforderung entdeckten nur diejenigen, die sich als »glücklich« bezeichnet hatten.[21]

Ein spannendes Ergebnis!

Haben tatsächlich nur die Glückspilze den Hinweis entdeckt? Oder haben die »unglücklichen« Personen die Anzeige zwar gesehen, waren aber zu pessimistisch, um an ihr Glück zu glauben?

Wisemans Interpretation dieses Experimentes ist, dass glückliche Personen offener für neue Möglichkeiten sind und sie deshalb auch eher entdeckten. Seiner Meinung nach waren die Unglücksraben auf ihre Zählaufgabe fixiert und hatten die Anzeige deshalb überlesen.

Das wollte ich genauer wissen. Ist Glück reine Einstellungssache, oder hat ein Hans im Glück tatsächlich mehr Glück als eine Pechmarie?

Da ich keinen Versuch in der Literatur gefunden habe, der das überprüft, musste ich es selbst in die Hand nehmen. Erst hatte ich vor, ein großes Feld zu kaufen und dort Klee zu säen. Dann würde ich meine Testpersonen über die Wiese rennen lassen und die Zeit stoppen, die sie brauchen würden, um ein vierblättriges Kleeblatt zu finden.

Doch dann entschied ich mich für ein leichter zu realisierendes und aussagekräftigeres Experiment. Um herauszufinden, ob eine »Nordung auf Glück« den Zufall beeinflussen kann, ersann ich den folgenden Test: Inspiriert von

---

21 Richard Wiseman, »The Luck Factor«, 2003, in *Skeptical Inquirer,* Vol. 27, No. 3

meiner Kindheit, nahm ich heimlich hinter dem Rücken ein Lutschbonbon in eine Hand. Dann hielt ich beide Hände meiner Testperson hin, und diese sollte raten, in welcher Hand sich das Bonbon befand. Um etwaige körpersprachliche Hinweise meinerseits auszuschließen, programmierte ich eine simple App.[22] Per Zufallsgenerator wurde das virtuelle Klümpchen in einer Hand versteckt. Am Ende der Testreihe konnten die gewonnenen Süßigkeiten natürlich gegen echte eingetauscht werden.

Meine Versuchskaninchen sollten zwanzig Mal versuchen, die richtige Hand zu erraten. Statistisch gesehen besteht für jede Runde die gleiche Wahrscheinlichkeit von 50:50. Also wäre der Durchschnitt zehn Treffer und ebenso viele Fehlschläge.

Bevor das Raten anfing, sollten die Teilnehmer noch schätzen, wie viele Bonbons sie gewinnen würden. Interessanterweise haben die wenigsten den Durchschnitt angegeben. Die Glückspilze gaben eine Zahl über elf an, während Pechvögel eher mit drei oder vier Bonbons rechneten.

Würde die Selbsteinschätzung einen Einfluss auf das Ergebnis haben? Gingen die Glücksritter mit mehr Naschkram nach Hause, oder würde die mathematische Wahrscheinlichkeit siegen?

Tatsächlich lagen die meisten Teilnehmer ungefähr zehn Mal richtig. Die Wahrscheinlichkeit behielt also die Oberhand. Es gab nur wenig Ausreißer nach oben und nach unten. Einer gewann nur drei, und einige wenige sackten siebzehn Bonbons ein. Die Verteilung von Glücks- und Unglücksrittern war gleichmäßig. Anscheinend können

---

22 Die Online-Version dieser App finden Sie auf meiner Homepage. Dort können Sie selbst Ihre Glücksfähigkeit testen.

Glücksvögel nicht den Zufall beeinflussen und haben statistisch gesehen nicht mehr Glück.

Aber wie kommt es dann, dass es Leute gibt, die sich vom Pech verfolgt fühlen, während andere glauben, dass sie jeden Morgen das Glücksschwein küsse?

Vielsagend ist, wie die Teilnehmer mit ihrem Ergebnis umgingen. Die Glücksmenschen machten es wie Tim und freuten sich auch über wenige Bonbons. Die Pechvögel, die dieselbe Anzahl gewonnen hatten, jammerten, warum sie nicht mehr gewonnen hätten. Es gab sogar einen Versuchsteilnehmer mit sechzehn Treffern, der sich hinterher beklagte, nie Glück zu haben.

Während mein Versuch also nicht bestätigen kann, dass glückliche Menschen tatsächlich mehr Glück *haben,* so scheinen sie aber zumindest Situationen häufiger als Glück zu *empfinden.*

Aber nehmen diese Menschen das Leben nur leichter, oder haben sie es auch leichter? Das zumindest legt der Ursprung des Wortes »Glück« nahe. Es lässt sich etymologisch, also sprachwissenschaftlich, über den mittelniederdeutschen Begriff »gelucke« bis hin zu »gelingen« zurückverfolgen. Und »gelingen« ist wiederum eng verwandt mit dem Wort »leicht«. Zusammengefasst könnte man also sagen, dass wir von »Glück« sprechen, wenn etwas besonders leicht gelingt.

Zahlreiche Versuche belegen das.

Zwei davon wurden von der amerikanischen Psychologin Alice M. Isen und ihren Kollegen durchgeführt. Beim ersten galt es, das Dunckersche Kerzenproblem[23] zu lö-

---

23 Karl Duncker, »On Problem-Solving«, 1945, in *Psychological Monographs,* Vol. 58, No. 5

sen. – Wenn Sie wollen, können Sie selbst mitraten. Auf geht's: Sie befinden sich in einem leeren Raum. Vor Ihnen steht Christoph Kuch, und er reicht Ihnen eine kleine Kerze, eine Schachtel Streichhölzer und genau zehn Heftzwecken. *(Siehe Abbildung 4)* Ihre Aufgabe ist es nun, nur mit diesen Sachen ohne zusätzliche Hilfsmittel die Kerze an der Wand zu befestigen und anzuzünden.

Abbildung 4: Befestigen Sie die Kerze an einer Wand!

Diese Aufgabe wurde den Versuchsteilnehmern gestellt und die Zeit gemessen. Diejenigen, die vor dem Experiment Glücksgefühle verspürt hatten, kamen schneller auf die richtige Lösung.[24] Menschen, die Glück empfinden, können anscheinend besser Knobelaufgaben lösen. (Ihnen verrate ich sie natürlich. Aber versuchen Sie es doch erst einmal selbst. Am Ende des Kapitels können Sie dann nachschauen, wie Sie sich geschlagen haben.)

Nicht nur kreatives Problemlösen, sondern auch analytisches Arbeiten wird durch positive Empfindungen verbessert. Als Testobjekte mussten diesmal Ärzte herhalten. Ihnen gab man eine Liste mit Symptomen, und

---

[24] Alice M. Isen, K. A. Daubman und G. P. Nowicki, »Positive Affect Facilitates Creative Problem Solving«, 1987, in *Journal of Personality and Social Psychology*, Vol. 52, No. 6

sie sollten eine Diagnose stellen, welche Krankheit dazu passen könnte. So ein bisschen wie bei »Grey's Anatomy«, nur dass die Teilnehmer sich auf ihre Aufgabe konzentriert haben, anstatt miteinander ins Bett zu gehen. Während die eine Gruppe ganz neutral an das Diagnostizieren ging, wurde eine zweite Gruppe zuvor »positiv eingestellt«. Das erstaunliche Ergebnis belegt, dass die positiven Ärzte die Aufgabe leichter bewältigten. Die Grinse-Gruppe kam ungefähr doppelt so schnell zum richtigen Ergebnis und brauchte dafür auch nur ungefähr zwanzig Prozent der Unterlagen durchzulesen. Gute Laune verbessert also die Leistung![25]

Interessant ist, wie die Halbgötter in Weiß ihre positive Einstellung erhielten. Ihnen wurde vor Beginn des Tests lediglich ein Bonbon gegeben. Es braucht also keinen Sechser im Lotto, um Glücksgefühle zu verspüren. Ein einfacher Schokoriegel reicht aus. Als alter Miesmacher und Berufsbesserwisser werden Sie jetzt sicher vermuten, dass der erhöhte Blutzuckerspiegel für die Leistungssteigerung verantwortlich sei. Weit gefehlt. Die Bonbons wurden gar nicht gegessen! Die Ärzte bekamen sie nur geschenkt. Und dieses Glücksgefühl über die kleine Aufmerksamkeit hat sie im Test besser abschneiden lassen.

Der amerikanische Glücksforscher Shawn Achor bringt es auf den Punkt: Der kleinste Funken Glück reicht schon aus, um jemandem einen entscheidenden Wettbewerbsvorteil zu verschaffen.[26]

---

25 Alice M. Isen, C. A. Estrada und M. J. Young, »Positive Affect Facilitates Integration of Information and Decreases Anchoring in Reasoning Among Physicians«, 1997, in *Organizational Behavior and Human Decision Processes*, Vol. 72, No. 1

26 Shawn Achor, »The Happiness Advantage«, 2010

Was bedeutet das also für Sie?

Zum einen natürlich, dass Sie bei Ihrem nächsten Krankenhausaufenthalt die Ärzte mit Süßigkeiten zuschütten, um bestmöglich behandelt zu werden. Zum anderen können Sie auch in Ihrem Alltag von den gezuckerten Doktoren lernen: Wann immer Sie eine wichtige Aufgabe zu bewältigen haben, sorgen Sie dafür, dass Sie im Vorfeld glücklich sind. Aber was, wenn Sie auf Diät sind und sich keine Schokoriegel reinpfeifen wollen? Wie können Sie dann trotzdem die Mathematikklausur oder das brisante Meeting mit einem Lächeln meistern?

Eben, mit einem Lächeln!

In den Tests wurde gezeigt, dass statt eines Zuckerschocks auch lustige Videos die gewünschte Wirkung erzielen.[27] Offensichtlich können Sie Ihrer Leistungsfähigkeit einen Boost mit allem verleihen, was Sie glücklich macht: der witzige Cartoon in der Tageszeitung, ein flotter Plausch in der Cafeteria mit der süßen Kellnerin, ein kurzer Spaziergang an der frischen Luft um den Block oder ein lustiger Internet-Clip. Auf meiner Webseite www.christophkuch.de finden Sie einen Link zu meinem YouTube-Kanal. Dort sammle ich die komischsten Videos, die mir untergekommen sind. Wenn Sie also auf der Suche nach einem kurzen Glücksflash sind, dann schauen Sie da doch mal vorbei.

Als Alternative reicht es manchmal sogar aus, wenn Sie auf einem Bleistift kauen. Ja, wirklich, stecken Sie sich ein Schreibgerät wie einen Lutscher so zwischen die Zähne, dass Ihre Lippen das Holz nicht berühren, und alles

---

27 B.L. Fredrickson, »The Role of Positive Emotions in Positive Psychology. The Broaden-And-Build Theory of Positive Emotions«, 2001, in *American Psychologist*, Vol. 56, No. 3

wird gut.[28] Das liegt nicht etwa daran, dass in der Lackierung des Stifts dubiose Giftstoffe versteckt sind, sondern weil so dieselben Muskeln benutzt werden wie beim Grinsen. Deshalb glaubt unser Gehirn, dass wir lächeln, und schüttet Gute-Laune-Hormone aus. Die Schaltzentrale des menschlichen Verstandes ist also nicht nur ein von Zwängen besessener Puzzle-Freak, sondern auch ziemlich leicht über den Tisch zu ziehen. Hurra, Krone der Schöpfung!

Machen Sie selbst den Test. Gucken Sie auf Ihre Armbanduhr und grinsen Sie dabei. Ziehen Sie Ihre Lefzen bis zum Anschlag an die Ohren hoch. Und jetzt warten Sie zwei Minuten. Aber immer schön weiterlächeln, auch wenn's weh tut. Ich weiß, Sie werden diese hundertzwanzig Sekunden nicht durchstehen, ohne dass sich Ihre Laune plötzlich bessert. Ich gehe sogar schwer davon aus, dass Sie plötzlich zu lachen anfangen.

Sie sehen, es ist gar nicht schwer, ein bisschen Spaß ins Leben zu lassen. Und damit Erfolg. Und damit wieder Glücksgefühle. Ein Kreislauf, der bestätigt, dass glückliche Menschen auch mehr Glück haben.

Eine Erkenntnis drängt sich auf: Ist Glück also weniger Glücks- als Einstellungssache?

Offensichtlich schon. Stellen Sie sich einmal vor, Sie haben zum Geburtstag eine Kiste mit japanischen Kochmessern geschenkt bekommen. Sie sind allerdings ein Feinschmecker der modernen Sorte und bevorzugen

---

28 Fritz Strack, Leonard L. Martin und Sabine Stepper, »Inhibiting and Facilitating Conditions of the Human Smile: A Nonobtrusive Test of the Facial Feedback Hypothesis«, 1988, in *Journal of Personality and Social Psychology*, Vol. 54, No. 5

Fertiggerichte. Außer einem Wasserkocher brauchen Sie nichts, um sich ein leckeres Mahl zu zaubern. Die Messer können also weg. Darum schleppen Sie die Kiste in den Keller zu den anderen Geschenken, mit denen Sie nichts anfangen können. Auf dem Weg die dunkle Kellertreppe hinab flackert auf einmal das Licht der einzigen Glühbirne, die Sie immer noch nicht gegen eine Energiesparlampe ausgetauscht haben. Dann ertönt unheimliche Musik. Es ist Ihr Handy mit der Erkennungsmelodie von Ihrer Ex-Freundin. Mit einer Hand fummeln Sie an Ihrer Hosentasche herum, um sie wegzudrücken. Doch das Balancieren der Messer, das flackernde Licht und die Hand hinter Ihrem Rücken bringt Sie an den Rand Ihrer motorischen Leistungsfähigkeit. Ein Tritt ins Leere, Sie werfen die Kiste nach oben und stürzen die Treppe herab. Im letzten Moment reißen Sie Ihren Arm nach vorne, um sich abzustützen. Dabei landet Ihr Handy auf der kalten Erde des Kellers und zerspringt in tausend Einzelteile. Während Sie begeistert feststellen, dass Ihr iPhone auch von innen weiß und damit der völlig überhöhte Preis absolut gerechtfertigt ist, bohren sich wenige Zentimeter neben Ihrem Gesicht die Messer in den Boden. Wirklich gute Qualität, müssen Sie sich eingestehen, der Stahl steckt tief im Beton. Doch Ihre Begeisterung ist nur von kurzer Dauer, denn Sie bemerken ein leichtes Stechen im Bein. Aus Ihrer Jeans gucken zwei dünne, weiße Streben hervor, die Sie bisher noch nie gesehen haben. Wie auch? Normalerweise sind die Knochen im Bein versteckt und ragen nur bei einem offenen Bruch aus dem Fleisch heraus.

Was denken Sie, wenn Sie einige Stunden später im Krankenhaus wieder wach werden?

a) »Wieso musste das mir passieren? Mein Bein ist gebrochen, mein Handy kaputt, und eine neue Jeans brauche ich auch noch! Und das alles nur, weil ich diese blöden Messer geschenkt bekommen habe.«

b) »Das war ja knapp! Die Messer hätten auch meinen Kopf treffen können, und dann wär es mit mir vorbei gewesen.«

Menschen, die sich eher als Glückspilze sehen, wählen die zweite Antwort.

Wenn Sie a) gewählt haben, werden Sie jetzt sicherlich sagen, dass die anderen Leute einfach nicht in der Realität verankert seien. Denn immerhin ist Ihr Bein gebrochen, und wenn Sie nicht die Treppe heruntergefallen wären, dann wäre gar nichts passiert.

Es mag sein, dass die selbst ernannten Glückskinder die Welt durch eine rosarote Brille sehen, aber diese Sichtweise verschafft ihnen einen unglaublichen Vorteil. Sie können mit Schicksals- oder Fehlschlägen besser umgehen. Sie lassen sich von Niederlagen nicht so leicht runterziehen.

Außerdem verschafft ihnen ihre Sicht ein größeres Durchhaltevermögen. Sie nehmen Rückschläge nicht als solche wahr, stattdessen legen sie eine stärkere Ausdauer an den Tag.

Colonel Harland David Sanders fuhr, bevor er »Kentucky Fried Chicken« gegründet hat, von Restaurant zu Restaurant und hat dort vor Ort in seinem Auto gekocht. Angeblich haben ihn 1009 Restaurantbesitzer abgelehnt und hatte er unzählige Meilen hinter sich, bevor dem ersten seine Hähnchen geschmeckt haben.

Richard Horatio Edgar war Kriegsberichterstatter. Als

er mit einem Berufsverbot belegt wurde, brachte er seine eigene Zeitung heraus. Nachdem er als Herausgeber keinen Erfolg hatte, wollte er lieber Bücher schreiben. Doch niemand wollte seine Werke drucken. Er verzweifelte nicht und baute seinen eigenen Verlag auf. Damit wurde er zu einem der erfolgreichsten englischsprachigen Kriminalautoren, mit über einhundert veröffentlichen Romanen, von denen allein in Deutschland achtunddreißig verfilmt wurden. Heute ist er unter seinem Künstlernamen Edgar Wallace weltbekannt.[29]

Sogar »Harry Potter« wurde von mehreren Verlagen abgelehnt, bis Bloomsbury Publishing das Buch herausbrachte. Hätten die Autorin J. K. Rowling und ihr Agent Christopher Little nach der ersten Absage aufgegeben, wäre sie jetzt nicht die reichste Schriftstellerin der Welt. Im Nachhinein sind die Pechvögel die Verleger, die das Buch abgelehnt hatten.

Beharrlichkeit und die Fähigkeit, sich von Absagen nicht entmutigen zu lassen, sind Eigenschaften, die alle Glückskinder auszeichnen. Dies belegt ein weiteres Experiment von Richard Wiseman, von dem bereits die Idee mit dem Bilderzählen in der Tageszeitung stammte. Diesmal gab er den Versuchspersonen zwei Schachteln. In jeder befand sich ein Geduldsspiel, bei dem zwei gebogene Metallschlaufen miteinander »verknotet« waren. Aber nur bei einem ließen sich die beiden Schlaufen auch wieder voneinander trennen. Das andere wäre unlösbar. Die Teilnehmer sollten sich für eine Kiste entscheiden und ihr Bestes geben, um die Knobelei zu entwirren. Diesmal war Wiseman sogar noch gemeiner als bei dem

---

29 lit.COLOGNE, »Edgar Wallace – Die Romanfabrik«, Live-Mitschnitt von 2007, Random House Audio

Zeitungstest, denn *beide* Geduldsspiele waren nicht zu knacken. Ihm ging es ausschließlich darum, zu sehen, wie lange die Testpersonen versuchen würden, ihre Aufgabe zu bewältigen. Dabei ließen sich die Ergebnisse in zwei Lager aufteilen. Eine Gruppe gab sehr schnell auf, während die zweite nicht müde wurde, nach einer Lösung für das Problem zu suchen. Wie Wiseman im anschließenden Gespräch mit den Teilnehmern erfuhr, sahen sich die Personen der zweiten Gruppe in ihrem Leben eher als Glückspilze, und diejenigen, die früh aufgaben, hielten sich eher für vom Pech verfolgt.[30]

Damit erschließt sich ein weiterer Punkt, warum glückliche Menschen so oft Erfolg haben: Sie sind von Hause aus einfach hartnäckiger und geben sich nicht geschlagen. So ist es natürlich auch wahrscheinlicher, dass sie ihre Ziele tatsächlich einmal erreichen werden.

Eine positive Einstellung hat also viele Vorteile. Glückspilze reden sich ihre Sicht durch die rosarote Brille jedoch nicht nur ein, sondern sie glauben auch wirklich dran. Um in der gleichen Bildsprache zu bleiben: Es ist keine Brille, die man absetzen könnte, sondern das ganze Auge ist rosarot eingefärbt.

Aber kann man sich solch eine Lebensphilosophie aneignen?

Gar nicht schwierig. Shawn Achor hat hierzu folgenden einfachen und doch weitreichenden Tipp aufgespürt und in seinem Buch »The Happiness Advantage« beschrieben.

Haben Sie sich schon einmal einen großen Wagen wie zum Beispiel einen Sprinter gemietet? Dann wird Ihnen der schlecht gelaunte Kerl von der Autovermietung

---

30 Richard Wiseman, »The Luck Factor«, 2004

sicherlich gesagt haben, dass Ihr Fahrzeug rund zwei Meter fünfzig hoch sei. Und wenn Sie das Dach abfahren würden, müssten Sie für den Schaden selbst aufkommen. Auf einmal haben Sie sich vor jeder Brücke gefragt, ob Sie da wohl durchpassen würden. Sie sind es nicht gewohnt, Höhen abzuschätzen, weil Sie mit Ihrer tiefergelegten Rennschleuder sogar unter dem Wohnzimmerteppich durchkämen. Wie sollen Sie also wissen, ob der Sprinter in den Tunnel einfahren kann oder Sie plötzlich in einem Cabrio sitzen? Da haben Sie auf einmal vor der Brücke ein Verkehrsschild entdeckt, das Ihnen ganz klar sagt, mit welcher Höhe eine Durchfahrt problemlos machbar sei. Im Laufe der Fahrt haben Sie überall entsprechende Schilder gesehen und sich gewundert, warum Sie die vorher nie gesehen hatten. Das ist das Phänomen der selektiven Wahrnehmung. Als meine Frau schwanger war, habe ich verwundert überall schwangere Frauen entdeckt, und ich ging davon aus, dass es sich beim Jahrgang meiner Tochter um einen sehr geburtenreichen handeln müsse. Das war nicht der Fall, ich hatte vorher nur einfach nicht auf Schwangere geachtet.

Gleiches gilt für das Glück.

Wenn Sie nicht danach suchen, werden Sie es nie finden.

Deshalb gilt ab heute für Sie die »Regel des vierfachen Glücks«. Jeden Abend setzen Sie sich hin und suchen sich vier Momente des vergangenen Tages, an denen Sie Glück hatten. Das kann der Parkplatz vor Ihrer Tür sein, den Sie erwischt haben. Oder das letzte Stück Kuchen in Ihrem Büro. Vielleicht ein Kinofilm, der besonders gut war. Eine Wette, die Sie gewonnen haben. Ein Lob Ihres Vorgesetzten oder das Mensch-ärgere-dich-nicht-Spielen mit Ihren Kindern.

Suchen Sie nach vier Glücksmomenten. Jeden Abend.

Wenn Sie das konsequent durchziehen, werden Sie den Tag über aufmerksamer. Sie werden selbst das kleinste Glück entdecken, das Ihnen früher entgangen ist oder das Sie nicht als solches empfunden haben. Ich verspreche Ihnen, dass Sie bei verschiedenen Gelegenheiten sogar daran denken werden, dass Sie das abends aufzählen können. Weil Sie am Ende des Tages Ihre vier Punkte nennen wollen, werden Sie gezielter nach Glücksmomenten suchen.

Normalerweise werden drei Punkte vorgeschlagen, aber das ist mir zu wenig. Drei finde ich recht schnell. Aber bei vier muss ich überlegen – und genau darum geht es. Sie müssen angestrengt nach dem Glück suchen, damit es bald automatisch geschieht.

Die Studie, aus der diese Technik stammt, belegt, dass die Teilnehmer, die jeden Tag drei positive Dinge aufschreiben mussten, bereits am Ende der ersten Woche viel glücklicher und weniger depressiv waren.[31] Sogar noch sechs Monate, nachdem sie mit der Übung aufgehört hatten, waren diese Personen wesentlich glücklicher und optimistischer als die Kontrollgruppe, die nichts aufgeschrieben hatte.[32]

Glück haben lässt sich offensichtlich lernen.

---

31 Martin E. P. Seligman, Tracy Steen, Nansook Park und Christopher Peterson, »Positive Psychology Progress: Empirical Validation of Interventions«, 2005, in *American Psychologist,* Vol. 60, No. 5

32 In der Versuchsreihe gab es unterschiedliche Aufgaben. Eine Gruppe zeigte sogar noch eine stärkere positive Entwicklung: die Teilnehmer, die eine Woche lang jeden Tag einen Dankesbrief an eine Person geschrieben hatten, der sie dankbar waren, aber noch nie wirklich gedankt hatten. – Na, vielleicht wäre das mal einen Versuch wert? Schreiben Sie doch mal ein paar Briefe!

Dazu gehört auch, dass man Chancen realistisch einschätzt. Wenn Sie erwarten, bei dem Flohmarkt in Ihrer Straße eine noch originalverpackte Kopie des Computerspiels »Giana Sisters« für den Amiga-Rechner aus dem Jahre 1987 zu erwischen, dürften Sie ziemlich sicher enttäuscht werden. Ebenso, wenn Sie davon ausgehen, im Lotto zu gewinnen. Die meisten Menschen hoffen, dass sie einmal den Jackpot knacken werden, obwohl die Wahrscheinlichkeit dafür 1:140 000 000 steht. Da ist es sieben Mal wahrscheinlicher, dass Sie vom Blitz getroffen werden. Die logische Konsequenz bedeutet allerdings nicht, dass Sie nur bei Gewitter Lotto spielen sollten, sondern es schlicht und einfach sein zu lassen. Denn wie mein Bonbonversteckspiel gezeigt hat, können Glückspilze durch ihre positive Einstellung nicht die Wahrscheinlichkeit zu ihren Gunsten verändern. Bleiben Sie also Dingen fern, die von vorneherein aussichtslos sind.

Gleiches gilt für den Supermarkt. Ärgern Sie sich nicht, wenn Sie mal wieder die Kasse mit der längsten Schlange erwischt haben. Wenn in Ihrem Supermarkt durchschnittlich vier Kassen geöffnet sind, dann kann nur eine die schnellste sein. Das heißt, die Chance, an der schnellsten zu stehen, beträgt 1:4. Es ist also wahrscheinlicher, dass eine der anderen schneller ist als »Ihre«.

Es zahlt sich aus, Wahrscheinlichkeiten abzuschätzen, bevor man etwa bei Gewinnspielen Geld setzt. Gerade, wenn es um Betrügereien wie das Hütchenspiel mit den drei Nussschalen und einem kleinen Kügelchen geht. Die meisten Leute vermuten, dass die Gewinnchancen dabei 1:3 sind. Das klingt recht gut, und schnell werden fünfzig Euro gesetzt – und verloren! Denn bei diesem Spiel haben Sie auch als größter Glückspilz keine Chance, weil es sich um einen Zaubertrick handelt. Der kleine

Ball kann unter jeder Schale erscheinen. Ich verrate Ihnen jetzt ein kleines Geheimnis: Es ist nicht einmal möglich, fair zu spielen. Selbst wenn man es wollte! Beim Mischen bleibt der Ball nämlich nicht unter »seiner« Schale. Da er aus einem weichen Material besteht, drückt ihn die Schale beim Verschieben platt und gleitet über ihn hinweg. Jetzt liegt der Ball offen auf dem Tisch. Diesen Moment passt der Falschspieler exakt ab und versteckt ihn unbemerkt in seiner Hand. Mit der umgekehrten Bewegung kann der Ball wieder unter jeden Becher geschmuggelt werden. Das Ganze muss der Betrüger, ohne selbst hinzusehen, absolut fehlerfrei und von allen Seiten blicksicher durchführen. Mit dem Geld, das Sie beim Hütchenspiel verlieren, honorieren Sie also im Grunde die Vorführung unglaublicher Fingerfertigkeit. Nichtsdestotrotz ist das Ballaufspüren kein Glücks-, sondern ein *Falsch*spiel. Im Vergleich zu diesem Spiel ist sogar die Wahrscheinlichkeit, im Lotto zu gewinnen, größer.

Wie hilft Ihnen das, wenn Sie heute Abend mit Ihrem Lebensabschnittsgefährten ausmachen, wer den Müll rausbringt oder das Prinzessin-Leia-Kostüm trägt? Schlagen Sie ihm einfach ein absolut »faires Glücksspiel« vor. Mit einem kleinen Kniff können Sie das Wahrscheinlichkeitsblatt leicht zu Ihren Gunsten wenden. Obwohl das gar nicht möglich scheint. Und im Gegensatz zum Hütchenspiel müssen Sie dafür nicht einmal pfuschen.

Sie können es sich also schon mal auf der Couch gemütlich machen und die Fernbedienung in Beschlag nehmen, denn bei »Penney's Game« werden Sie gewinnen.

Benannt ist die Wette nach seinem Erfinder Walter

Penney,[33] und die Regeln sind ganz einfach: Sie haben eine Münze, die Ihr Mitspieler hochwerfen darf. Entweder landet sie mit Kopf oder Zahl oben. Ihr Gegner entscheidet sich für eine beliebige Kombination von drei Ergebnissen. Zum Beispiel: Kopf – Kopf – Zahl. Danach legen Sie sich auf eine andere Reihenfolge fest: Zahl – Kopf – Kopf. Jetzt wird die Münze so lange geworfen, bis hintereinander entweder Ihre Kombination oder die Ihres Mitspielers landet.

Das klingt auf den ersten Blick recht fair. Bei jedem Wurf stehen die Chancen gleich, dass entweder Kopf oder Zahl landet. Doch bei einer Dreier-Kette ändert sich das Kräfteverhältnis. Zu jeder Reihenfolge gibt es eine, die wahrscheinlicher ist. Das mathematische Prinzip, das dafür verantwortlich ist, heißt intransitive Relation.

Spielen wir einfach die Runde durch: Ihr Gegner wirft die Münze hoch und fängt sie wieder auf. Je nachdem, ob Kopf oder Zahl oben liegt, bekommen Sie oder er einen Punkt. Die Chancen dafür stehen 50:50. Wenn Zahl landet, machen Sie einen Schritt in Richtung Sieg. Sollte beim zweiten Wurf Kopf oben liegen, bekommt Ihr Mitspieler zwar seinen ersten Punkt, aber Sie ebenfalls. Der Anfang seiner Kette und das Ende Ihrer ist identisch. Damit er gewinnen kann, muss also Ihre Kombination fallen, und weil Sie bereits einen Punkt Vorsprung haben, gewinnen Sie.

Ist der erste Wurf hingegen Kopf, ist der erste Treffer für Ihren Gegner. Wenn er beim nächsten Mal wieder Kopf erzielt, macht er einen weiteren Schritt in Richtung Sieg. Landet aber Zahl, so ist seine Reihenfolge unterbrochen, und er hat keinen Punkt mehr. Sie hingegen wieder Ihren

---

33 Walter Penney, »Problem: Penney-Ante«, 1969, in *Journal of Recreational Mathematics,* Vol. 2, October

ersten. Die Wahrscheinlichkeit, dass das passiert und er seinen Punkt verliert, beträgt 50:50. Danach brauchen Sie nur noch Kopf-Würfe. Jede Zahl würde Ihre Reihe zwar kaputt machen, Sie aber direkt wieder auf den Anfang setzen, und Ihr Mitspieler erhielte immer noch keinen Punkt. Ihr Mitspieler kann Zahl nur zum Gewinnen brauchen (für den letzten Wurf). Jede Zahl, die früher kommt, bedeutet für ihn Gehe-zurück-auf-Los. Für Sie ist jeder Zahl-Wurf aber bereits der erste Punkt.

Nach diesem Prinzip gibt es für jede Kombination, die sich Ihr Mitspieler aussucht, eine passende Reihenfolge, die – im Vergleich zu seiner – besser ist. Um Ihre Gewinnkombination zu ermitteln, nehmen Sie einfach den zweiten Wurf aus seiner Reihe und kehren diesen um. Aus Kopf mach Zahl oder umgekehrt. Dies wird Ihr erster Wurf. Für die beiden nächsten Stellen Ihrer Kombination nehmen Sie einfach die beiden ersten Würfe Ihres Gegners.

Wenn sich das zu kompliziert anhört, schreiben Sie einfach die folgende Liste auf Ihre Handinnenfläche und kratzen Sie sich unauffällig an der Nase, wenn Sie Ihre Reihenfolge nennen müssen.

Ihr böser Gegner nennt …	… woraufhin Sie wählen …
Kopf – Kopf – Kopf	Zahl – Kopf – Kopf
Kopf – Kopf – Zahl	Zahl – Kopf – Kopf
Kopf – Zahl – Kopf	Kopf – Kopf – Zahl
Kopf – Zahl – Zahl	Kopf – Kopf – Zahl
Zahl – Kopf – Kopf	Zahl – Zahl – Kopf
Zahl – Kopf – Zahl	Zahl – Zahl – Kopf
Zahl – Zahl – Kopf	Kopf – Zahl – Zahl
Zahl – Zahl – Zahl	Kopf – Zahl – Zahl

Natürlich bedeutet das nicht, dass Ihr Gegner nicht gewinnen *kann*. Trotzdem stehen die Chancen besser, dass Sie gewinnen werden. Und nach dem Lesen dieses Kapitels wissen Sie ja, Glück ist Einstellungssache.

Hier kommt sie endlich, die versprochene Lösung für die Aufgabe von Karl Duncker:

Haben Sie herausgefunden, wie Sie die Kerze an der Wand befestigen? Wenn nicht, dann schieben Sie sich schnell noch einen Schokoriegel rein und überlegen erneut. Falls Sie Ihre Weight-Watchers-Punkte schon für das morgendliche Kreuzworträtsel ausgeschöpft haben, dann lesen Sie einfach so weiter:

Öffnen Sie die Streichholzschachtel, und ziehen Sie die Lade heraus. Kippen Sie alle Zündhölzer auf den Tisch. Nehmen Sie sich nun drei bis vier Heftzwecken und befestigen Sie damit die Lade an der Wand. Am leichtesten geht das, wenn Sie die kleine Pappschachtel wie eine Mini-Schublade an die Tapete halten und die Heftzwecken von innen durch den Rand des Papiers drücken. In diesen »Kartonbalkon« können Sie die Kerze stellen. Anschließend zünden Sie mit der Reibefläche und einem Streichholz die Kerze an.

Viele Personen gehen davon aus, dass Sie nur die Streichhölzer und die Heftzwecken benutzen dürfen, und sehen die Schachtel lediglich als Aufbewahrungsort der Hölzer an. Es erfordert also ein gewisses »Um-die-Ecke-Denken«, um die Box als Teil der Lösung wahrzunehmen. Wenn die Aufgabe und die Gegenstände hingegen so präsentiert werden, dass die Streichhölzer und ihre Schachtel getrennt wahrgenommen werden, wird sie in der Regel sofort gelöst. Das kann dadurch geschehen, dass die Box leer ist und die Hölzer bereits auf dem Tisch liegen. Es reicht aber auch schon aus, wenn ihre Einheit verbal getrennt wird, indem von einer Schachtel *und* Streichhölzern gesprochen wird. Das ist auch der Grund, warum ich die Aufgabenstellung für dieses Buch etwas abgeändert habe. Ursprünglich gab es im Original von Karl Duncker keine Streichholzschachtel. Stattdessen wurden die Heftzwecken in einer kleinen Schachtel aufbewahrt.

Vorhersage

Wie heißt es doch so schön? Pech im Spiel, Glück in der Liebe. Nur, was ist, wenn man Glück im Spiel hat? Ist dann das Pech in der Liebe vorprogrammiert? Im nächsten Kapitel werden wir sehen, wie man sich mit ein paar Tricks in der Liebe Vorteile verschafft.

Kapitel 3

»Kriegt ein Mentalmagier jede/n rum?«

»Du bist so anders, ganz speziell.
Ich merke so was immer schnell.
Jetzt zieh dich aus und leg dich hin,
weil ich so verliebt in dich bin.«

Die Ärzte – Männer sind Schweine

Die Wette galt. Der Reihe nach drückte jeder der vier Männer mir einen Hunderter in meine Hand. Vierhundert Euro für den Gewinner des heutigen Abends. Es konnte nur einen geben, und ich sollte der Schiedsrichter sein. Eine leichte Sache, denn Regeln gab es ebenfalls nur eine: Wer von den vieren als Erstes eine Frau abschleppte, hatte gewonnen.

Eine völlig bescheuerte Wette, die gegen jede meiner Moralvorstellungen verstieß. Ich fragte mich, wie um alles in der Welt ich hier hineingeraten sein konnte. Der Grund stand mir gegenüber: Udo. Vor einer Woche hatte mich mein alter Studienkollege angerufen und von dem Wettstreit erzählt. Da Udo während des gesamten Studiums niemals eine Bar von innen gesehen hatte, sondern nur hinter Büchern gesteckt hatte, zweifelte ich an seinem Geisteszustand.

»Hast du überhaupt schon mal eine Frau angesprochen?«, fragte ich ihn.

»Nein. Deshalb rufe ich ja dich an.«

Ich musste nicht mehr an seinem Verstand zweifeln. Offensichtlich hatte er ihn verloren.

»Deine Freunde werden merken, wenn ich an deiner Stelle mitmache.«

Am anderen Ende der Leitung stöhnte Udo auf. Diesmal war er es, der zweifelte: »Du Depp sollst nicht für mich Frauen aufreißen, sondern mich coachen, damit ich gewinne.«

»Ich soll dich coachen?«

»Du bist Mentalmagier. Du bringst Menschen dazu, das zu tun, was du willst. Und du kannst Gedanken lesen. Du weißt, was Frauen wollen.«

Mein Ehrgeiz war geweckt. Und für eine Gewinnbeteiligung von einhundert Prozent war ich bereit, meine spießigen Moralvorstellungen über Bord zu werfen.

Die nächste Woche verbrachte ich damit, Udo in die Geheimnisse des menschlichen Paarungsverhaltens einzuführen. Sieben Tage, um diesen Larry Laffer zum Highscore zu führen.

Jetzt standen die vier Männer vor der Nürnberger Bar »Frizz!«, die unter der Hand immer nur als »übler Abschleppschuppen« bezeichnet wurde. Sie nickten sich noch einmal zu, und los ging's.

Die Zeit stand still. Mit einem Schlag verebbte jedes Gespräch, und alle Partygäste verharrten in ihren Bewegungen. Der Zigarettenrauch blieb in der Luft stehen, und das Bier aus dem gerade umgekippten Glas war wie schockgefroren. Musik und Herzschläge setzten gleichermaßen aus, denn die vier Recken betraten die dunkle Bar.

Mit dem Blick eines Adlers verschaffte sich Udo blitzschnell einen Überblick über die Lage. In einem Sekundenbruchteil hatte er die aufregendsten Frauen im Raum ausgemacht und in seinen Gedanken markiert. Alles

Zielpersonen, an denen er mein geballtes Wissen ausprobieren konnte.

Es schien ein normaler Samstagabend zu sein. Für ihn
war es die Nacht der Nächte. Nürnbergs Clubszene, die
es erstaunlicherweise tatsächlich gibt, sollte der Boden
sein, auf dem er die perfekt choreografierten Tanzschritte
des menschlichen Miteinanders vollführen würde. Ich
war mir sicher, dass Udo nicht nur mit einer Frau im
Arm diese Bar verlassen sollte, sondern auch mit dem
Geld seiner Freunde. Die vierhundert Euro waren unser,
und die Jungs hatten keine Chance gegen meinen Udo.

Udo atmete aus, und die Zeit lief wieder. Die Gespräche gingen dort weiter, wo sie aufgehört hatten, und das
Bier klatschte auf den Fußboden. Es konnte losgehen. Er
würde beweisen, dass er der König der Aufreißer war.

Schon sah er sie.

Um zehn Uhr machte Udo eine exotische Schönheit
aus. Sie war allen anderen Frauen in der Bar bei weitem
überlegen. Im Vergleich zu ihr hätte Kleopatra wie Cin-
dy aus Marzahn ausgesehen. Ihm war klar, dass es nur
diese eine sein konnte. Sie. Bei jeder anderen Frau wären
seine Künste Perlen vor die Säue gewesen.

Wie wir es trainiert hatten, sprach er sie sofort an und
schaffte es innerhalb kürzester Zeit, dass sie alles um sich
herum vergaß. Mit jedem Wort aus seinem Mund löste
sich die Welt, die sie umgab, mehr und mehr auf, bis nur
noch er existierte. Ihr Wille und Verstand waren Wachs
in seinen Händen, und ich wusste, dass es keine Stunde
mehr dauern würde, bis seine Hände wirklich überall auf
ihr wären.

Dies sollte eine unvergleichliche Nacht für sie werden,
denn dank meines Crashkurses im Bereich der Hypnose
würde Udo ihre Wahrnehmung von Raum, Zeit und

besonders Länge verändern. Wie er hinterher berichtet hatte, hatte sie ihm völlig erschöpft auf den frischen Satinlaken, die er am Nachmittag noch bei ALDI gekauft hatte, gestanden, dass sie zutiefst beeindruckt war und so etwas noch nie erlebt hatte.

Doch muss ich abschließend bemerken, dass wir mehr Zeit in die Grundlagen hätten investieren sollen. So kam es, dass Udo nicht nur die Wette und ich damit vierhundert Euro gewonnen hatte, sondern jene exotische Schönheit bereits nach einer Nacht die Mutter seines Kindes wurde und er nun glücklich mit ihr verheiratet ist.

Die Partnersuche ist ein ewiges Thema. Es gibt fast keinen Auftritt, nach dem mich nicht mindestens ein Mann fragt, ob es ein Mentalmagier leichter hätte, Frauen kennenzulernen. Tatsächlich kommen fast nur Männer auf mich zu. Frauen sind zwar genauso an Flirt-Tipps interessiert, aber anscheinend nicht verzweifelt genug, mich auch tatsächlich danach zu fragen.

Obwohl die Frage natürlich nicht ganz korrekt gestellt ist. Denn eigentlich will niemand wissen, ob ein *Mentalmagier* viele Frauen rumkriegt, sondern nur, wie *er selbst* jede ins Bett bekommt. Gibt es sie wirklich, diese unfehlbaren Psycho-Tricks, mit denen Sie sich bei der nächtlichen Pirsch durch die Clubs und Bars Ihrer Stadt einen Wettbewerbsvorteil verschaffen können? Ja, es gibt sie, und auf den folgenden Seiten werden wir klären, was tatsächlich funktioniert und was ins Reich der Märchen gehört.

Selbst wenn Sie gerade nicht auf der Suche nach einem neuen Partner sind, werden Sie viele spannende Einblicke in das menschliche Denken gewinnen, auf die wir in den kommenden Kapiteln noch zurückgreifen werden. Also, streifen Sie gedanklich Ihren Ehering ab und hinein ins wilde Balzgetümmel.

Schnell noch eine kleine historische Randnotiz, die belegt, dass es Zauberer schon immer leichter bei Frauen hatten als andere Männer: Gegen Ende des Zweiten Weltkrieges sollte der deutsche Zauberkünstler Kalanag auf Befehl Himmlers den Mitarbeitern der Spionageabwehr kleinere Zaubertricks beibringen. Damit sollten sich die Soldaten an Frauen heranmachen, die eventuell über kriegsentscheidende Geheimnisse Bescheid wussten.[34]

Keine Sorge! Sie müssen nicht erst zu einem Geheimagenten werden. Das Wissen aus diesem Kapitel reicht trotzdem aus, um aus Ihnen einen genauso erfolgreichen Verführer wie James Bond werden zu lassen. Zumindest fast, denn auf unserer Reise durch die Welt der menschlichen Brunft werden wir sehr vielen leeren Versprechungen und falschen Behauptungen begegnen. Nicht alles, was glänzt, ist Gold. Und nicht alles, was angebliche Flirtexperten von sich geben, funktioniert. Wieso einige unsinnige Techniken dennoch Früchte tragen und welche Methoden auch jenseits aller dunklen Kaschemmen zu gebrauchen sind, werden wir uns gleich ansehen.

Bevor wir nun aber gemeinsam die Geheimnisse des menschlichen Paarungsverhaltens aufdecken werden, muss ich Ihnen noch eine kleine Frage stellen. Sie müssen sich nämlich entscheiden.

---

34 Paul Kohl, »Simsalabim, da bin ich wieder. – Kalanag: ein Zauberer aus Deutschland«, in *SWR2 – Feature am Sonntag* vom 23.10.2011

Ich habe Fotos von Zwillingen gemacht. Einmal zwei Schwestern und einmal zwei Brüder. *(Siehe Abbildung 5)* Bitte werfen Sie einen Blick darauf und zählen Sie dabei bis zehn. Anschließend entscheiden Sie sich bitte, wer von beiden Ihnen jeweils sympathischer ist. Die linke oder die rechte Person? A oder B?

Merken Sie sich Ihre Wahl und lesen Sie erst dann weiter.

Abbildung 5: Zählen Sie bis zehn und entscheiden Sie sich dann: Wen finden Sie sympathischer? A oder B?

Haben Sie sich Ihren Liebling ausgesucht? Sehr gut, dann kann es ja weitergehen!

Und noch eine Sache vorab: Der Großteil der nun folgenden Techniken funktioniert selbstverständlich für beide Geschlechter. Da mich aber ausschließlich Männer fragen, wie sie besser an Frauen rankommen, werde ich primär diese Konstellation beschreiben. Das mag auf den ersten Blick sehr chauvinistisch klingen, erspart uns aber eine Menge Schrägstriche und angehängte Konsonanten. Trotzdem werden Sie mit dem Wissen dieses Kapitels die Chancen erhöhen, die/den begehrenswerte(n) Frau/Mann abschleppen zu können und sich zu einem/r kleine(n) Don(na) Juan(ita) zu wandeln.

Als Ausgleich für diese scheinbare Bevorteilung werden wir uns meistens auf Kosten der Männerwelt amüsieren. Denn die scheint tatsächlich völlig schmerzfrei zu sein, wenn es um das Ausprobieren von Anmachtricks geht, wie direkt das erste Beispiel wunderbar illustriert:

Vor einiger Zeit wurde im Radio über eine Studie berichtet, die festgestellt haben wollte, dass Männer durch einen extrovertierten Tanzstil attraktiver wirken.[35] Dabei kam es weniger auf Arme und Beine an als auf Kopf und Brust. Je mehr der Nacken verbogen wurde, je stärker sich der Oberkörper hin und her schleuderte und je schneller sich das rechte Knie bewegte, umso attraktiver und auch körperlich fitter wurden die Tänzer von Frauen beurteilt.

---

35 Nick Neave, Kristofor McCarty, Jeanette Freynik, Nicholas Caplan, Johannes Hönekopp und Bernhard Fink, »Male Dance Moves that Catch a Woman's Eye«, 2011, in *Biology Letters,* Vol. 7, No. 2

Klingt nach einem einfachen Erfolgsrezept: Je größer und abwechslungsreicher die Bewegungen, desto besser.

Leider etwas zu einfach.

Nachdem ich den Bericht im Radio gehört hatte, ging ich noch am selben Abend in verschiedene Diskotheken. Überall bot sich mir das gleiche Bild: Offensichtlich war ich nicht der Einzige, der von dieser Studie Wind bekommen hatte. Es schien, als würden alle paarungswilligen Männchen von einem epileptischen Anfall heimgesucht. Da gab es kein verlegenes An-der-Bar-Stehen mehr. Nein, alle zappelten unkontrolliert durch den Raum, in dem festen Glauben, damit unschlagbar attraktiv auszusehen. Köpfe wurden so stark geschüttelt, dass im Vergleich dazu selbst das exzessivste Headbanging bei einem »Cannibal Corpse«-Konzert wie Hospitalismus im Anfangsstadium aussah. Jedes rechte Knie zuckte über die Tanzfläche, während das linke unbeweglich an seinem Platz verharrte. Sehr effektiv, schoss es mir durch den Kopf, schließlich kam es ja unerklärlicherweise angeblich nur auf die rechte Seite an. Nachdem ich genug gesehen hatte, ging ich kopfschüttelnd nach Hause. Wohl wissend, dass ich damit ebenfalls ein wenig attraktiver aussähe.

Warum lässt dieses Gezappel Männer attraktiv und nicht albern wirken, wie die Studie behauptet?

Die Forscher gehen davon aus, dass die Art und Weise des Tanzens etwas über die körperliche Fitness und Reproduktionsfähigkeit verrät. Starke Bewegungen, insbesondere die Bewegung des Beckens, vermitteln Potenz. Ein Tänzer, der seinen Oberkörper sicher und schnell bewegen kann, ist durchtrainiert und kann sich selbst (und damit den Nachwuchs) gut verteidigen. Dies wird sogar von anderen Männern so wahrgenommen – schließlich handelt es sich um einen möglichen Rivalen im Wettstreit um die Gunst der Damenwelt.

Also, schnell auf die Webseite der Northumbria University[36] oder des Instituts für Zoologie (!) und Anthropologie der Universität Göttingen und dort die Videos mit Beispielen für besonders attraktives Tanzen ansehen. Dann die Tanzschritte einprägen und abends in der Kneipe eine Frau nach der anderen abschleppen. Das könnten Sie – wenn die Studie nicht etwas praxisfern durchgeführt worden wäre.

Um eine möglichst neutrale Beurteilung der weiblichen Jury zu gewährleisten, wurden neunzehn junge Männer gebeten, einen heißen Tanz aufs Parkett zu legen. Ihre Moves wurden mit Hilfe eines Motion-Capture-Systems aufgezeichnet. Ein Computer merkt sich dabei die Bewegungen jedes Körperteils und überträgt diese auf eine digitale Figur. So wie bei dem Film »Avatar«, nur ohne Überlänge und 3-D-Zuschlag – aber in der Farbe Blau. Denn die gesichtslosen Einheitsfiguren aus dem PC wurden jedweder körperlichen Erkennungsmerkmale beraubt und in schönem Blau eingefärbt. Für die Studie ist das natürlich sinnvoll. So werden die Frauen nicht vom Aussehen und der Statur der Tänzer abgelenkt. Weil alle virtuellen Tänzer gleich aussehen, können sie nicht sagen, dass der eine schöne Augen habe oder der andere so humorvoll sei. Sie entscheiden einzig und allein aufgrund des Tanzstils, welche Figur ihnen am attraktivsten erscheint.

---

36 www.northumbria.ac.uk/browse/ne/uninews/maledancerstrength –
Ganz am Ende der Webseite unter »Video Examples« finden Sie den
Link zu Ihrem persönlichen Tanzkurs.

Für die Studie ist das völlig korrekt, allerdings entspricht eine solche Aufmachung nicht unserem Alltag. Einzig beim Kölner Karneval verstößt der blaue Anzug nicht gegen das Vermummungsverbot. Nur ist es in den Kölner Kneipen in der fünften Jahreszeit so eng und voll, dass man mit einem ausladenden Tanzstil eher Prügeleien heraufbeschwört, als Frauen beeindruckt. Außerdem sind die Anhänger des Kostümierungsdekretes meist so sturzbetrunken, dass ohnehin jeder mit jedem ins Bett geht. Damit schläft sich Köln schließlich mit schöner Regelmäßigkeit in die Top 10 der kinderreichsten Städte. So kommt uns hier die Wirklichkeit in die Quere. In einer perfekten Welt könnten wir uns alle in blaue Ganzkörperanzüge mit Skimaske zwängen und tanzen gehen. Leider ist dies keine perfekte Welt, und hier hat jeder Mensch ein Gesicht. Und genau dieses Gesicht kann den männlichsten Tanzstil kompromittieren. Wer aussieht wie der Bruder von Godzilla, dem nützt auch kein zuckendes rechtes Knie etwas.

Schreit Ihr politisch korrektes Gewissen bereits auf?

»Das kann nicht sein«, müsste es empört rumtoben. »Wir Menschen sind nicht so oberflächlich und achten nur aufs Äußere.«

»Das ist richtig«, antworte ich da gerne, »gutes Aussehen alleine ist nicht genug, Geld ist genauso wichtig.«

Das ist natürlich nur ein Spaß – gutes Aussehen reicht völlig.

Sie mögen das für eine zynische Lebenseinstellung halten, aber sie ist durch zahlreiche Studien belegt worden.

In Minnesota sollten Studenten angeben, was ihnen an einem möglichen Partner am wichtigsten sei. Gutes

Aussehen war bei fast allen der letzte Punkt auf ihrer Liste.[37] Ganz oben standen Humor, Ehrlichkeit und die Qualitäten als Zuhörer – was sich aber bald als leeres Geschwätz herausstellen sollte. Denn im Anschluss absolvierten die Studenten mehrere Blind Dates und mussten danach angeben, ob sie die Person wiedersehen wollten. Und was war wohl der ausschlaggebende Faktor für ein erneutes Treffen? Wollten alle mit dem witzigen und ehrlichen Dicken ausgehen, oder war die zickige Blondine mit dem tiefen Ausschnitt und noch tieferem IQ der Liebling? Genau! Die ganzen zuvor genannten Wunscheigenschaften spielten plötzlich keine Rolle mehr. Tatsächlich war lediglich das Aussehen entscheidend. Egal, ob Mann oder Frau, mit den schönen Teilnehmern wollten sich alle noch mal treffen. Das hässliche Entlein hingegen durfte wieder alleine nach Hause.

Wenn Sie vermuten, dass dieses Verhalten nur bei hormonhörigen Studenten anzutreffen ist, so irren Sie sich gewaltig. Im gesamten Leben haben schöne Menschen Vorteile. Sie werden nicht nur bei der Partnerwahl bevorzugt, ihnen werden sogar positivere Charaktereigenschaften zugesprochen.

In einem Kindergarten fragten Forscher die einzelnen Kinder, wen sie am liebsten mochten.[38] Die gutaussehenden Kids waren durch die Bank weg beliebter als ihre

---

37 Elaine Walster, Vera Aronson, Darcy Abrahams und Leon Rottman, »Importance of Physical Attractiveness in Dating Behavior«, 1966, in *Journal of Personality and Social Psychology,* Vol. 4, No. 5

38 Ellen Berscheid und Karen Dion, »Physical Attractiveness and Sociometric Choice in Nursery School Children«, 1971, und Alice H. Eagly u. a., »What Is Beautiful Is Good, But … A Meta-Analytic Review of Research on the Physical Attractiveness Stereotype«, 1991, in *Psychological Bulletin,* Vol. 110, No. 1

weniger attraktiven Gefährten. Interessanter jedoch ist noch eine zweite Frage, die gestellt wurde: Vor welchem Kind sie am meisten Angst hätten? Hier wurden ausschließlich die nicht so hübschen Kinder genannt. Diese wurden ebenfalls als aggressiver eingestuft als die Schönlinge der Gruppe. Damit hier kein Missverständnis aufkommt: Die kleinen Quasimodos waren nicht *tatsächlich* raufwütiger, wie die Kindergärtner den Forschern der Studie versicherten. Sie wurden lediglich so *wahrgenommen*. Ein schlechtes Aussehen sagt also nichts über den Charakter, sondern lediglich etwas über die Außenwirkung aus.

Diese Einschätzung zieht sich von Kindesbeinen an bis ins Erwachsenenalter fort. Schöne Menschen werden vor Gericht oftmals weniger hart bestraft.[39] Sie entgehen ihrer Strafe zwar nicht, aber das Strafmaß fällt geringer aus. Anscheinend gewährt man diesem Menschenschlag einen Vertrauensbonus. Wenn sie einen Fehler begehen, wird die Schuld seltener bei ihnen gesucht als in der Situation selbst.[40] »Die konnten bestimmt nichts dafür«, ist die gängige Annahme, »die mussten so handeln. Bestimmt wurden sie gezwungen.« Wenn Sie also planen sollten, Ihre Erbtante aus dem Weg zu räumen, wäre es schlau, zuvor in eine Schönheits-OP zu investieren, damit Sie nicht allzu lange im Knast sitzen, falls Sie erwischt werden.

Was dafür sorgt, dass wir schönen Menschen positive Eigenschaften und Fertigkeiten zusprechen, ist der sogenannte »Halo-Effekt«. »Halo« ist kein Rechtschreib-

---

39 Mark Schweizer, »Kognitive Täuschungen vor Gericht«, 2005

40 Thomas Baglan, »Effects of Interpersonal Attraction and Type of Behavior on Attributions«, 1981, in *Psychological Reports,* Vol. 48, No. 1

fehler, sondern das englische Wort für den leuchtenden Rand um die Sonne herum oder für einen Heiligenschein. Dieser Effekt bewirkt, dass eine Eigenschaft, in diesem Fall das gute Aussehen, die anderen »überstrahlt«. Dadurch nehmen wir die schlechten Angewohnheiten der Menschen weniger wahr beziehungsweise wir dichten ihnen sogar tolle Fähigkeiten an, die sie gar nicht besitzen. Edward Lee Thorndike, dem die Erforschung der Heiligenschein-Wirkung hauptsächlich zugesprochen wird, und Gordon Allport entdeckten beispielsweise, dass gutaussehende Soldaten von ihren Vorgesetzten automatisch für bessere Gewehrschützen gehalten werden.[41] Also, immer schön Haargel und ein bisschen Lidschatten in dem Munitionstäschchen haben, dann fluppt's auch bei der Bundeswehr.

Der Halo-Effekt wirkt natürlich auch umgekehrt. Wenn jemand unglaublich witzig oder tierisch intelligent ist, wird das sein Aussehen aufwerten. Das Problem bei diesen Eigenschaften ist, dass es einige Zeit dauert, bis andere jene »Zweit-Qualitäten« erkennen. Die wenigsten Menschen lassen sich schließlich ihren Intelligenzquotienten auf die Stirn tätowieren. Beim nächtlichen Anbaggern in lauten Spelunken bringen Treue und Ehrlichkeit also wenig Vorteile ein.

Zum Glück gibt es noch andere Möglichkeiten jenseits des Halo-Effektes, das Aussehen zu verbessern. Für eine Methode, die man in Bars oft beobachten kann, ist weder der Besuch bei einem Friseur oder eines Fitnessstudios erforderlich: Eine nicht sonderlich gutaussehende Person schart einfach ein paar *noch weniger* attraktive

---

41 Phil Rosenzweig, »The Halo-Effect ... and the Eight Other Business Delusions that Deceive Managers«, 2007

Freunde um sich. Durch den Kontrast erhofft sie sich, plötzlich besser abzuschneiden. »Ach, guck, im Vergleich zu den beiden Vogelscheuchen sieht der Typ mit dem Oberlippenbart gar nicht mal schlecht aus!«

Das »Prinzip des Kontrastes« kennen Sie von gerissenen Autoverkäufern. Normalerweise würden Sie hundertsechzig Euro für die Schonbezüge der Sitze als Wucher empfinden. Nachdem Sie sich gerade entschieden haben, für das neue Auto zweiunddreißigtausend Euro auszugeben, wirkt dieser Betrag geradezu lächerlich niedrig. Deshalb stimmen Sie zu, und die hochwertigen Polyesterhüllen kommen auf die Ausstattungsliste. Ebenso wie vierhundertfünfzig Euro für den Zigarettenanzünder, an dem Sie Ihr Handy aufladen können, das Navigationsgerät für zweitausend Euro und die Freisprechanlage für neunhundert Euro. Jedes Element ist überteuert, aber im Vergleich zu dem weitaus höheren Preis für das Auto erscheint der Preis so gering, dass Sie bedenkenlos zuschlagen.[42]

Darum geben Sie vor dem nächsten Wochenende schnell eine Anzeige in der Zeitung auf: »Hässliche Gestalten für Kneipen-Tour gesucht. Alle Getränke gehen auf mich.« Wenn Sie mit Ihren neuen Frankenstein-Freunden durch die Clubs ziehen, wird Sie jeder für unglaublich schön halten. – Doch Vorsicht! Sie mögen besser aussehen, aber vermutlich wird man sich fragen, warum eine so wunderschöne Person mit so merkwürdigen Leuten abhängt. Vermutlich machen dann doch wieder alle einen Bogen um Sie.

Eine bessere Idee ist es, anstatt mit einer Horde Mutanten durch die Clubs zu streifen, einfach eine gutaus-

---

42 Robert B. Cialdini, »Influence – The Psychology of Persuasion«, 1984

sehende Freundin zu bestechen, damit sie Sie begleitet. Das wirkt wahre Wunder. Dadurch denken die anderen Frauen, wenn so eine umwerfende Frau mit ihm ausgeht, dann muss der ja etwas an sich haben. Das gute Aussehen macht Ihre Freundin in den Augen der übrigen Frauen zu einer Kompetenz, einer Autorität in Sachen Männer. Und denen glauben wir gerne. Oder würden Sie die merkwürdig geformte Zahnbürste kaufen, wenn irgendein Fremder sie Ihnen empfiehlt? Nein. Aber kaum sagt Dr. Best – den Sie genauso wenig kennen –, dass Sie damit Ihre Beißerchen besonders gut sauberschrubben können, wird sie gekauft. In den späteren Kapiteln werden wir dem Thema Autorität übrigens noch ein paarmal begegnen, deshalb vergessen Sie Ihre attraktive Freundin nicht.

Sie haben Ihre Freundin im Schlepptau und damit alles getan, um Ihr Aussehen ein wenig aufzuwerten. Jetzt, wo Ihr Aussehen Nebensache ist, gilt es, die erste Frau anzusprechen. Für viele ist das der schwierigste Part. Ärgerlicherweise ist das auch der wichtigste Teil, denn wenn Sie die Frau nicht ansprechen, wird sie wohl auch nie erfahren, dass Sie Interesse an ihr haben.

Vor einigen Jahren war ich mit zwei Freunden tatsächlich in Köln auf besagtem Karneval. Hinterher haben sich meine Kumpels bei mir beschwert, dass dieser ganze Zirkus völlig überbewertet wäre. Angeblich würde man superleicht Mädels kennenlernen. Alles Quatsch! Nicht eine Einzige wäre gekommen und hätte die beiden angesprochen!

Es führt kein Weg daran vorbei. Sie müssen die Frau selbst ansprechen. – Sie trauen sich nicht? Kein Problem! Das können wir leicht beheben.

Es passiert oft, dass Firmen mich für ihre Veranstaltungen buchen und dann einen besonderen Trick haben wollen. Einen, den ich nur auf ihrer Feier vorführe. Zum Beispiel soll der Vorstandsvorsitzende verschwinden, oder ich pflücke aus seinem Kopf die Geheimzahl seiner Bankkarte, oder Zuschauer reißen Überschriften aus der Tageszeitung heraus und die einzelnen Buchstaben ergeben das Firmenmotto. In so einem Fall habe ich das Kunststück natürlich noch nie zuvor gezeigt, und ich frage mich, ob es dann am großen Tag auch tatsächlich genauso abläuft, wie ich es mir vorgestellt habe. Dementsprechend aufgeregt bin ich. Um die nötige Sicherheit zu erlangen, probe ich den Ablauf vorher. Erst gehe ich die einzelnen Schritte in Ruhe in meinem Proberaum vor dem Spiegel durch. Wenn ich das Kunststück ein paarmal durchgespielt habe, zeige ich es erst meiner Katze, dann meiner Frau und schließlich einigen Verwandten, Freunden oder Kollegen. Und erst dann trete ich damit vor der Firmenbelegschaft auf.

Das Gleiche können Sie auch tun.

Nein, ich möchte nicht, dass Sie Ihre Katze behelligen. Sie müssen sich auch nicht wie in einem schlechten Film vor den Badezimmerspiegel stellen und Ihren flotten Anmachspruch runterleiern: »Hey, ich kenn dich doch von irgendwo!« Vielmehr möchte ich, dass Sie proben. Und zwar ebenso langsam wie ich.

Stürzen Sie sich also nicht direkt auf die aufregendste Frau, die Sie kennen, sondern üben Sie erst einmal das Ansprechen als solches. Laufen Sie durch die Fußgängerzone und fragen Sie zehn Männer nach der Uhrzeit. Das klingt doch ganz leicht. Am nächsten Tag fragen Sie zehn Frauen, ob die Ihnen sagen könnten, wie spät es sei. Fangen Sie auch da langsam an! Beginnen Sie mit alten

Damen oder Frauen, die Sie absolut nicht attraktiv finden. Das machen Sie zwei Tage lang. Danach wagen Sie sich jeden Tag an die hübscheren Schnecken ran. Das war Phase eins. Jetzt dürfte das Ansprechen für Sie kein Thema mehr sein. Trotzdem haben Sie vielleicht noch Angst, wie Sie mit einer Abfuhr klarkommen werden. Deshalb gewöhnen Sie sich im zweiten Schritt an abweisende Reaktionen. Behalten Sie Ihre Reihenfolge bei und beginnen Sie wieder bei Männern. Fragen Sie diese erneut nach der Uhrzeit, aber blicken Sie hinterher auf Ihre eigene Armbanduhr und antworten Sie: »Stimmt genau!« Falls er keine Uhr dabeihat, zeigen Sie ihm Ihre und verraten ihm dabei, wie spät es ist. Sie werden ziemlich blöde Blicke ernten. Am nächsten Tag machen Sie das mit den weniger schönen Passantinnen und tags darauf mit immer hübscheren Frauen. Jetzt sind Sie bestens vorbereitet! In der letzten Phase sprechen Sie ausschließlich Frauen an und fragen diese unverblümt nach deren Telefonnummer. Fangen Sie hier wieder bei Frauen an, die Sie absolut unspannend finden. Wenn Sie keine Nummer bekommen, tut das nicht weh. Steigern Sie sich langsam und arbeiten Sie sich hoch, bis Sie schließlich wie selbstverständlich die Frau ansprechen können, die Sie wirklich interessiert.

Ob Sie diese dann wirklich sofort nach ihrer Nummer fragen oder erst mal in ein lockeres Gespräch verwickeln, liegt ganz bei Ihnen. Aber egal, wofür Sie sich entscheiden – einfach auf sie zugehen und sie ansprechen wird Ihnen keine schlaflosen Nächte mehr bereiten!

Doch womit sprechen Sie die Frau Ihrer Träume an? Alle Männer machen ein großes Aufheben um Anmachsprüche. Der erste Satz, das erste Hallo umgibt eine Aura des

Geheimnisvollen. Angeblich ist es wie beim Schach: Eine perfekte Eröffnung, und das Spiel ist halb gewonnen. Doch wenn man sich die Sprüche so ansieht, die benutzt werden, scheint es, als würde man sich damit eher selbst schachmatt setzen: »Ich hab meine Telefonnummer vergessen. Verrätst du mir deine?« – »Willst du meine neue Ex-Frau werden?« – »Dein Vater ist bestimmt ein Dieb, oder wer hat dir zwei Sterne als Augen vom Himmelszelt gestohlen?« – »Glaubst du an Liebe auf den ersten Blick, oder soll ich noch mal wiederkommen?« – »Bitte leih mir kurz dein Handy, denn ich habe meiner Mutter versprochen, sie anzurufen, wenn ich meine Traumfrau getroffen habe.« – »Bin ich gestorben, oder wieso sehe ich einen Engel?« – »Ich hoffe, du bist fit in Erster Hilfe, denn bei deinem Anblick blieb mir die Luft weg …«

In Internetforen werden unter männlichen Singles diese Einleitungssätze fast so oft getauscht wie illegale Musik. Leider kann man für plumpe Anmachen nicht abgemahnt werden, und so hält sich das Gerücht, dass es den einen perfekten Satz gäbe, mit dem man jede Frau ins Bett bekäme. Neil Strauss, der Biograf von Marilyn Manson und Autor des ultimativen Aufreißerbuches »Die perfekte Masche«,[43] glaubt das nicht. Er schreibt, es sei nicht wichtig, *was* man sagt, sondern dass man *überhaupt* etwas sagt.

Wer hat recht?

Gibt es ein geheimes »Sesam, öffne dich« für das Herz einer Frau, oder reicht ein einfaches »Hallo« aus, um sie flachzulegen?

Amerikanische Forscher wollten das genauer wissen und haben ein paar Wochen in Bars abgehangen und ver-

---

43 Neil Strauss, »Rules of the Game«, 2007

schiedene Anmachsprüche ausprobiert.[44] – Da interessiert mich doch sehr, wie sie das Projekt an ihrer Universität vorgestellt haben. Haben sie im Vorfeld gesagt, dass sie differierende Gesprächseröffnungen zwischen zwei möglichen Geschlechtspartnern auf ihre Wirksamkeit hin untersuchen wollten, um einen Einblick in das menschliche Verhalten zu erlangen, oder waren sie ehrlich und haben gesagt, dass sie gerne Beruf und Hobby kombinieren und sich ein Bier hinter die Binde kippen und Mädels aufreißen wollten?

Wie auch immer, die Studie hat zwei Ergebnisse zutage gefördert. Zum einen stimmt die Behauptung, dass es unerheblich sei, was man sagt, nur zur Hälfte. Männern ist es tatsächlich kolossal egal, was eine Frau zu ihnen sagt. Es kann der größte Schwachsinn sein, Männer sind trotzdem völlig begeistert. Frauen hingegen sind anspruchsvoller und reagieren bei einem besonders platten Spruch mit Ablehnung. – Wenn Sie also eine Frau sind, hurra, Sie müssen sich absolut keine Gedanken mehr machen; Sie können einfach nichts Falsches zu einem Mann sagen!

Bei Männern sieht die Sache anders aus, und hier geben die Forscher der Internettauschbörse für Pick-up-Lines recht: Es gibt gute und schlechte erste Sätze. Der Abräumer ist jedoch keiner der bekannten Sätze, und ein »Kennen wir uns nicht von irgendwo her?« ist genauso wenig vertreten wie die Frage nach einem Feuerzeug. Nein, der absolut ungeschlagene Champion der Anmachsprüche ist ein einfaches: »Entschuldigung, es ist mir ein klein bisschen peinlich, aber ich würde dich gerne kennenlernen.« Ziemlich simpel, aber doch einleuchtend, warum

---

44 ZDF, »Aus Forschung und Technik: Die sexuelle Verführung«, 17.10.1985

es funktioniert. Es ist kein krampfhafter Versuch, witzig zu sein, sondern der Satz kommt klar zum Punkt: »Ich möchte dich kennenlernen.« Durch das Geständnis, dass es dem Mann ein bisschen unangenehm sei, fühlt sich die Frau geschmeichelt, denn der Mann nimmt dieses Unbehagen todesmutig in Kauf, um sie anzusprechen. Im gleichen Atemzug erscheint er ehrlich und spricht über seine Gefühle. Wahrlich kein cooler Spruch, aber verdammt effektiv.

Am schlechtesten abgeschnitten hat übrigens dieser Spruch: »Wetten, dass ich dich unter den Tisch saufen kann?« Der hatte nur bei Lindsay Lohan Erfolg.

Gut. Gehen wir davon aus, dass Sie die scharfe Braut in der Bar angesprochen haben. Was jetzt? Wie gehen Sie weiter vor? Für echte PUAs ist der weitere Verlauf glasklar.

Wie?

Sie wissen nicht, was ein PUA ist?

Ein PUA ist ein »Pick up Artist«, also ein Frauen-Anmach-Künstler. Unter diesem Namen tummeln sich insbesondere im Internet unzählige selbsternannte Flirtprofis, die angeblich jede Frau »klarmachen« können. In der Welt da draußen erkennen Sie sie meist daran, dass sie einen bunten Hut tragen, weil ihnen irgendjemand eingeredet hat, dass man immer auffallen muss. In Online-Foren tauschen sie ihre geheimen Techniken und »hundertprozentig sicheren« Praktiken aus. Dabei greifen sie auf eine Mischung aus Küchenpsychologie und esoterischen Grenzwissenschaften zurück und geben Versprechen, die sie nicht einhalten.

Zum Beispiel sind sie der festen Ansicht, dass Pheromone, also unsichtbare Duftstoffe, Frauen in sexwillige

Tiere verwandeln können. Ein sehr amüsantes Experiment von Michael Kirk-Smith scheint diese These zu belegen.[45] Bewaffnet mit einer Spraydose Androstenon, einem Steroid, das erfolgreich bei der Schweinezucht verwendet wird, suchte er nach einem möglichst abtörnenden Ort. Am idealsten schien ihm eine Zahnarztpraxis zu sein. Dort besprühte er an drei Tagen der Woche einen Stuhl im Wartezimmer mit dem Androstenon, der Spanischen Fliege für Mastschweine. Während sich die weiblichen Besucher der Praxis an den sprühfreien Tagen auf beliebige Stühle setzten, so war die Wahl am Pheromon-Tag klar: Der mit Androstenon eingenebelte Platz war die Nummer eins.

Doch so lustig die Videoaufzeichnungen des Experiments auch sind, weil jede neue Frau zielstrebig wie eine Cruise Missile auf den mit Eberschweiß getränkten Stuhl zusteuert, das Ganze hat wenig Bedeutung in der wirklichen Welt. Denn die wenigsten Frauen wollen mit einem blauen Computertänzer oder einem verschwitzten Stuhl ausgehen. Im Alltag ist wieder das Gesamtpaket des Mannes entscheidend. Bevor Sie also zum nächsten Bauernhof rennen, um dort Ihre Hemden für mehrere Tage von Schweinen tragen zu lassen, denken Sie an meinen Ratschlag: Wer sich unter aller Sau benimmt, dem hilft es auch nicht, wenn er wie ein Schwein riecht.

Dies wird durch andere Studien bestätigt, die die Untersuchungen aus dem anrüchigen Milieu der Zahnarztpraxen raus in die saubere Welt der PowerPoint-Konferenzräume gebracht haben: Anstatt einen Stuhl mit dem

---

45 Michael Kirk-Smith, D. A. Booth, D. Carroll und P. Davies, »Effects of Androstenone on Choice of Location in Others' Presence«, 1980, in *Olfaction and Taste*, Vol. VII

Eau de Cochon zu besprühen, wurde diesmal ein Mensch eingedieselt. Dann ließ man Versuchsteilnehmer der Reihe nach eine fünfzehnminütige Diashow ansehen. Gemeinsam in den Raum steckten die Forscher entweder die mit Androstenon präparierte andersgeschlechtliche oder eine frisch gewaschene Person. Hinterher mussten die Teilnehmer angeben, wie attraktiv sie die andere Person fanden. Es stellte sich heraus, dass es keinen Unterschied zwischen dem »eingeschweißten« und dem unbesprühten Menschen gab.[46] Offensichtlich kann das Pheromon nur die Zuneigung zu Stühlen, aber nicht zu Menschen wecken.

Die chemische Duftstoffkeule ist also auch keine Lösung, um Frauen willig zu machen – zumal das auch gar nicht nötig ist, weil Frauen genauso sexbesessen sind wie Männer. Es gibt zwar das Gerücht, dass Männer alle sieben Sekunden an Sex denken (also gut zwölftausendmal am Tag), aber das hat sich 2011 als falsch herausgestellt. In dem Jahr stattete Terri Fisher von der Ohio State University gut dreihundert Studenten mit einem Zählwerk aus. Wann immer die Teilnehmer in der kommenden Woche an Sex dachten, mussten sie Klick machen, und es wurde gezählt.[47] Doch selbst der »fleißigste« Mann kam nur auf dreihundertachtundachtzig Sexgedanken. Der Durchschnitt bei den männlichen Versuchsobjekten lag bei achtzehn, der Mittelwert der Frauen bei zehn. Damit

---

46 Stephen L. Black und Colette Biron, »Androstenol as a Human Pheromone: No Effect on Perceived Physical Attractiveness«, 1982, in *Behavioral and Neural Biology*, Vol. 34, No. 3

47 Terri Fisher et al., »Sex on the Brain? An Examination of Frequency of Sexual Cognitions as a Function of Gender, Erotophilia, and Social Desirability«, 2012, in *Journal of Sex Research*. Vol. 49, No. 1, Online-Veröffentlichung 2011

denken Männer und Frauen ähnlich oft an Sex – nur scheint der Mann zwischendurch immer noch einmal zu kontrollieren, woran er vorhin gedacht hat. Der Spitzenwert bei den Studentinnen lag übrigens bei einhundertvierzig Mal – was bei einem Tag mit acht Stunden Schlaf ungefähr alle sieben Minuten wäre.

Aber zurück in unsere Bar.

Wie bekommen Sie jetzt also die Frau, die genauso oft an Sex denkt wie Sie, rum? Hören wir doch mal auf die Profis. Was schlägt ein PUA als nächsten Schritt vor?

Bei diesen Date-Experten sind besonders Methoden aus dem NLP beliebt. NLP, noch eine Abkürzung, steht für Neurolinguistisches Programmieren und ist gar nicht so weit von der oben erwähnten Küchenpsychologie entfernt. NLP wurde von den beiden Amerikanern Richard Bandler und John Grinder zu Beginn der siebziger Jahre erfunden. Nein, nicht entdeckt, sondern erfunden, denn während die meisten Methoden des NLP bis zum heutigen Tage empirisch nicht belegt werden konnten, wurden andere sogar als falsch nachgewiesen.[48] Dank einer aggressiven Marketingstrategie und dem sehr charismatischen Zugpferd Bandler, der übrigens eine Vergangenheit als Zauberkünstler hat, ist der Siegeszug von NLP noch immer ungebrochen. Es gibt auch tatsächlich viele gute Ansätze. Kein Wunder, haben die beiden Erfinder Bandler und Grinder doch einfach alle möglichen Methoden aus der Psychotherapie, der Linguistik und

---

48 K. Stollznow, »Not-so Linguistic Programming«, 2010, in *Skeptic,* Vol. 15, No. 4, und

B. L. Beyerstein, »Brainscams: Neuromythologies of the New Age«, 1990, in *International Journal of Mental Health,* Vol. 19, No. 3

Hypnose in einen großen Topf geworfen, kräftig umgerührt und dem Gebräu ein neues Label aufgesetzt, nämlich NLP. (Das ist nur konsequent, denn »Re-Labeling« ist eines der Konzepte des Neurolinguistischen Programmierens.) Vom Grundprinzip her sieht NLP vor, dass man durch den Gebrauch der Sprache (linguistisch) das Denken (Neuro) und damit das Verhalten eines Menschen umprogrammieren kann wie das einer Maschine.

Deshalb bietet es sich für eine Anwendung im Bereich des Flirtens so an. Der Source Code einer jeden Frau kann durch ein paar einfache Worte so abgeändert werden, dass sie den Mann, der vor ihr steht, unwiderstehlich findet. Der findige PUA kann also einen Trojaner im Herz seiner Zielperson installieren und damit ihren Verstand neu booten.

Sehen wir uns doch einmal an, ob dem wirklich so ist.

Eine der beliebtesten Manipulationsmethoden beim Durchdringen der weiblichen Firewall ist das sogenannte Anchoring, das »Ankern«.

Damit Sie besser verstehen, was die PUAs und NLPler mit einem »Anker« überhaupt meinen und erreichen wollen, müssen wir ein bisschen in der Zeit zurückkreisen. Ins Russland des Jahres 1905. Damals ersann der russische Hundeliebhaber Iwan Petrowitsch Pawlow ein revolutionäres Experiment. Obwohl er selbst zu diesem Zeitpunkt bereits seit vierzehn Jahren mit Seraphima Vasilievna Karchevskaya verheiratet war, sollte sein Experiment zur Basis einer der geschätztesten Techniken zukünftiger Möchtegern-Casanovas werden. Pawlow stellte nämlich fest, dass den Hunden in seinem Labor bereits die Spucke im Maule zusammenlief, sobald sie ihr Fressen nur sahen. Daraufhin betätigte er jedes Mal, wenn er seinen vierbeinigen Freunden den Futternapf hinstellte, eine Klingel.

Das wiederholte er über längere Zeit. Schließlich reichte das Klingeln aus, um den Speichelfluss bei dem Hund auszulösen. Pawlow koppelte also das unwillkürliche Verhalten des Tieres mit einem externen Reiz.

Damit hatte er die klassische Konditionierung entdeckt, einen der wichtigsten Grundsteine der Verhaltensforschung gelegt und einen oral inkontinenten Hund erschaffen. Zu seinem Glück hatte er im Jahr davor den Medizinnobelpreis erhalten. Ansonsten hätte er für die Köter, die quasi auf Knopfdruck zu sabbern anfingen, niemals einen Abnehmer gefunden. Und damals gab es noch keine Autobahnen, an denen er sie hätte aussetzen können. Die wurden erst fünfzehn Jahre später erfunden.

Bei einem »Anker« sieht's ganz ähnlich aus wie bei der klassischen Konditionierung. Man koppelt ein gewünschtes Verhalten mit einem neuen Reiz.

Zumindest, wenn es nach dem Wunschdenken der PUAs und NLPler geht. Dann könnten Sie mit dem »Anchoring« beispielsweise erreichen, dass Ihre anvisierte Zielperson glaubt, Sie seien unglaublich witzig: Das gewünschte Verhalten ist demnach »Lachen«. Um Ihrer Traumfrau das eintrichtern zu können, müssen Sie natürlich erst einmal dafür sorgen, dass sie überhaupt lacht. Vergeuden Sie jetzt bloß keine wertvolle Zeit, um einen Witz zu erzählen! Bestellen Sie einfach ein Bier und tun Sie danach so, als ob man Sie angerempelt hätte. Kippen Sie sich – ohne groß nachzudenken – das Getränk über Ihr Hemd. Schadenfreude ist die schönste Freude, und deshalb wird die Frau nun schallend lachen.

Das ist Ihr Moment!

Dieses Lachen wollen Sie auf Knopfdruck hervorrufen können.

Die Rolle des Knopfes übernimmt dabei der Ellbogen Ihrer Zielperson. Berühren Sie ihn also umgehend. Im Verlauf des weiteren Gespräches fassen Sie stets aufs Neue, wann immer die Frau wieder lachen sollte, an dieselbe Stelle. Die Anchoring-Theorie besagt nun, dass die Frau im Laufe der Zeit darauf konditioniert wird, bei einer Berührung des Ellbogens loszuprusten. Sollten Sie also einen müden Witz machen und keine Reaktion erhalten, müssen Sie sich nur an ihrem Ellbogen zu schaffen machen, und schon wird die Frau lauthals lachen.

Hat ja beim Hund vom Pawlow auch funktioniert.

Aber beim Hund hat es ziemlich lange gedauert, bis er gesabbert hat – die Frau jedoch soll sich bereits nach ein paar Minuten nicht mehr vor Lachen halten können, wenn Sie sie am Ellbogen betatschen? Die NLP-Jünger haben offensichtlich eine sehr hohe Meinung von ihren Mitmenschen, wenn sie diese für so leicht beeinflussbar halten …

Sie werden jetzt vielleicht protestieren und einwenden, dass das funktionieren kann. Sie würden sich an jedes Detail Ihres ersten Kusses erinnern können. Welche Musik dabei lief, wo es war, wie aufgeregt Sie waren. Und der sei auch nur einmal passiert. Also gäbe es sehr wohl Dinge, die beim ersten Mal geankert werden könnten.

Natürlich gibt es diese Momente.

Ich selbst habe zum Beispiel als Kind einmal in einen Eier-Anstecher gefasst. Das war ein kleines Plastikpodest mit einem absenkbaren Deckel. Darin war ein Loch und darunter eine spitze Nadel. Man konnte das Ei auf den Anstecher drücken, und auf diese Weise wurde ein kleines Loch hineingepikst, damit das Ei beim Kochen nicht sprang. Schon damals war mein Forschergeist sehr ausgeprägt, und ich wollte unbedingt wissen, wie sich so ein Ei dabei wohl fühlt. Nicht sehr gut, wie ich festgestellt habe, während sich die Nadel bis zum Knochen in meinen Finger bohrte. Ich weiß noch genau, dass es der Daumen war und an welcher Stelle auf der Arbeitsplatte ich diese völlig verblödete Idee in die Tat umgesetzt hatte. Ich weiß sogar, dass wir zwei von diesen Anstechern hatten. Einer blau und einer orange. Und »meiner« war der orangefarbene. Das weiß ich immer noch, obwohl ich nur ein einziges Mal meinen Finger gepierct habe. Genauso muss ich mich heute immer noch am Kopf kratzen, wenn ich in Nürnberg im Café »Lucas« nahe der Pegnitz meinen Cappuccino trinke und durchs Fenster blicke. Dabei habe ich mir an der Skulptur mit den Männern, die gelangweilt um eine fette Kugel herumstehen, nur ein Mal beim Versteckspielen den Kopf angeschlagen. Das liegt daran, dass es sich sowohl bei meinem chirurgischen Selbstversuch, meinem missglückten Kopfball als auch bei Ihrem ersten Kuss um Situationen handelt, die der amerikanische Schauspiellehrer Ed Hooks als »adrenaline moment« bezeichnet.[49] Seiner Erklärung nach sind diese Momente für uns so einmalig und wichtig, dass der Körper mit Adrenalin geflutet wird und sich die Erinnerung mit allen Details in unser Gedächtnis einbrennt.

Glauben Sie wirklich, dass ein höfliches Lachen in einer Kneipe als »einmaliger Moment« zählt? Ich bezweifle das sehr stark, doch NLP liebt das Anchoring und verwendet es für jede Gelegenheit, ganz nach dem Motto: »Ein Anker am Morgen vertreibt Kummer und Sorgen.«

Weiterhin ist dabei problematisch, dass der Ellbogen ein beliebtes »Ziel« fürs Anchoring ist. NLP-Practitioner, Zauberkünstler und PUAs legen ihre Anker dorthin.

---

49 Ed Hooks, »Acting for Animators«, 2001

Lachen, verschwundene Flugangst, Selbstbewusstsein, sexuelle Erregung ... alles wird auf dem Ellbogen »abgeladen«. Das ist halt eine besonders leicht zugängliche Stelle. Wurde die Frau, die Sie in der Bar zum Lachen bringen wollen, also zuvor schon einmal von einem NLP-Profi angelabert, ist die Wahrscheinlichkeit, dass Sie nicht nur ein einziges Verhalten triggern, sondern gleich ein ganzes Feuerwerk an Reaktionen auslösen, sehr hoch. Anstatt zu lachen, würde die Frau in der Bar also einen »Anker-Overload« erfahren. Es käme also zu einem sprichwörtlichen Systemabsturz, ähnlich wie der »blaue Bildschirm« bei Windows. Nichts geht mehr. – Wenn Sie ein Mac-User sind, muss ich mich für die letzten Zeilen entschuldigen. Sie werden mit diesen Fehlermeldungsanalogien natürlich nichts anfangen können. Denn ein Apple stürzt nie ab. Wie auch? Seine Besitzer nutzen den Computer schließlich nur, um sich selbst über die Webcam dabei zu beobachten, wie sie vor ihrem Mac sitzen. Aber ich schweife ab ...

Eine weitere »Spezialität« des NLP sind »eingebettete Befehle«. Dabei werden bestimmte Worte lauter gesprochen, und deshalb werden diese eher befolgt. Im Prinzip funktioniert das auch. Wenn Befehle schärfer ausgesprochen werden, werden sie auch befolgt. Stellen Sie sich vor, der sabbernde Hund, den Sie von irgendeinem Kerl namens Pawlow gekauft haben, liegt wieder auf Ihrem teuren Ledersofa und verwandelt es in ein Sumpfgebiet. Dann werden Sie das »Runter!« auch wesentlich fordernder aussprechen als in einem normalen Gespräch.

Doch NLP geht weiter.

Es geht nicht darum, dass man seinen Forderungen durch die Lautstärke mehr Nachdruck verleiht. Nein, die eingebetteten Befehle sind nämlich versteckt. Manchmal gehen sie über mehrere Sätze hinweg und bilden so die vollständigen Instruktionen. Sie sagen also zum Beispiel zu der Frau: »ZIEH doch bitte mal die Vorhänge zu. Das Motiv wird DICH interessieren, es sieht echt schön AUS.« Dabei betonen Sie die fettgedruckten Worte, und die Frau wird nicht die Vorhänge zuziehen, sondern sich völlig selbstverständlich und ohne Widerwillen ausziehen. Denn Ihr Unterbewusstsein setzt diesen zerstückelten direkten Befehl zusammen. Es hat ja auch sonst nichts anderes zu tun und wartet nur auf besonders betonte Worte, um deren zusammengepuzzelte Aufforderungen dann umgehend zu befolgen. Ebenso wie die unterstrichenen Buchstaben in diesem Absatz.

Das alles ist ja eine nette Theorie, aber ich kenne niemanden, der »embedded commands« so beherrscht, dass sie tatsächlich befolgt werden. – Und Sie selbst haben Ihren Finger auch nicht in die Nase gesteckt, oder?

Genau wie beim Ankern erleidet diese Methode im wirklichen Leben Schiffbruch.

Damit sind wir leider noch nicht am Ende. Es gibt eine weitere »todsichere« Technik aus dem NLP, die angeblich für ein erfolgreiches Anbaggern erforderlich ist. Und die genauso wenig funktioniert.

Die Augenbewegung.

Die braucht ein Mann nämlich, wenn er die Frau, die er gerade anbaggert, nach ihrer Nummer fragt, oder umgekehrt, wenn der Typ, dem sie ihre Nummer gegeben hat, verspricht, dass er sie auf jeden Fall morgen anrufen werde. Mit Hilfe der Augenbewegungen können beide erkennen, ob die Aussage der Wahrheit entspricht. Das sind gute Neuigkeiten! Sie brauchen keine illegalen

Wahrheitssäftchen mehr bei www.drogenscout24.de zu bestellen – ein Blick in die Augen reicht ab jetzt aus.

Zumindest laut NLP-Theorie.

Machen Sie einen kurzen Selbsttest. Wissen Sie noch, was Sie gestern Mittag gegessen haben? Und wissen Sie, welche Farbe Ihr Pullover hatte, den Sie vor vier Tagen getragen haben? Denken Sie kurz nach, und stellen Sie sich beide Sachen so gut vor, wie Sie können.

Höchstwahrscheinlich haben Sie dabei nach oben geblickt. Das ist Ihnen bestimmt auch schon bei anderen Menschen aufgefallen. Wenn jemand überlegt, dann wandern dessen Augen nach oben. Im Neurolinguistischen Programmieren gibt es nicht nur den Blick gen Himmel, sondern auch das Schielen zur Seite und das betretene Runtergucken. Jede Augenbewegung steht für eine andere Sinneswahrnehmung. Wenn wir über Bilder nachdenken (die Farbe des Pullovers), schnellen die Augen hoch. Bei Geräuschen zur Seite und bei »inneren Vorgängen« wie Gefühlen nach unten.

Zusätzlich ist es entscheidend, auf welche Seite jemand guckt. Nach links bedeutet, die Person greift auf Erinnerungen zurück, nach rechts, sie denkt sich etwas aus. Damit wissen Sie natürlich sofort, ob die Telefonnummer auch die richtige ist und ob der Typ sich jemals wieder meldet. Einfach kurz nachgeguckt, ob die Augen nach links oder rechts oben wandern, und alles ist klar.

Na ja, fast.

Zuerst, und das wird gerne unterschlagen, müssen Sie eine paar Kontrollfragen stellen, um zu sehen, was die Blickrichtung der Wahrheit überhaupt ist, denn diese kann von Mensch zu Mensch variieren. Am besten fragen Sie etwas, von dem Sie wissen oder zumindest davon ausgehen können, dass es stimmt. »Weißt du, ob es gestern geregnet hat?« oder »Ist Angela Merkel immer noch Kanzlerin?« oder »Hast du die Schleife von deinen Schuhen selbst gebunden?« bieten sich da hervorragend an. Bei der Antwort merken Sie sich einfach, wohin Ihr Gesprächspartner blickt – es sei denn natürlich, dass dieser die Augen komplett verdreht, weil er Sie aufgrund Ihrer Frage für bekloppt hält. Wenn er noch nicht das Weite gesucht hat, feuern Sie danach umgehend Ihre eigentliche Frage raus. Gehen die Augen in die gleiche Richtung wie zuvor, stimmt's, und ansonsten lügt Ihr Gegenüber wie gedruckt.

Bevor Sie ihm jetzt aber seine verräterischen Augen auskratzen, warten Sie kurz. Denn so schön diese Theorie klingt und sooft sie auch in Selbsthilfebüchern und von selbsternannten »Menschenlesern« im Fernsehen verbreitet wird – sie funktioniert leider nicht.

Zum einen wäre es leicht, diese Technik auszutricksen, indem Sie entweder bewusst in die »falsche« Richtung beim Nachdenken blicken oder sich die Lüge ein paar Tage zuvor überlegen und sich dann bei der Befragung daran erinnern, wie Sie sich Ihre Antwort ausgedacht haben. In beiden Fällen würde die Augenbewegung zur »Wahrheitsrichtung« passen.

Zum anderen ist auch sonst kein Verlass auf die Zuordnung der Blickrichtung und ihrer Entsprechung des Denkvorgangs – denn diese NLP-Technik ist inzwischen durch mehrere Studien widerlegt worden.[50] Ganz egal,

---

50 Daniel Druckman, »Be All that You Can Be: Enhancing Human Performance«, 2004, in *Journal of Applied Social Psychology,* Vol. 34, No. 11, und
Joachim Bliemeister, »Empirische Überprüfung zentraler theoretischer Konstrukte des Neurolinguistischen Programmierens (NLP)«, 1988, in *Zeitschrift für Klinische Psychologie und Psychotherapie,* Jahrgang 17, Nr. 1

was Ihnen NLP-Anhänger einreden wollen, es ist unmöglich, alleine aufgrund der Augenbewegung etwas über den Denkvorgang eines Menschen zu sagen.

Aber keine Studie dieser Welt wird NLP-Practitioner vom Unsinn ihrer Methoden überzeugen; mit Leibeskräften werden sie die abstrusen Thesen verteidigen. Kein Wunder, schließlich haben die meisten vier- oder noch-mehr-stellige Beträge ausgegeben, um sich überhaupt NLP-Practitioner schimpfen zu dürfen. Würden sie zugeben, dass ihre Methoden nicht funktionieren, wäre ihr Selbstkonzept in Gefahr. Deshalb haben sie keine andere Wahl und müssen einfach auf der Richtigkeit ihrer Behauptungen beharren. (Dieser kognitiven Dissonanz werden wir noch in diesem und später im Kapitel über Wunderheiler begegnen.) *Sie* aber haben die Wahl, und deshalb vertrauen Sie niemandem, der Ihnen einen Anker in die Augen werfen will. Und wenn das nächste Mal jemand im Fernsehen behauptet, dass er Lügen an der Blickrichtung einer Person erkennt, dann wissen Sie, dass dieser Jemand entweder keine Ahnung hat oder selbst lügt.

Genug von den ganzen »unfehlbaren« Tricks, die alle nicht funktionieren. Richten wir unsere Aufmerksamkeit auf Techniken, die tatsächlich Erfolg versprechen. Weit müssen wir uns gar nicht bewegen, denn Augen können noch viel mehr als Wahrheit oder Pflicht spielen. Sie können Ihnen verraten, ob die Person, die Sie in der Bar anmachen, überhaupt an Ihnen interessiert ist.

Die meisten Menschen wissen, dass sich die Pupillengröße bei Lichteinstrahlung ändert. Ist es hell, so zieht sich der dunkle Kreis im Auge zusammen, und wenn es dunkel wird, dann öffnet er sich wieder. Das kennen Sie aus zahlreichen Arztserien im Fernsehen, in denen der gutaussehende Doktor der unter Schock stehenden Patientin mit einer Taschenlampe ins Auge leuchtet und dann direkt sagen kann, woran sie leidet. Klar, die Augen sind ja der Spiegel der Seele, warum also nicht auch der Krankenakte?

Auf jeden Fall ist das Auge ein Spiegel der Wollust. Denn – und das wissen nicht so viele Menschen – die Pupillen können sich unabhängig von der Helligkeit der Umgebung verändern. Bei sexueller Erregung weiten sie sich ebenfalls.

Das ist der Grund, warum wir große, dunkle Augen als attraktiv empfinden. Das erweckt bei uns den Eindruck, dass das Gegenüber verdammt rollig ist, und das ist etwas, was einfach total nett rüberkommt. Bereits im 15. Jahrhundert kippten sich deshalb Frauen »Belladonna« in die Augen. Dabei handelt es sich um den Saft der Schwarzen Tollkirsche, und dieser führt zu einer Weitung der Pupillen. Heute im Zeitalter von Mascara und Lidschatten ist das etwas aus der Mode gekommen und findet meist nur noch beim Augenarzt Verwendung. Aber den Namen »Belladonna«, was übersetzt »schöne Frau« heißt, trägt der Wirkstoff immer noch.

Sie selbst können das direkt überprüfen. Zu Beginn des Kapitels habe ich Sie gebeten, sich die Fotos der angeblichen Zwillinge anzugucken und zu entscheiden, wen Sie lieber mögen. Erinnern Sie sich? A oder B, das war die Frage. Natürlich waren das gar keine Zwillinge, sondern die gleiche Person. Der einzige Unterschied war, dass bei dem einen Bild die Pupillen sehr eng und bei dem anderen stark geweitet waren. Deshalb empfinden die meisten Menschen das rechte Foto (B) mit den geweiteten Pupillen als sympathischer. Zumindest bei der Person, die in unser sexuelles Beuteschema passt. Sind Sie heterosexuell, müssten Sie den gleichgeschlechtlichen Partner mit den kleinen Pupillen netter finden, da der andere eine direkte Konkurrenz im Fortpflanzungsdickicht darstellt. (Wenn Sie männlich sind und das rechte Bild des Mannes sympathisch finden, müssen Sie sich trotzdem keine Gedanken machen. Ich werde den Jungs von Ihrer Biker-Truppe nichts verraten. Das bleibt total unter uns.)

Das bedeutet, Sie müssen nur umherrennen und checken, wessen Pupillen sich bei Ihrem Anblick weiten. Schon wissen Sie, wer dankbar mit Ihnen abziehen wird, um sich flachlegen zu lassen. Blöd nur, dass es in Diskotheken und Bars immer so dunkel ist, weshalb die Pupillen ohnehin schon geweitet sind. In solch einem Umfeld ist die Aussagekraft sehr eingeschränkt. Zerren Sie Ihre Angebetete darum möglichst schnell zur Pommesbude nebenan, um im grellen Neonlicht die Pupillenweite auszumessen. Bei Rave-Veranstaltungen können Sie sich die Fritten komplett sparen, da die Einnahme von all diesen Ecstasy-Einwerfern ebenfalls zu schön großen Pupillen führt. Andererseits erhöhen die entaktogenen Tanzdragées, wie man die Amphetamindrops in der Schweiz nennt, das Kuschel- und Harmoniebedürfnis ins Unermessliche, weshalb selbst der größte Misanthrop als total sympathisch wahrgenommen wird und einem erfolgreichen Abschleppen der zugedröhnten Technotrottel ohnehin nichts im Wege steht.

Aber wie können Sie selbst in der dunkelsten Disco erkennen, ob die Frau, die Sie auserkoren haben, an Ihnen interessiert ist? Es gibt dafür drei untrügliche Zeichen. Und zwar drei, die tatsächlich zutreffend sind, wie alle Studien belegen.

Schritt eins: der Blickkontakt. Keine wirklich überraschende Erkenntnis. Wenn Sie auf der anderen Seite des Raumes stehen und die Zielperson niemals zu Ihnen rübersieht, ist stark davon auszugehen, dass sie nichts von Ihrer Existenz weiß oder wissen möchte. Also, stellen Sie Blickkontakt her. Sobald die Frau diesen mehrfach erwidert und länger hält, ist der erste Schritt getan. Aber auch später, wenn Sie die Frau tatsächlich angesprochen haben und bei ihr stehen, ist ein längeres In-die-Augen-Schauen erforderlich.

In der Regel vermeiden wir es, jemand anderem für mehr als drei oder vier Sekunden in die Augen zu starren. Bei einem normalen Gespräch ist dies ein aggressives Verhalten und wirkt bedrohlich. Leider scheinen das viele Leute, die ein Kommunikationstraining gemacht haben, vergessen zu haben, oder sie glauben, damit ihre Stärke unter Beweis zu stellen. In Wirklichkeit wirken diese Personen nur bedrohlich und durchgeknallt. Den Blick halten zu können hat nichts mit Selbstbewusstsein zu tun. Wenn Sie natürlich und sympathisch wirken wollen, vermeiden Sie es also, Ihre Gesprächspartner niederzustarren. Außer natürlich beim Flirten. Da ist langes Angucken erwünscht (das ist übrigens genau der Grund, warum es im normalen Gespräch so deplaziert wirkt – entweder sucht der, der nicht wegguckt, Prügel oder Sex. (Beim Brötchenkauf in der Bäckerei um die Ecke sind beide Möglichkeiten in der Regel eher deplaziert.) Erwidert die Frau die Blicke und sucht sie von selbst danach und hält sogar den Kontakt, dann ist alles gut. Andernfalls geben Sie ihr bloß kein Getränk aus! Lassen Sie sie einfach stehen. Diese Frau hat kein Interesse an Ihnen, und ihr Schlafzimmer werden Sie niemals von innen sehen.

Schritt zwei: das Spiegeln der Körperhaltung. Menschen, die sich sympathisch sind, nehmen ähnliche Positionen ein und ändern diese fast zeitgleich. Dabei handelt es sich um ein wechselseitiges Unterfangen. Wie in Versuchen festgestellt wurde, synchronisieren wir unbewusst unsere Bewegungen mit den Menschen, die wir mögen, und finden andererseits die Personen nett, deren Körperhaltung mit unserer übereinstimmt.[51]

Diese Erkenntnis war für die NLP-Freunde natürlich ein gefundenes Fressen: Selbst wenn dieses Spiegeln normalerweise unbewusst abläuft, müsste man es doch auch gezielt einsetzen können! Deshalb lernt der junge NLP-Kadett, dass er stets die Körperhaltung seines Gegenübers einnehmen muss. Die NLPler nennen das »Rapport aufbauen«, also eine Verbindung zum Gesprächspartner schaffen. Mal folgt man selbst dem anderen, mal gibt man die Bewegungen vor in der Hoffnung, dass der andere folgt (»Pacing and Leading«). Und, tatsächlich: Damit wirkt man sympathisch. Menschen mögen einfach Menschen, die ihnen ähnlich sind[52] – und wenn es nur die Körperhaltung ist.

Am liebsten imitieren NLP-Profis sogar den Atemrhythmus. Probieren Sie das einmal. Ist gar nicht so leicht! Kleiner Tipp: Wenn Sie das Ein- und Ausatmen des anderen nicht hören können, achten Sie auf seine Sprechpausen. Während er spricht, kann Ihr Gegenüber

---

51 Tanya L. Chartrand und John A. Bargh, »The Chameleon Effect: The Perception-Behavior Link and Social Interaction«, 1999, in *Journal of Personality and Social Psychology*, Vol. 76, No. 6

52 Beatrice Rammstedt, Frank M. Spinath, David Richter und Jürgen Schupp, »Personality Changes in Couples. Partnership Longevity and Personality Congruence in Couples«, 2013, in *Personality and Individual Differences*, Vol. 54, No. 7

nicht einatmen. Hält Ihr Gesprächspartner also endlich mal den Mund, dann holen Sie schnell Luft. Brabbelt er weiter, atmen Sie einfach aus.

Problem dabei ist, dass insbesondere frische NLP-Schüler dieses Konzept nicht natürlich anwenden, sondern sich wie Roboter verhalten, die im Kopiermodus festgefahren sind. Jede noch so kleine Bewegung wird stumpf wiederholt. Eigentlich will NLP seine Anwender zu besseren Zuhörern machen. Doch Rapport aufbauen ist keine Fließbandarbeit, und so verfehlen viele Neurolinguistische Programmierer ihr Ziel.

Keine Frage, das Spiegeln der Körpersprache funktioniert. Wenn Sie die Bewegungen Ihres Gegenübers – und zwar unauffällig und natürlich – nachmachen, werden Sie ihm sympathisch erscheinen. Aber das ist etwas, was ohnehin automatisch geschieht. Ihre Bewegungen werden sich von ganz alleine synchronisieren, wenn Sie die Frau, die Sie gerade anmachen, begehrenswert finden. Und ich vermute mal schwer, dass dem so ist, denn sonst hätten Sie sie wohl kaum angesprochen. Beim Spiegeln gibt es nichts, was Sie bewusst machen müssen.

Stattdessen schlage ich den umgedrehten Weg vor. Beobachten Sie nur.

Wenn Sie feststellen, dass Sie nicht von alleine die Körperhaltung der Frau einnehmen, dann scheint irgendetwas nicht richtig zu sein. Vielleicht finden Sie die Frau ja doch doof? Gleiches geht umgekehrt. Wenn die blöde Kuh Ihre Bewegungen nicht kopiert, dann hat das alles keinen Zweck. Die kriegen Sie nie ins Bett. Entschuldigen Sie sich umgehend, indem Sie auf Ihr Handy gucken und sagen, dass Sie leider wegmüssten. Sie wären Neurochirurg, und es gäbe einen Notfall. Eine Gruppe von Waisenkindern würde darauf warten, dass Sie deren Leben retteten. Dann drehen Sie sich um und gehen zu einer anderen Frau, die mehr auf Gleichklang steht.

Schritt drei: das »zufällige« Berühren. Darauf haben Sie als Mann praktisch keinen Einfluss. Wenn Sie der Frau gefallen, wird es zu scheinbar unabsichtlichen Berührungen kommen. Scheinbar, weil diese Berührungen zwar so aussehen, als wären sie ungeplant gewesen und einfach so geschehen. In Wirklichkeit jedoch wird Sie keine Frau berühren, wenn sie es nicht auch will.

Hier gibt es kein Mittel, um dieses Anfingern zu forcieren. Übergießen Sie sich also nicht mit heißem Kaffee, damit die Frau Ihre Verbrühungen panisch mit einem kalten Lappen kühlen muss. Stattdessen nutzen Sie ihr Verhalten wieder als Warnzeichen. Wenn es zu keinen Berührungen kommt, dann hat die Frau kein Interesse, und jede Minute, die Sie sich weiter mit ihr unterhalten, wäre Verschwendung Ihrer beider Zeit. Sagen Sie eine höfliche Entschuldigung, wie zum Beispiel, dass Sie sich noch gerne weiter unterhalten würden, aber echt keine Lust mehr hätten, und suchen Sie sich eine Frau, die kooperativer ist.

Das sind die drei Hinweise, auf die Sie achten müssen: Blickkontakt, Spiegeln und Berührungen. PUAs würden Ihnen zahlreiche Tipps geben, wie Sie die drei Schritte erzwingen können. Ich halte jedoch die genau umgekehrte Vorgehensweise für wesentlich schlauer. Erzwingen Sie nichts, sondern nutzen Sie die drei Punkte als eine Art Flirtbarometer. Konzentrieren Sie sich nur auf die Personen, die auch Interesse an Ihnen haben. Das wird das Leben aller unglaublich viel einfacher machen.

Auch wenn nicht alle NLP-Techniken so wirklichkeitstauglich sind, wie gerne behauptet wird, gibt es dennoch ein paar erprobte Strategien, mit denen Sie sympathischer wirken können.

Die simpelste Erkenntnis ist, dass wir Menschen mögen, die uns mögen. Das gilt keineswegs nur fürs Flirten, sondern auch für den Alltag. Wenn Sie im Elektrofachmarkt Hilfe bei der Wahl der neuen Spülmaschine brauchen, denken Sie nicht, dass alle Verkäufer eh Schwachköpfe sind und endlich einer zu Ihnen herüberkommen und Ihre Fragen beantworten soll. Stattdessen suchen Sie sich etwas, was Sie an ihm mögen. Zum Beispiel sein cooles T-Shirt oder die witzige Art, wie er spricht. Das garantiert zwar noch nicht, dass er wirklich eine Hilfe für Sie ist, aber wenn er spürt, dass Sie ihn belächeln, wird er Ihnen sicher nicht nützlich sein.

Gleiches gilt für den Flirt in der Bar.

Suchen Sie etwas, das Ihnen an der Frau gefällt (abgesehen von den langen Haaren und den beiden Brüsten). Konzentrieren Sie sich darauf, und schon werden Sie viel besser ankommen. Machen Sie ihr ruhig Komplimente. Die hören wir alle gerne. Übertreiben Sie es nicht, aber sagen Sie ihr ruhig, was Sie an ihr gut finden.

Komplimente und Geschenke kommen immer gut an. Aber interessanterweise funktioniert es umgekehrt genauso gut. Wir finden nicht nur Menschen toll, die *uns* etwas Gutes tun, sondern auch die, denen *wir* einen Gefallen tun.

Wie bitte?

Erst soll ich jemandem helfen, und dann finde ich den deshalb auch noch nett?

Genau.

Mehrere spannende Experimente belegen genau das.

Im ersten mussten Versuchsteilnehmer eine einfache Aufgabe lösen und hatten anschließend die Möglichkeit, einen ordentlichen Batzen Geld zu gewinnen. Natürlich gewannen alle das Geld, und so kam der Versuchsleiter hinterher zu jedem Einzelnen und erzählte ihnen, dass es sein eigenes Geld sei. Wenn sie ihren Gewinn behalten würden, könne er das Experiment leider nicht fortführen. Ob sie deshalb – ihm zuliebe – so großzügig wären und das Geld zurückgeben könnten? Eine zweite Gruppe wurde nicht vom Leiter des Experimentes, sondern von einem Gehilfen angebettelt, auf den Gewinn zu verzichten. Und eine dritte Gruppe konnte die Kohle einfach behalten. Abschließend mussten alle drei einen Fragebogen ausfüllen. Eine der Fragen war, wie sie den Versuchsleiter fanden. Die erste Gruppe, die ihm persönlich den Gefallen getan und das Geld zurückgegeben hatte, bewertete ihn wesentlich attraktiver als die beiden anderen.[53]

Das klingt unlogisch. Wir geben jemandem Geld und finden ihn deshalb netter und sympathischer?

Das liegt an der Aufrechterhaltung unseres Selbstkonzeptes. Wir fragen uns, warum wir das Geld zurückgegeben haben. Es gibt eigentlich keinen Grund dafür, wir hatten es schließlich gewonnen. Deshalb reden wir uns ein, dass es daran liegen müsse, dass der Versuchsleiter so ein wunderbarer, toller und sympathischer Mensch ist. Klar, was sonst? Andernfalls hätten wir ihm niemals unseren wohlverdienten Gewinn ausgehändigt.

---

53 Jon Jecker und David Landy, »Liking a Person as a Function of Doing Him a Favour«, 1969, in *Human Relations,* Vol. 22, No. 4

Selbst-Rechtfertigung ist die treibende Kraft hinter vielen Verhaltensweisen, die ansonsten äußerst befremdlich erscheinen. Um sie zu verstehen, müssen Sie sich als Erstes einmal klarmachen, dass jeder Mensch eine Vorstellung von sich hat. Wenn dieses Bild, dieses Konzept plötzlich Risse aufweist, ist das sehr unangenehm.

Wir treffen jeden Tag Entscheidungen, und nicht alle davon sind wirklich gut. Manche sind sogar sehr schlecht, aber leider nicht leicht rückgängig zu machen. Anstatt sich jeden Tag zu sagen, was für eine blöde Idee dieser Entschluss war, fängt man unbewusst an, sich die Sache schönzureden.

Stellen Sie sich vor, Sie hätten bisher mitten in der Stadt gewohnt und die ständige Verfügbarkeit von Konsum und Kultur zu schätzen gewusst. Jetzt ziehen Sie um, und zwar an den Stadtrand, in ein reines Wohngebiet, in dem es nicht einmal einen Supermarkt gibt. Anstatt wie bisher zu Fuß eine frische Pizza zum Abendessen zu holen, müssen Sie nun eine halbe Stunde mit dem Auto zur nächsten Tiefkühltruhe fahren. Schnell mal einen Film ausleihen oder ins Kino gehen, geht nicht mehr. Doch nun sind Sie umgezogen, und natürlich wussten Sie vorher, dass es anders sein wird. Die Wahrscheinlichkeit ist groß, dass Sie anfangen werden, Ihre bisherigen Gewohnheiten als nicht so wichtig herunterzuspielen. Natürlich müssen Sie eine größere Strecke fahren, um einkaufen zu können, aber dafür planen Sie jetzt im Voraus und geben wesentlich weniger Geld aus. Sie gehen seltener ins Kino, aber dafür gucken Sie nicht mehr jeden Schrott, sondern suchen sich viel gezielter die Filme aus, die Sie wirklich interessieren. Außerdem hätten Sie seit dem Umzug schon drei spannende Bücher gelesen. Plötzlich finden Sie sogar die Nähe zum Wald und

Spazierengehen an der frischen Luft ganz toll, was Ihnen bisher ziemlich egal war.

Ähnlich ging es mir, als meine Tochter geboren wurde. Von der Nürnberger Innenstadt zogen wir in einen Vorort. Neben dem Haus gab es einen Garten mit Sandkasten und Planschbecken und genügend Platz, damit meine Tochter ihr Bobby Car bequem parken konnte. Dass ich mein geliebtes Stammcafé in der City nun nicht mehr entspannt mit dem Fahrrad erreichen konnte, wurde von meiner Tochter im Garten einfach weggelächelt.

Ohne dabei Rückschlüsse auf mich ziehen zu wollen, gilt Folgendes: Je größer das Ego und je intelligenter die Person ist, umso schwerer fällt es ihr, zu akzeptieren, dass sie etwas Unkluges getan hat. Einleuchtend, denn je stärker das Ego ist, umso mehr kratzt eine Fehlentscheidung an demselben.

Den meisten Rauchern ist bewusst, dass Zigaretten schädlich sind. Trotzdem können sie nicht aufhören. Dieses Dilemma erzeugt eine kognitive Dissonanz. Um sie zu überwinden, reden sich Raucher gerne ein, dass sie zwar rauchen, aber halt nicht viel. »Nur bei Feiern« oder »Ganz selten zwischendurch mal«. Damit versuchen sie sich davon abzulenken, dass bereits eine Zigarette schädlich ist. In einer älteren Studie wurden Personen, die ein Päckchen oder mehr pro Tag rauchen, gebeten, ihren Zigarettenkonsum zu definieren. Ein Päckchen, also zwanzig Kippen, das ist schon eine stolze Menge. Trotzdem stuften sich sechzig Prozent der Befragten lediglich als »leichte Raucher« ein. Was unterschied sie von den vierzig Prozent, die sich bei gleicher Zigarettenmenge als »starke Raucher« einstuften? Das Wissen um die Gefahren des Rauchens. Diejenigen, die wussten, dass Rauchen gesundheitsschädlich ist, verspürten die größte innere

Zerrissenheit und definierten ihre Sucht einfach als »gar nicht so wild«.[54]

Nachdem eine Entscheidung einmal gefällt wurde, versuchen Menschen, diese so gut es geht als richtig darzustellen. Sowohl vor anderen als auch im Besonderen vor sich selbst – denn man selbst muss schließlich hauptsächlich mit den Konsequenzen leben.

Wenn Sie sich beispielsweise ein neues Smartphone kaufen, werden Sie sich vorher schlaumachen, welches die beste Akkulaufzeit hat, am wenigsten Strahlung durch Ihr Hirn brezelt und die besten Apps zu bieten hat. Nachdem Sie sich für ein Handy entschieden haben, werden Sie es möglichst vermeiden, etwas über die Vorzüge anderer Konkurrenzprodukte zu erfahren. Sie werden bewusst keine Tests mehr über die Telefone anderer Hersteller lesen.[55]

Nach einer Entscheidung sind wir von ihr am überzeugtesten. Besonders schön wird das durch die folgende Untersuchung demonstriert. Die beiden Psychologen Knox und Inkster haben sich an den Ort begeben, an dem auch heute noch erwachsene Frauen freiwillig einen Hut tragen und klein geratenen Männern zujubeln, die auf Tieren mit albernen Fantasienamen über eine Wiese preschen. Auf einer solchen Pferderennbahn wurden Besucher, die eine Wette abgeben wollten, gefragt, wie sehr sie davon überzeugt wären, dass ihr Pferd gewinnen

---

54 Renata Tagliacozzo, »Smokers' Self-Categorization and the Reduction of Cognitive Dissonance«, 1979, in *Addictive Behaviours,* Vol. 4, No. 4

55 Danuta Ehrlich, Isaiah Guttman, Peter Schonbach und Judson Mills, »Postdecision Exposure to Relevant Information«, 1957, in *Journal of Abnormal and Social Psychology,* Vol. 54, No. 1

würde. Ebenfalls wurden Personen befragt, die gerade ihr Geld gesetzt hatten und deren Entscheidung nicht mehr rückgängig zu machen war. Die zweite Gruppe beurteilte die Gewinnchance ihres Gauls wesentlich höher als die, deren Wahl noch nicht in Stein gemeißelt war.[56]

Ein besonders erstaunliches Beispiel ist die Geschichte der »Seekers«, einer kleinen Sekte, die sich in den fünfziger Jahren in der Nähe von Chicago formierte. Normalerweise wären die Hintergründe für immer verborgen geblieben, aber die drei Sozialpsychologen Leon Festinger, Stanley Schachter und Henry Riecken wollten schon immer einmal undercover arbeiten und schleusten sich unbemerkt in die Gruppe ein.

Eine wichtige Rolle bei den Seekers spielte die Hausfrau Dorothy Martin, die etwas zu viel in den Schriften des Science-Fiction-Autors und Scientology-Gründers Lafayette Ronald Hubbard geblättert hatte und seit kurzem Nachrichten vom Planeten Clarion erhielt. Da anscheinend schon häufiger Post auf der weiten Strecke verlorengegangen war, bedienten sich die mitteilsamen Außerirdischen des »automatischen Schreibens«. Dafür muss man sich in einen leicht dämmrigen Trancezustand versetzen – was beim Lesen des Dianetik-Unfugs schnell passieren kann. Dann schließt man seine Augen, kritzelt wie wild auf einem Stückchen Papier herum und versucht im Nachhinein, in dem Strichechaos sinnvolle Wörter zu entdecken. So ein bisschen wie der Rorschach-Kleckse-Test, bei dem man möglichst viele unanständige Bilder in Tintenpfützen erkennen muss.

---

56 Robert Knox und James Inkster, »Postdecision Dissonance at Post Time«, 1986, in *Journal of Personality and Social Psychology,* Vol. 8, No. 4

Dorothy Martin fand in ihren Kritzeleien einen Fahrplan für einen interstellaren Rettungsbus. Ohne sich an die Vorgabe von Nostradamus oder den Maya zu halten, verkündeten die Busfahrer aus dem All, dass am 21. Dezember 1954 die Welt untergehen würde. Damit verletzten sie die goldene Regel aller Apokalypsenverkünder und wählten einen Tag in der absehbaren Zukunft. Die rund dreißig Mitglieder der Sekte kündigten daraufhin ihre Jobs, weigerten sich, Weihnachtsgeschenke für dieses Jahr zu kaufen, und sagten sich von ihren Familien und Freunden los, die nicht von den Aliens in Sicherheit gebracht werden wollten. Sie schotteten sich ab und vermieden jede Öffentlichkeit.

Drei Tage vor Heiligabend war es so weit. Die Außerirdischen sollten kommen. Die UFO-Freunde setzten sich auf den höchsten Berg in der Gegend, damit der Abholdienst besser parken konnte, doch anscheinend hatte jemand das Licht im Raumschiff angelassen, und jetzt sprang es nicht an. Jedenfalls kam niemand, um die Seekers aufzusammeln. Kurz nach Mitternacht wurde noch mal das Prophezeiungsgekrakel rausgeholt. Vielleicht hatte Martin das Datum falsch gelesen? Das konnte bei dem Geschmiere ja leicht passieren. Nein, da stand ganz klar: »21. Dezember 1954, Mitternacht, Bergspitze.« Offensichtlich hatten die untreuen Außerirdischen die kleine Sekte versetzt. Ja, nicht einmal die versprochene Sintflut brach über der Welt zusammen.

Man sollte annehmen, dass die Leute sich betreten ihre Picknickdecken und Reisezahnbürsten unter den Arm geklemmt hätten, um am nächsten Tag bei ihrer alten Arbeitsstelle anzurufen, ob sie vielleicht wieder anfangen könnten. Weit gefehlt! Vier Stunden später meldete sich Dorothy Martins Arm und empfing eine weitere Nachricht: »Info von Gott: Weil ihr so tapfer auf dem Berg ausgeharrt habt, wurden die Zerstörungspläne der Erde geändert. Sintflut gecancelt.«

Für einige Seekers war das der Tropfen, der das extraterrestrische Fass zum Überlaufen brachte. Sie standen auf, gingen und kehrten niemals wieder. Die meisten blieben. Sie hatten zu viel aufgegeben. Sie konnten nicht mehr zurück in ihr altes Leben, sie mussten einfach weiterhin an die Prophezeiung der außerirdischen Aufpasser glauben.

Doch selbst der stärkste Glaube konnte sie nicht vergessen lassen, dass die Mitfahrgelegenheit nach Clarion nicht aufgetaucht war. Das Leugnen der Fakten machte sie nicht weniger wahr. Es herrschte also eine starke innere kognitive Dissonanz vor. Deshalb brachen die Seekers auf, um aktiv neue Mitglieder für ihre Sekte zu werben. Waren sie zuvor eine eingeschworene Gemeinschaft, so leisteten sie nun vehement Überzeugungsarbeit und suchten die Presse gezielt auf, um jede Menge Interviews zu geben. Denn wenn immer mehr Menschen ihren Glauben teilen würden, konnte er schließlich nicht falsch sein. Einer alleine mag danebenliegen, aber viele Menschen können sich einfach nicht irren.

Je stärker man an etwas glaubt und je mehr man darin investiert und sich dafür öffentlich einsetzt, umso schwerer wird es, den Irrtum einzugestehen.

Trotz ihres starken Engagements konnten die Seekers kein einziges weiteres Mitglied für ihre Fahrgemeinschaft zu den Sternen gewinnen. Ohne die soziale Bestätigung anderer Menschen zerfiel die Seekers-Gruppe. Dorothy Martin und ihr Arm erhielten dennoch weitere Nachrichten, und die beiden gründeten in Arizona einen neuen UFO-Freundeskreis – diesmal allerdings ohne festen Abholtermin.

Jetzt wissen Sie, warum NLP-Practitioner niemals zugeben werden, dass ihre »Wissenschaft« gar keine ist. Selbst wenn sie es wollten, sie könnten es nicht. Um aus ihrem eigenen Dissonanz-Gefängnis auszubrechen, müssten sie ihr eigenes Verhalten umprogrammieren. Und da sie das vermutlich mit NLP versuchen werden, ist ohnehin nicht mit einem Erfolg zu rechnen.

Deshalb begegnen Sie diesen tragischen Schicksalen stets mit Verständnis und Respekt. Sollten Sie mit einem Menschen-Programmierer ins Gespräch kommen, dann wissen Sie genau, was Sie zu tun haben: Schielen Sie bewusst in alle Himmelsrichtungen. Ändern Sie spätestens nach fünf Sekunden Ihre Sitzhaltung. Atmen Sie unregelmäßig, wechseln Sie zwischen Hecheln und Luftanhalten. Und vergessen Sie nicht, immer mit einer Glocke zu läuten, wenn er Sie am Arm berührt. Testen Sie, wer wen schneller konditionieren kann: Sobald der NLP-Jünger Sie anfassen muss, wenn Sie klingeln, haben Sie die Partie eindeutig gewonnen.

Doch zurück in unsere Bar!

Kommen wir zu unserem Plan, der Frau besser zu gefallen, indem sie uns einen Gefallen tut.

Da wir normalerweise nur Leuten helfen, die wir mögen, folgert unser Gehirn im Umkehrschluss, dass wir die Menschen, denen wir einen Gefallen getan haben, mögen müssen. Um was könnten Sie die Frau in der Bar also bitten? Aus taktischen Gründen ist es empfehlenswert, mit kleinen Dingen anzufangen. Fragen Sie nicht als Erstes nach sechsundzwanzigtausend Euro für eine Schönheits-OP, weil Sie demnächst erben möchten und sich so ein geringeres Strafmaß erhoffen. Bitten Sie die Frau eher darum, auf Ihre Jacke aufzupassen, während

Sie kurz vor die Tür müssten, um zu telefonieren, wie es dem kleinen Welpen ginge, dem Sie am Vormittag das Leben gerettet haben.

Achten Sie auf alle Fälle darauf, dass Sie nur um Gefallen bitten, die auch erfolgreich gewährt werden können! Ansonsten laufen Sie Gefahr, dass das genaue Gegenteil eintritt und die Frau Sie sogar noch weniger mag.

Warum das so ist, zeigt der folgende Versuch: An einer Universität wurde angeblich ein neues Konzept erprobt, um die Merkfähigkeit der Studenten zu steigern. Das Testobjekt erhielt immer, wenn es eine falsche Antwort gab, Elektroschocks. Mit schöner Regelmäßigkeit durchjagten den armen Mann mehrere Hundert Volt, damit er sich besser konzentrieren konnte. Doch irgendwie schlug die neue Lernmethode nicht an, und so erlitt der Student immer mehr Schmerzen. (In Wahrheit war er ein Schauspieler, der nur vorgab, Stromschläge zu erhalten. Elektrizität steigert nämlich nicht das Gedächtnis. – Bringen Sie also Ihre Autobatterie schön wieder zurück in die Garage und bezahlen Sie weiterhin die Nachhilfe für Ihre Tochter.)

Dieser Prozedur durften mehrere Zuschauer beiwohnen, die natürlich keine Ahnung hatten, dass alles nur gespielt war. Nach einiger Zeit wurde der Publikumsjoker gesetzt, und die Zuschauer durften abstimmen, ob der Student erlöst oder weiter mit Stromstößen traktiert werden sollte. Bei allen Votings stimmten die Studenten für einen sofortigen Abbruch des Experimentes. Da die Wahl geheim war, konnte das Ergebnis gefälscht werden. So bestimmte angeblich die erste Gruppe, dass jetzt Schluss sei und der Student von den Kabeln befreit würde. Der zweiten Gruppe wurde mitgeteilt, dass sie sich mehrheitlich für eine Fortsetzung der Studie entschieden hätten und der Student weiter gegrillt würde. Einer dritten Gruppe entzog man jede Entscheidungsfreiheit, und das Testobjekt wurde ohne Pause und Unterlass unter Strom gesetzt.

Am Ende des Tages wurden alle Gruppen nochmals befragt, wie ihnen der Student mit dem schlechten Gedächtnis gefiel. Die Gruppe, die das vorzeitige Ende des Versuches bewirkt hatte, bewertete den Studenten als wesentlich attraktiver und sympathischer als die beiden Gruppen, die ihn nicht hatten befreien können.[57]

Wenn uns jemand um einen Gefallen bittet, kann uns dieser dadurch sympathischer werden. Aber nur, wenn die Mühen, die wir auf uns nehmen, auch Früchte tragen. Überlegen Sie es sich gut, bevor Sie Ihre Freunde bei aussichtslosen Unterfangen um deren Beistand bitten. Können die Ihnen nicht helfen oder sollte deren Unterstützung nichts bringen, wird es möglicherweise damit enden, dass Ihre Freunde Sie weniger mögen als zuvor.

Wenn Sie also Ihren gebrechlichen Nachbarn mit dem Gehstock fragen, ob er mal eben beim Umzug mit anpacken und die Waschmaschine in den fünften Stock wuppen könne, und er das gute Stück nicht bewegt bekommt, sollten Sie sich nicht wundern, wenn er abends keine Lust hat, bei Ihrer Einweihungsparty aufzukreuzen.

Überhaupt ist der Technik »Freunde-finden-durch-Gefallen-einfordern« Grenzen gesetzt. Der freundlichen alten Dame, die Sie am Flughafen von Bangkok bittet,

---

57 Melvin Lerner und Carolyn Simmons, 1966, »Observer's Reaction to the ›Innocent Victim‹: Compassion or Rejection?«, in *Journal of Personality and Social Psychology,* Vol. 4, No. 2

ein Päckchen für Verwandte in Deutschland mitzunehmen, werden Sie fünf Jahre später sicherlich nicht mit
großer Zuneigung begegnen. Zumindest nicht, wenn Sie
die Zeit wegen Drogenschmuggels in einem thailändischen Erdloch verbracht haben und mittlerweile Guan-
tanamo für ein idyllisches Feriendomizil halten.

Deshalb fragen Sie nur nach Dingen, die machbar sind.

Eine weitere Strategie, die Erfolg haben wird, ist, sich
rarzumachen.

Unter Verkäufern ist das eine alte Technik. Mit Auf-
drucken wie »Limited Edition« oder »Nur für kurze
Zeit« wird uns eine Warenknappheit vorgegaukelt. So
bringt der Disney-Konzern in der Regel nur alle sieben
Jahre eine Neuauflage seiner Klassiker auf den Markt.
Bei Homeshopping-Sendern wird gerne eine Zahl einge-
blendet: »Noch zwölf japanische Messersets zu haben.
Noch elf, noch zehn …« Dabei hat die Einblendung
nichts mit den Bergen von Plunder, der im Lager des Sen-
ders rumsteht, zu tun. Aber wenn sich der Vorrat angeblich dem Ende zuneigt, häufen sich die Bestellungen.[58]
Auf der Webseite von Randy Charach, einem geschäfts-
tüchtigen Magier, der Marketingkurse für andere Zauberer verkauft, gab es eine Zeitlang einen Countdown, der
besagte, dass heute der letzte Tag sei, an dem man seinen
Online-Kurs zum halben Preis bekomme. Mit jeder Minute zählte die Uhr unerbittlich herunter, bald wäre
dieses unschlagbare Angebot vorbei – nur, um am nächsten Morgen wieder »ausschließlich« für vierundzwanzig
Stunden zu gelten.

---

58 Kai Winter, »Wirkung von Limited Editions für Marken: Theoretische Überlegungen und empirische Überprüfung«, 2009

Warum funktioniert dieses Prinzip?

Was ist so schlimm, wenn wir das Duschgel mit Kaviar-geschmack nicht bekommen und nicht wie ein Fisch-kutter riechen? Warum sollen wir »Aladdin« jetzt kaufen und nicht in zwei Monaten auf SUPER RTL gucken?

Der amerikanische Psychologe Jack Brehm erklärt un-ser merkwürdiges Verhalten damit, dass durch eine be-grenzte Verfügbarkeit eines Produktes unsere Entschei-dungsfreiheit eingeengt wird. Wir haben nicht die Mög-lichkeit, uns erst in drei Tagen zu entscheiden, sondern ausschließlich jetzt sofort. Dadurch fühlen wir uns un-wohl und unter Druck gesetzt. Um dieses Gefühl, das er als Reaktanz (reactance) bezeichnet, loszuwerden und unsere Kontrolle zurückzuerlangen, entscheiden wir uns augenblicklich und tun alles, um der »Bedrohung« durch das »knappe« Angebot zu entgehen: Wir unterschreiben den Handyvertrag und kaufen den Disney-Film noch dazu.[59]

Geiz ist zwar geil, macht aber auch dumm, denn oft-mals sind die Angebote kein Stück günstiger. Durch die tickende Uhr fehlt uns die Zeit, zu überprüfen, ob es sich um ein echtes Schnäppchen handelt. Deshalb soll-ten Sie sich einen Ruck geben. Wann immer Sie jemand unter Druck setzen will, dass Sie sich sofort entscheiden müssten, widerstehen Sie Ihrem Impuls nachzugeben und prüfen Sie das Angebot erst recht. Wenn es tatsäch-lich fair ist, wird der Verkäufer Ihnen auch die Zeit geben.

Ich kann jetzt schon versprechen, dass Ihnen das nicht leichtfallen wird, denn dieses Verhalten steckt tief in uns

---

59 Jack W. Brehm und Sharon S. Brehm, »Psychological Reactance. A Theory of Freedom and Control«, 1981

Menschen drin. Psychologen haben entdeckt, dass das Verlangen nach dem Unerreichbaren bereits bei Zweijährigen einen festen Bestandteil des Verhaltens ausmacht. Um das zu testen, packten Sharon Brehm und Kollege M. Weintraub Kleinkinder in einen Raum. In der Mitte befand sich eine kleine Barriere aus Plexiglas und jeweils davor und dahinter ein Spielzeug aus schönem, buntem Plastik. Dann wurde der Windelträger losgelassen, und die Wissenschaftler beobachteten, womit er am liebsten spielen wollte. Beide Spielzeuge wurden gleich gerne genommen.

In einem zweiten Schritt wurde die Barriere erhöht, so dass das Kind das zweite Spielzeug zwar sehen, aber nicht erreichen konnte. Ab diesem Moment sind die kleinen Krabbler fast durchgedreht, weil sie unbedingt hinter die Plexiglasscheibe zu dem anderen Spielzeug wollten. Das erste interessierte sie nicht mehr.[60]

Zwei Dinge lernen wir daraus: Erstens, wenn Sie wollen, dass Ihr Kind Klavier spielen lernt, bauen Sie einen Käfig drumherum und sagen Sie, dass es da auf keinen Fall dran dürfe. Und zweitens, dass Verhaltensforschung ohne Plexiglas niemals möglich wäre. Was würden die ganzen Ratten nur ohne ihre durchsichtigen Labyrinthe machen?

Schnell zurück in die Bar!

Verknappen Sie Ihre Verfügbarkeit. Erzählen Sie der Frau, die Sie gerade angraben, dass Sie Astronaut seien

---

60 Sharon S. Brehm und M. Weintraub, »Physical Barriers and Psychological Reactance. Two-Year-Olds' Responses to Threats to Freedom«, 1977, in *Journal of Personality and Social Psychology*, Vol. 35, No. 11

und morgen für drei Jahre ins All müssten, um den Internetanschluss auf der Raumstation MIR zu installieren. Eine genauso gute Idee ist es, mit der Hostess, die sich als Ihre gute Freundin ausgibt, im Vorfeld abzusprechen, nach einer halben Stunde noch mal zu Ihnen zurückzukehren und Sie in ein Gespräch zu verwickeln.

Das Wichtigste aber: Wenn Sie die Telefonnummer bekommen haben, rufen Sie auf keinen Fall direkt am nächsten Tag an!

Der amerikanische Liebesguru Thomas Hodges, auch bekannt als Doc Love, rät seinen Schülern sogar, erst nach einer Woche anzurufen. Damit verfolgt er eine ähnliche Strategie, wie wir es weiter oben beim Spiegeln getan haben: Anstatt Ihr Zielobjekt zu kopieren, ist es effektiver, darauf zu achten, ob dieses *Ihre* Körperhaltung spiegelt. Dadurch wissen Sie, ob ein weiteres Anbaggern überhaupt Aussicht auf Erfolg hat. Das Gleiche beabsichtigt auch Hodges mit seiner siebentägigen Telefonquarantäne. Denn wenn Sie nach einer Woche anrufen, wird ein sehr großer Teil der Frauen kein Interesse mehr an Ihnen haben.

Das ist gut, sortieren Sie diese aus.

Sie sollten nur mit den Menschen Zeit verbringen, denen Sie etwas bedeuten. Zu Letzterem rät auch Eva Illouz, Soziologin der Hebrew University in Jerusalem: »Es ist grundfalsch, jemanden zu lieben, der einen nicht zurückliebt. Das Herz sollte keine Fehler machen.«[61]

Sie glauben vielleicht, die Soziologie-Tante habe keine Ahnung und dass es ein Fehler wäre, Frauen so lange warten zu lassen. Drehen Sie die Situation einmal um: Sie

---

61 Rafaela von Bredow, »Liebe lieber unvollkommen«, 2011, in *Der Spiegel*, Nr. 52

haben Ihre Telefonnummer einer Hammerfrau gegeben, und die lässt sieben Tage nichts von sich hören. Erst dann ruft sie an und fragt, ob Sie Lust auf ein weiteres Treffen hätten. Wie reagieren Sie? Werden Sie ihr sagen, sie solle sich gefälligst trollen, oder treffen Sie sich doch mit ihr? Wenn die Frau wirklich toll ist, wage ich zu behaupten, dass Sie der Verabredung zustimmen und sich sogar darauf freuen werden.

Doch zunächst einmal müssen Sie die Frau überhaupt dazu bekommen, ihre Nummer herauszurücken. Das ist nicht selbstverständlich. Falls die junge Dame bemerkt, dass hinter Ihrer attraktiven Fassade eine Mischung aus Bernd dem Brot und Hannibal Lecter steckt, kann es gut sein, dass sie sich plötzlich mit den Worten verabschiedet, sie sei Astronautin und ihr wäre gerade eingefallen, dass sie das Licht auf der MIR habe brennen lassen.

Damit Ihnen das nicht passiert, müssen Sie auch während des Gesprächs sympathisch wirken. Wie Sie das erreichen? Wie wir schon gesehen haben: Menschen mögen Menschen, die ihnen ähnlich sind – und nicht nur in puncto Körperhaltung. Also finden Sie Gemeinsamkeiten, über die Sie sprechen können. Je ausgefallener, desto besser. Ein »Atmest du auch so gerne?« wird Sie da nicht weiterbringen. Wie Sie diese Gemeinsamkeiten entdecken? Indem Sie zuhören! Ich weiß, das klingt nach einem sehr abwegigen Konzept, schließlich haben Sie selbst so viel Interessantes zu erzählen, und jede Frau wird sich glücklich schätzen, all dem geschlagene drei Stunden am Stück lauschen zu dürfen – aber glauben Sie mir, mal die Klappe halten und zuhören wirkt Wunder. Das Schlüsselwort ist »zuhören«. Einfach schweigen und im Kopf die Aktienkurse durchgehen, wird nichts bringen. Stellen Sie Fragen und lauschen Sie den Antworten. Früher oder später finden Sie etwas, das Sie beide gut finden. Tauschen Sie sich darüber aus. Denn Gleich und Gleich gesellt sich immer noch lieber, als dass sich Gegensätze anziehen. Auch das ist wissenschaftlich untersucht worden, und es zeigt sich, dass sich Menschen, die sich in ihren Werten und Ansichten ähnlich sind, besser verstehen.[62]

Noch besser als geteilte Vorlieben sind gemeinsame Abneigungen. Suchen Sie sich etwas, das Sie beide nicht mögen, und lästern Sie darüber ab. Untersuchungen haben ergeben, dass das noch mehr verbindet.[63] Ein Zitat, das meist dem französischen Autor und Regisseur René Clair zugeschrieben wird, bringt es auf den Punkt: »Nichts auf der Welt schweißt so stark zusammen wie die geteilte Abneigung gegen einen Dritten.«[64]

Wie stark selbst zufällige Gemeinsamkeiten zusammenschweißen können, zeigt ein amüsanter Versuch von John F. Finch und Robert B. Cialdini. Kennen Sie den russischen Wanderprediger Rasputin? Falls nicht, ist das

---

62 M. Hope Gonzales; John M. Davis, Gary L. Loney, Christy K. Lukens und Catherine M. Junghans, »Interactional Approach to Interpersonal Attraction«, 1983, in *Journal of Personality and Social Psychology,* Vol. 44, No. 6

63 Jennifer K. Bosson, Amber B. Johnson, Kate Niederhoffer und William B. Swann Jr., »Interpersonal Chemistry Through Negativity: Bonding by Sharing Negative Attitudes About Others«, 2006, in *Personal Relationships,* Vol. 13, No. 2

64 Auf der Suche nach dem französischen Originalausspruch wurde ich leider nicht fündig. Auch im Englischen gibt es kein Zitat von Clair, das so lautet. Entweder hat Clair es unter der Auflage, dass es nur in Deutschland verwendet werden darf, gesagt – oder ich hätte weniger die Onlineversion von Angry Birds spielen und noch gründlicher recherchieren sollen.

nicht schlimm, die Collegestudenten, die die Versuchskaninchen des Experimentes darstellten, hatten auch keine Ahnung. Wäre er ein amerikanischer Präsident gewesen, hätten sie sicher sogar seine Schuhgröße nennen können, aber bei einem Russen aus einem längst vergangenen Zeitalter kann das ja niemand erwarten. Deshalb konnten die beiden Wissenschaftler den Studenten einen sehr unschmeichelhaften Lebenslauf vorlegen. Danach lebte Grigori Jefimowitsch Rasputin im 19. Jahrhundert im finsteren Russland und hatte eine Festanstellung als Wunderheiler am dortigen Zarenhof. Nebenher beschäftigte er sich intensiv mit der Organisation von Sexorgien. Er war einer der Ersten, die sich öffentlich in Russland die Kante gaben und das Komasaufen einführten, und wird gerne als Hauptverantwortlicher der Niederlage Russlands im Ersten Weltkrieg genannt.

Wissen Sie zufällig, wann Rasputin geboren wurde? Nein? Macht nichts, die Collegestudenten wussten es ebenso wenig, und deshalb konnten die Versuchsleiter der einen Hälfte ein beliebiges Datum nennen. Bei der zweiten Gruppe stimmte der Geburtstag von Rasputin mit dem der Studenten überein. Alle sollten eine Beschreibung des Russen verfassen. Die Gruppe, bei der das Geburtsdatum gleich war, beurteilte Rasputin viel lobender, sympathischer und erfolgreicher als die Vergleichsgruppe, die nicht am selben Tag Geburtstag feiern konnte.

Selbst wenn bereits so eine Kleinigkeit zu mehr Sympathie verhilft, widerstehen Sie der Versuchung, einfach zu lügen. Ja, es funktioniert, aber glauben Sie mir, es ist leichter, sich seinen echten Geburtstag zu merken, als jedes Wochenende einen neuen.

In diesem Kapitel sind wir vielen Techniken begegnet, die offensichtlich falsch oder nicht belegbar sind. Und dennoch verwenden PUAs sie und haben damit sogar Erfolg.

Woran liegt das?

Der Psychologe Andreas Baranowski hat die Flirttipps der PUA-Könige genauer unter die Lupe genommen und festgestellt, dass sogar falsches Wissen selbstsicher werden lässt.[65] Die Menschen, die Aufreißtipps suchen, sind in der Regel die, die keinen Erfolg beim Flirten haben. Jeder noch so unsinnige Ratschlag erweckt in ihnen aber das Gefühl, dass sie nun wüssten, wie es geht. Deshalb sind sie am nächsten Wochenende selbstbewusster und sprechen auch tatsächlich jemanden an. Es ist eine einfache mathematische Gleichung. Wenn man hundert Frauen anspricht, erhält man natürlich mehr Telefonnummern, als würde man keine ansprechen. Und selbst, wenn es am Ende des Tages nur eine einzige Nummer gibt, ist das immer noch mehr als bei dem, der die ganze Zeit über schüchtern auf den Boden guckt.[66]

Auf geht's. Raus in die Welt, und sprechen Sie die Personen, die Sie kennenlernen möchten, an. Das ist der entscheidendste Ratschlag aus dem ganzen Kapitel. Wenn Sie es tun, kann sich Ihr gesamtes Leben ändern. Spätestens, wenn Sie vierhundert Euro reicher und Familienvater sind.

---

65 Andreas M. Baranowski, »The Science of Seduction«, 2011

66 Andreas M. Baranowski, »Flirt-Techniken im Test: ›Die Theorien wirken, auch wenn sie falsch sind‹«, 2011, www.spiegel.de

Vorhersage

Wenn Sie den Partner für Ihr Leben gefunden haben, wollen Sie bestimmt wissen, wie es weitergeht. Werden Sie viel reisen, Kinder haben, auf Öl stoßen – oder ist Ihr Partner ein Mitglied der Seekers-Sekte und Sie verbringen den Rest Ihres Lebens an seiner Seite auf einer Bergkuppe und warten auf ein UFO? Was bietet sich für die Beantwortung all dieser Fragen mehr an als ein Besuch beim Wahrsager? Welch glücklicher Zufall, dass wir im nächsten Kapitel einen zur Hand haben.

Kapitel 4

»Können Sie mir aus der Hand lesen?«

»Believe in me and this lie.
Tell me everything will be alright,
'Cause it's so good to believe.
But don't turn my hope
Into a weapon.«

Third Eye Blind – *Palm Reader*

Seit die ersten Menschen über die Erde wandelten, waren sie neugierig, was ihnen die Zukunft wohl bringen würde. Würde die Ernte ein Erfolg werden, oder stand die nächste Eiszeit bevor? Leider gab es damals noch kein Fernsehen und damit keinen Wetterbericht. Man musste sich also anders behelfen, wenn man etwas über seine Zukunft wissen wollte. Ohne Fernseher und Internet hatten die Menschen natürlich viel Zeit, sich Gedanken zu machen, und sind auf die merkwürdigsten Ideen gekommen. Mal wurden abgenagte Hühnerknochen umhergeworfen, dann wieder starrte man in die Reste des abgesetzten Kaffeepulvers, und wenn gerade keine Tierinnereien übrig waren, die man zweitverwerten konnte, musste halt die Handfläche herhalten. Die Linien und Falten auf der Handinnenfläche sollten angeblich über Gegenwart, Vergangenheit und Zukunft Bescheid geben.

Bereits im alten Ägypten wusste man die Kunst des Handlesens, die sogenannte Chirologie, zu schätzen und informierte sich auf diese Art über Liebschaften, Gesundheit und beruflichen Erfolg. Wir sehen also, nur weil jemand Pyramiden bauen kann, bedeutet es nicht, dass er gegen Blödsinn immun ist.

Für mich gehörte Handlesen immer auf den Jahrmarkt. Das war eine Kirmesattraktion, die niemand ernst nehmen konnte.

Deshalb war ich natürlich sehr überrascht, als mich erste Zuschauer nach meinen Auftritten fragten, ob ich aus ihrer Hand lesen könnte. Denn die Personen, die das wissen wollten, waren keine Kirmesbesucher mit Lebkuchenherzen um den Hals, sondern gestandene Menschen aus allen Berufsgruppen und Bevölkerungsschichten. Sogar die, die ich als äußerst rational eingeschätzt hatte, schienen ein ernsthaftes Interesse am Handlesen zu haben. Auch wenn eine Begeisterung fürs Handlesen bei Frauen häufiger anzutreffen ist, blickten mich genauso viele Manager großer Firmen voller Hoffnung an, ob ich ihnen einen Blick in ihre Zukunft gewähren könnte. Viele gaben sogar zu, regelmäßig eine Wahrsagerin aufzusuchen. Stets waren sie voll überschwenglichen Lobes, dass die Seherin sie nur angesehen hätte und ihnen alles über ihre Vergangenheit sagen konnte. Über den letzten Umzug, den beruflichen Werdegang, die Rückenbeschwerden oder verflossene Liebschaften. Es wäre unglaublich, über was die Handleserin alles Bescheid gewusst hätte. Die Frau müsse einfach »übersinnliche« Fähigkeiten besitzen. Und wenn die Wahrsagerin alles über Vergangenheit und Gegenwart eines Menschen wusste, dann würde sie auch dessen Zukunft kennen.

Jetzt war meine Neugierde geweckt!

War es tatsächlich möglich, dass eine Person, die man gerade zum ersten Mal getroffen hatte, einem alles über das eigene Leben sagen konnte? Das wäre ja wie in dem Film »Im Auftrag des Teufels« mit Keanu Reeves.[67] Da verrät der Teufel (großartig gespielt von Al Pacino) einem wildfremden Mann, dass ihn seine Frau betrügt, und kann so einer Schlägerei aus dem Weg gehen.

Das wollte ich auch!

Darum habe ich mich mit den dahinter verborgenen Mechanismen beschäftigt und kann jetzt von mir behaupten: Ja, ich kann es. Ich kann aus der Hand lesen.

Auch aus Ihrer!

Aufgrund meiner einleitenden Worte sind Sie jetzt natürlich skeptisch. Völlig verständlich, keine Frage. Erst mache ich mich über Pyramidenbauer lustig – und dann selbst einen auf Wahrsager. Dennoch versichere ich Ihnen, dass ich die Fähigkeit der Chirologie besitze und meine Trefferquote unglaublich hoch ist. Die Fähigkeit und nicht die Gabe, denn Handlesen ist kein angeborenes Privileg, sondern tatsächlich von jedem erlernbar.

Geben Sie mir eine Chance und lassen Sie mich aus Ihrer Hand lesen. Legen Sie das Beil ruhig wieder auf die Seite – Sie müssen Ihre Hand nicht abhauen und mir zuschicken. Ich kann darin auch lesen, ohne sie überhaupt sehen zu müssen. Es reicht vollkommen aus, wenn Sie Ihre Hand auf das Papier legen, auf dem diese Zeilen stehen. (Wenn Sie den Text auf Ihrem Computer lesen, drücken Sie einfach die Handfläche gegen den Bildschirm.) Dann lassen Sie Ihre Hand für zwanzig Sekunden dort liegen.

Erst danach lesen Sie weiter.

Los geht's!

Perfekt.

---

67 »The Devil's Advocate«, Warner Bros., 1997 – Regie: Taylor Hackford, Drehbuch: Jonathan Lemkin, Tony Gilroy

Ich habe bereits etwas empfangen und einen sehr guten Eindruck von Ihnen gewonnen.

So weiß ich, dass Sie die Hand gar nicht auf das Papier gelegt haben! Es war zwar so, dass Sie ein wenig überlegt hatten, es zu tun, aber dann haben Sie sich doch dagegen entschieden. Denn Sie hatten starke Zweifel, ob das überhaupt etwas bringen würde.

Sie waren misstrauisch, und das ist gut so, denn das hier ist das Buch eines Mentalmagiers, und da muss man hinter jeder Ecke und jedem Wort mit einem Trick rechnen.

Zur gleichen Zeit waren Sie jedoch neugierig, denn Sie sind ein sehr offener Mensch. Sie haben zwar Ihre Meinung, zu der Sie stehen, sind aber stets bereit, sich auf etwas Neues einzulassen – wenn es denn überzeugende Gründe dafür gibt.

Diese Offenheit ist es auch, die Ihre Freunde an Ihnen zu schätzen wissen. Das und Ihre Ehrlichkeit. Wobei Sie manchmal die Wahrheit etwas »verschönern«, um Ihre Freunde nicht zu verletzen. Deshalb können sich Ihre engsten Freunde auch auf Sie verlassen. Zu Ihren engsten Freunden zählen Sie übrigens nur einen kleinen Kreis, der sich im Laufe der Zeit herauskristallisiert hat. Denn Sie brauchen Zeit, um sich auf andere Personen wirklich einzulassen.

Sie sind oft spontan, aber in vielen Sachen genauso zurückhaltend. Es gibt Dinge, über die Sie erst einmal in Ruhe nachdenken wollen. Durch diesen Widerspruch sind Sie ein interessanter Charakter und ein beliebter Gesprächspartner mit Ecken und Kanten, was Ihre Bekannten (von denen Sie wesentlich mehr haben als Freunde) gerne bestätigen werden.

Auch Ihre Bekannten können sich auf Sie verlassen. Und – da wird's spannend – Sie erledigen Gefallen lieber und gründlicher, wenn Sie es freiwillig machen und Sie anderen helfen können, als wenn Sie dafür Geld erhalten würden.

Sie sind ein positiver Mensch, und so haben Sie es ebenfalls gerne, wenn andere Menschen Sie mögen.

Außerdem besitzen Sie Fähigkeiten, die Sie bisher nicht genutzt haben.

Das alles sehe ich in Ihrer Hand. Aber Sie sind immer noch nicht überzeugt, richtig? Na gut, dann lese ich mal weiter …

Ich weiß, dass Sie sehr gut Auto fahren können – viel besser, als andere Menschen annehmen.

Sie haben einen sehr starken Musikgeschmack und wissen, was Ihnen gefällt.

Ich habe sogar in einem kurzen Aufblitzen Ihre Wohnung gesehen: zwischen den DVDs in Ihrem Schrank liegt noch mindestens eine, die Sie bisher nicht geguckt haben – wenn ich mich nicht verguckt habe, dann ist die sogar noch in Cellophan verpackt.

Was sagen Sie jetzt? Das war eine ziemlich gute Beschreibung, oder?

Doch habe ich wirklich in Ihrer Hand gelesen? Oder haben der Knaur Verlag und ich für jeden Käufer extra ein eigenes Buch mit jeweils anderem Text gedruckt? Bestehen die Seiten, auf denen dieses Buch gedruckt ist, vielleicht aus hochmodernem, mit Nanopartikeln beschichtetem Spezialpapier, das mit dem Bundestrojaner auf Ihrem Laptop gekoppelt ist und den Text entsprechend anpasst? Oder … habe ich einfach geschummelt?

Nun ja, zumindest *ein bisschen* Schummelei war schon dabei. Die oben stehende Charakterbeschreibung besteht ausschließlich aus sogenannten Barnum-Aussagen.

Nein, »Barnum« hat nichts mit einem Römerlager in der Nähe eines kleinen gallischen Dorfes zu tun, sondern wurde nach dem amerikanischen Zirkusdirektor Phineas Barnum benannt. Das ist nicht der Hauptdarsteller von »Phineas und Ferb«, sondern ein Schlawiner erster Güte, der im 19. Jahrhundert in Amerika lebte. In seinem Wanderzirkus nähte er zum Beispiel den Oberkörper eines Affen auf einen großen Fischleib, um seine Heimwerker-Chimäre dann als die seltene Fidschi-Meerjungfrau auszustellen. Genauso stellte er eine Kopie des »Giganten von Cardiff« aus – dabei war dieser Fund bereits eine Fälschung. Der Tabakbauer George Hull hatte den Riesen 1869 aus Gips gebaut, um seinen Pastor reinzulegen. Selbst als der Schwindel aufflog, tourte Barnum mit der Kopie weiter, und seine Ausstellung wurde zu einem wahren Publikumsmagneten. Wann immer sich die Öffentlichkeit für etwas interessierte, wusste der geschäftstüchtige Impresario dies für seinen Zirkus auszuschlachten. So war dann auch Kaspar Hauser für einige Zeit fester Bestandteil im Exponaten-Ensemble der Wanderausstellung – ungeachtet der kleinen Unstimmigkeit, dass der echte Hauser bereits elf Jahre zuvor gestorben war.[68] Fehlt nur noch, dass der Zirkusdirektor eine Doktorarbeit abgeschrieben hätte …

---

68 Falls Sie sich fragen, was aus dem Zirkus geworden ist; Anfang des 20. Jahrhunderts wurde er für einen ordentlichen Batzen Geld verkauft und ist heute immer noch unter dem Namen »Ringling Bros. and Barnum & Bailey Circus« unterwegs.

Er war für seine Betrügereien so berühmt-berüchtigt, dass der zeitgleich mit ihm lebende Schriftsteller Ralph Waldo Emerson Barnums Namen als Synonym für alles verwendete, was in seinen Augen damals mit Amerika nicht stimmte. Das griff der Psychologe Paul Everett Meehl auf, und so kamen die »Barnum statements« zu ihrem Namen.[69]

Bei diesem Phänomen handelt es sich um allgemeingültige Aussagen, die auf jeden zutreffen. Also Larifari-Aussagen, die so schwammig formuliert sind, dass sie einfach immer stimmen.

Das kennen Sie von Ihrem Frühstückstisch. Wenn Sie da in Ihrer Tageszeitung die Horoskopseite aufschlagen, finden Sie unter Ihrem Sternzeichen eine Kurzzusammenfassung des anstehenden Tages. Doch die gilt nicht nur für Sie alleine, sondern für fast sieben Millionen weitere Bundesbürger, die dasselbe Sternzeichen haben und die Vorschau auf die nächsten vierundzwanzig Stunden ebenfalls als zutreffend bezeichnen würden.

Der Psychologe Bertram Forer hat das in einem interessanten Experiment nachgestellt: Versuchsteilnehmer bekamen angeblich ein aufgrund ihrer Geburtsdaten individuell erstelltes Persönlichkeitsprofil vorgelegt. In Wirklichkeit erhielten aber alle den exakt gleichen Text. Forer hatte ihn zuvor aus zahlreichen Horoskopschnipseln zusammengestellt. Sozusagen ein Astrologie-Best-of. Anschließend sollten die Leser bewerten, ob die Beschreibung ihres Charakters stimmig wäre. Der gleiche Text für unterschiedliche Personen – und doch wurde er

---

69 Paul E. Meehl, »Wanted – A Good Cookbook«, 1956, in *American Psychologist*, Vol. 11, No. 6

im Durchschnitt von den Versuchspersonen als zu gut neunzig Prozent korrekt eingestuft.[70]

Dieses Experiment ist der Grund, warum der Barnum-Effekt manchmal als Forer-Effekt bezeichnet wird.

Sie können den Versuch sogar selbst durchführen. Vor dem Schlafengehen trommeln Sie noch einmal Ihre Familie zusammen und bestehen darauf, die Horoskope des heutigen Tages zu überprüfen. Lesen Sie dann aber grundsätzlich den Text von einem anderen Sternzeichen vor. Wenn Ihre pubertierende Tochter eigentlich Waage ist, tragen Sie das Horoskop für den Widder vor. Wenn Sie keine Familie haben, die sich dazu bereit erklärt, rufen Sie eine beliebige Nummer aus dem Telefonbuch an. Behaupten Sie, Sie wären von einem anerkannten Meinungsforschungsinstitut und die Umfrage würde nur wenige Minuten dauern. Um besonders glaubwürdig zu sein, rufen Sie auf jeden Fall erst nach 21 Uhr an und legen Sie einen leicht patzigen Tonfall an den Tag. Egal, ob Familie oder wildfremde Menschen – Sie werden überrascht sein, wie zutreffend die Beschreibungen eingestuft werden. Anschließend dürfen Sie dann den Barnum-Effekt natürlich auch in Ihren Namen umbenennen.

Interessanterweise funktioniert das weltweit. Barnum-Aussagen werden überall geschluckt. Sogar in China, obwohl es dort ganz andere Sternzeichen als hier gibt.[71]

---

70 Bertram R. Forer, »The Fallacy of Personal Validation: A Classroom Demonstration of Gullibility«, 1949, in *Journal of Abnormal and Social Psychology,* Vol. 44, No. 1

71 Paul Rogers und Janice Soule, »Cross-Cultural Differences in the Acceptance of Barnum Profiles Supposedly Derived from Western Versus Chinese Astrology«, 2009, in *Journal of Cross-Cultural Psychology,* Vol. 40, No. 3

Damit gilt Ihr tägliches Frühstückshoroskop nicht nur für sieben Millionen Deutsche, sondern für eine Milliarde Erdenbürger.

Aber wieso werden diese Aussagen überhaupt als wahr empfunden?

Zum einen gibt es Feststellungen, die einfach auf alle beziehungsweise die meisten Menschen zutreffen. Das kann etwas so Plumpes sein wie meine Vermutung, dass Ihre beiden Beine unterschiedlich lang sind. Das sind sie nämlich bei allen Menschen. Oder, etwas subtiler, dass Sie gerne von anderen Menschen gemocht werden. Das werden wir nämlich auch alle. Es mag Leute geben, die am liebsten gehasst werden, aber die kaufen keine Bücher.

Andere Aussagen treffen deshalb zu, weil sie nicht eindeutig sind. Zum Beispiel habe ich behauptet, dass Sie häufig spontan sind, aber auch oft Ihre Handlungen im Vorfeld überlegen.

Na, was denn nun?

Entweder sind Sie spontan oder nicht. Ich habe einfach behauptet, dass Sie beides sind. Da muss natürlich eins zutreffen.

Außerdem habe ich ein wenig Schmeichelei eingestreut. Und die akzeptieren Menschen immer mit Begeisterung. Einfach, weil wir gerne hätten, dass das Kompliment stimmt. Sagen Sie doch einfach das nächste Mal zu dem Mann mit der Strumpfmaske, der Sie am Bankautomaten überfällt, dass sein rostiges Messer einen sehr schönen Griff habe und die Blutflecken darauf ein wahrlich pittoreskes Muster ergeben würden. Der Straßenräuber wird Ihnen sicherlich zustimmen, auch wenn er innerlich weiß, dass das Messer ziemlich ramponiert ist und er sein Arbeitsgerät langsam mal erneuern sollte.

Mein Lieblingssatz ist: »Sie fahren viel besser Auto, als andere Menschen annehmen.« Darin finden sich mehrere Barnum-Prinzipien kombiniert. Zum einen lobe ich Ihre Fahrweise – dieses Kompliment geht natürlich wie Motorenöl herunter. Darüber hinaus wird meine Heuchelei auch deshalb als »wahr« angesehen, weil Menschen die Angewohnheit haben, sich im Stillen besser einzuschätzen, als sie wirklich sind. So trifft die Aussage mit dem hervorragenden Autofahren auf jeden zu. Selbst auf den Typ, der mit Lichthupe auf der rechten Autobahnspur an Ihnen vorbeibrettert, während er einen Apfel isst und seinen Facebook-Status auf »260 km/h« ändert. Der ist – natürlich – kein schlechter Autofahrer, der die Verkehrssituation falsch einschätzt und wie eine gesengte Sau fährt, sondern er beherrscht als Einziger seine Maschine. Die anderen behindern sozusagen seine Fahrkünste. Er wird mir also begeistert zustimmen, wenn ich sage, dass er besser fährt, als andere Menschen glauben.

Zusätzlich erreiche ich Ihre Zustimmung für meine Aussage, weil sie eine weitere »Unschärfe« beinhaltet, wie der Fachbegriff für »Schwammigkeit« unter Mentalisten lautet. Ich habe behauptet, dass Sie besser Auto fahren, »als andere Menschen annehmen«. Das ist etwas, was nicht überprüfbar ist. Sie können gar nicht wissen, was andere Menschen von Ihrem Fahrstil halten. Es sei denn, dass Sie Mentalmagier wären. Dann wüssten Sie's natürlich, aber dann würden Sie das Buch nicht lesen, sondern schreiben.

Diese besagte Unschärfe finden Sie im ganzen Text wieder: »oft«, »viele«, »fast«, »die meisten«, »manchmal«, »hin und wieder«. Je unkonkreter, desto besser. Die Person, deren Hand ich lese, wird schon das für sie Passende hineininterpretieren.

»Ha!«, werden Sie jetzt laut ausrufen, »aber was, wenn ich gar kein Auto fahre? Dann wäre der schöne Barnum-Text vom Herrn Kuch voll aufgeflogen!«

Nett gedacht, aber das wäre er nicht. Denn der Barnum-Effekt hat ein eingebautes Sicherheitsnetz, das von einer weiteren menschlichen Eigenart profitiert. So, wie wir gerne Komplimenten glauben, so neigen wir auch dazu, uns nur an die erfolgreichen Treffer des Textes zu erinnern.

Wenn Sie jeden Tag in Ihrer Zeitung das Horoskop lesen, werden Sie sich nur an die Male erinnern, an denen es gestimmt hat. Genauso werden Sie aus meinem Begrüßungstext nur die Stellen in Erinnerung behalten, die für Sie zutreffend sind. Sie haben gar keinen DVD-Player und demnach auch keine verpackte DVD im Schrank? Total egal, dann verblasst dieser Teil, und Sie werden sich nur an die »Treffer« erinnern.

Sie haben bestimmt schon mal an einen Freund gedacht, und als kurze Zeit das Telefon klingelte, rief genau diese Person an. Daran erinnern Sie sich. Aber wie oft haben Sie an jemanden gedacht, und der rief dann nicht an?

Dieses selektive Im-Gedächtnis-Behalten kennen Sie schon aus dem Kapitel über Prophezeiungen, von denen wir uns nur die merken, die (scheinbar) eingetroffen sind. Das ist übrigens auch der Grund, warum kleine Kinder so schnell mit Smartphones und anderem technischen Schnickschnack umzugehen lernen. Kinder prägen sich nur ihre Erfolge ein.[72] Alles, was keinen Nutzen hat, wie zum Beispiel auf dem Handy herumzukauen, wird nicht »gespeichert«. Das Wischen mit dem Finger hingegen

---

72 Volker Albus in »33 mal ausmachen oder laufen lassen: Wie oft darf mein Kind fernsehen?«, 2012, in *NIDO*, Nr. 10

führt zu Erfolg und wird vermerkt. Durch diese selektive Erinnerung wird das Gedächtnis nicht mit überflüssigem Ballast belastet, sondern effizient genutzt.

Wenn Sie also Ihr dreijähriges Kind mit Ihrem Tablet ins Zimmer sperren, können Sie sicher sein, dass es spätestens eine Woche später Ihren eBay-Account gehackt hat und Sie im Vorgarten eine zehn Meter hohe Simpsonsfigur stehen haben – dafür aber Ihre Kreditkarte für die nächste Zeit gesperrt ist.

Diese selektive Erinnerung ist beileibe nicht Kindern vorbehalten. Sie kennen das sehr wahrscheinlich auch aus Ihrem Freundeskreis. Da war Ihr guter Kumpel fünf Jahre lang mit der totalen Zicke zusammen, die nicht nur seine Stereoanlage, sondern auch seine Niere verkauft hat. Dann ist sie endlich mit einem zehn Jahre jüngeren Surflehrer durchgebrannt, und was macht Ihr Freund? Freut der sich? Ist er erleichtert? Nein, von wegen! Kaum ist er aus dem Krankenhaus entlassen, jammert er rum, was für leckere Kekse seine Ex backen konnte.

Da ist er ganz groß drin, der menschliche Geist: Die schlechten Sachen ausblenden und die guten Dinge herausstellen, das ist echt einer seiner Soft Skills.

Das Ganze kennen Sie natürlich nur aus Ihrem Freundeskreis. Ihnen selbst ist so etwas nie passiert. Denn Sie haben ja eine viel bessere Menschenkenntnis als die meisten anderen Personen. – Dass Sie ganz besonders gut Auto fahren können, hatte ich schon erwähnt, oder?

Machen Sie sich nichts daraus, wenn Sie solchen Aussagen auf den »Barnum-Leim« gehen. Das liegt in der Sache selbst begründet. Man muss erst einmal wissen, was es alles für Stolperfallen im Alltag gibt, um einen Bogen darum machen zu können. Auch Menschen, die es eigentlich besser wissen sollten, sind davor nicht gefeit. Das liegt daran, dass sich der menschliche Verstand nicht nur besonders gut an »Treffer« erinnert, sondern es auch liebt, nach Querverbindungen zu suchen. (Sie erinnern sich hoffentlich noch an das Kapitel 1 und das Phänomen der Synchronizität mit den abergläubischen Tauben.) Er stellt sogar Verknüpfungen her, wo gar keine sind.

Wenn ich behaupte, dass Sie »demnächst einem Mann begegnen werden, der Ihre Zukunft verändert«, dann werden Sie so lange nach einer Übereinstimmung suchen, bis Sie sie finden. Jeder Mann, dem Sie ab jetzt begegnen, könnte der Mann sein, den ich meine. Selbst, wenn Sie im Moment der Begegnung nicht daran denken, wird Ihnen meine »Prophezeiung« im Nachhinein wieder einfallen. Und meine Aussage ist so unbestimmt, dass es wirklich alles sein könnte. Ich könnte damit den Mann meinen, den Sie heiraten werden. Es könnte aber auch genauso gut sein, dass ich von dem Postboten spreche, der die Vorladung fürs Gericht als Einschreiben bringt. Oder aber von dem (männlichen!) Hirsch, der vor Ihr Auto rennt. Sofern Sie nicht von einem vergessenen Stamm Amazonen gefangen gehalten werden, wird es immer irgendeinen Mann geben, der irgendetwas mit Ihrer Zukunft zu tun hat.

Je mehr wischiwaschi die Aussage ist, umso eher findet man die Bestätigung dafür. Das kennen Sie schon von Nostradamus und funktioniert genauso hervorragend bei Wahrsagern.

Sehr wahrscheinlich glauben Sie nun, dass Sie ein lukratives zweites Standbein entdeckt hätten. In Gedanken sehen Sie sich bereits, wie Sie Ihr kleines Iglu-Zelt vom letzten Campingurlaub bunt anmalen und mit einem Putzlappen um den Kopf gewickelt zum nächsten Jahrmarkt rennen. Schnell noch eine dicke Warze auf die Wange gemalt, und schon kann's losgehen mit der Karriere als Wahrsager.

Ganz so leicht ist die Sache dann doch nicht. Es reicht nicht aus, ein paar auswendig gelernte Floskeln herunterbeten zu können: »Sie haben eine Narbe an einem Knie«, oder: »Auch wenn Sie oft mutig sind, so überdenken Sie doch schwerwiegende Entscheidungen im Vorfeld«, oder etwa: »Sie haben schon einmal etwas Dummes getan.« Es erfordert ein großes Gespür, Menschenkenntnis und Improvisationsgabe, um wirklich den Eindruck zu erwecken, dass Sie in der Hand Ihres Gegenübers etwas erkennen können – auch wenn Sie dafür nicht in der mit Zuckerwatte verklebten Handfläche lesen, sondern die Reaktionen des Menschen, der an der Hand dranhängt, entsprechend interpretieren.

Damit Sie wissen, wovon ich rede, möchte ich Sie bitten, mir zu einem dunklen Fleck in meiner Vergangenheit zu folgen. Besuchen wir gemeinsam die Esoterik-Messe in Nürnberg im März 1997.

Damals beschäftigte ich mich noch hauptsächlich mit klassischer Zauberkunst wie Kartentricks, Kaninchen aus Hüten ziehen und bei Klausuren meine Spickzettel verschwinden zu lassen. Den Winter über hatte ich mehrere Bücher zu Themen wie Cold Reading und Barnum-Aussagen verschlungen und wollte mein Wissen unbedingt unter realen Bedingungen ausprobieren. Anfang des neuen Jahres fiel mir auf der Straße zufällig ein Plakat mit einem in Regenbogenfarben strahlenden Kristall in die Augen. Interessiert blieb ich stehen und sah mir an, was es damit auf sich hatte: »Nürnberger Esoteriktage – Amulette, Chakra-Kurse, Klangspiele, Kristalle, Kräuter, Pendel,

Wünschelruten, Runen, Tarot, Tachyonen, Wahrsagen und vegetarische Spezialitäten«. Konnte es einen besseren Ort für mein Vorhaben geben? Bei so einer Esoterik-Messe tummelt sich eine ganze Horde Menschen, die ohnehin schon an die abwegigsten Sachen glaubt. Da sollte ein zwanzigjähriger Handleser bestens aufgehoben sein.

Beinahe hätte ich ungeachtet meines jungen Alters einen Herzinfarkt erlitten, als ich die Höhe der Standgebühr erfuhr. Ich schaffte es, mir einzureden, dass das eine Art Studiengeld sei, die sich durch die gewonnene Erfahrung rentieren würde, und so sicherte ich mir einen Mini-Stand mit einem Tisch.

Besucher einer Esoterik-Messe sind zunächst einmal offen für neue Erfahrungen und nicht sonderlich kritisch. Deshalb gehen sie ja zu so einer Messe und nicht zu einem wissenschaftlichen Fachkongress. Trotzdem brauchte ich eine glaubhafte Backgroundstory, um als Wahrsager durchzugehen. Sollte ich sagen, dass ich als Kind von Außerirdischen entführt worden war und seitdem in die Seele der Menschen blicken konnte? Das klang ähnlich überzeugend wie die Geschichte mit dem Zaubertrank, in den Obelix gefallen war. Dann fiel mir wieder der Kristall von dem Plakat ein. Kristalle schienen so etwas wie das Maskottchen der Esoterik-Messe zu sein. Das konnte funktionieren. Ich würde einfach behaupten, dass ich durch die Energie eines Edelsteins die Aura meiner Mitmenschen erspüren könnte.

Am Tag der Messe war ich so aufgeregt, dass ich schon um fünf Uhr morgens wach war. Ich zog meinen besten Anzug an, der damals übrigens auch mein einziger Anzug war. Meine Überlegung war, dass ich bei so einer hanebüchenen Behauptung zumindest seriös aussehen musste. Kleider machen Leute!

Das ist eine Erkenntnis, die im Verlauf der weiter oben erwähnten Forer-Studien ebenfalls gewonnen wurde. Drei Faktoren spielten eine wichtige Rolle, damit die Versuchskaninchen die Barnum-Aussagen als zutreffend einstuften: Zum einen mussten die Personen davon überzeugt sein, dass das Persönlichkeitsprofil einzig und allein für sie erstellt wurde. Auf meine Situation übertragen bedeutete das, meine »Klienten« mussten an die Macht meines Kristalls glauben und daran, dass seine Energie sich im entscheidenden Moment einzig auf sie richtete. Da hatte ich bei den Besuchern einer Esoterik-Messe wenig Bedenken. Als zweiter ausschlaggebender Punkt war es laut Forer wichtig, dass hauptsächlich positive Eigenschaften genannt wurden. Darüber haben wir bereits detailliert gesprochen: Je mehr gebauchpinselt wird, umso eher werden Behauptungen geglaubt. Oder, wie ich es auch gerne formuliere: Mit genügend Honig um den Mund wird jede Lüge geschluckt. Der dritte Punkt, der für eine hohe Zustimmung bei den angeblich individuellen Charakterbeschreibungen sorgte, war, dass die Person, die das Profil erstellt hatte, möglichst als kompetente Autorität wahrgenommen wurde.[73]

Gerade Letzteres ist keine überraschende Erkenntnis. Die meisten Menschen haben den Hang dazu, Autoritätspersonen zu vertrauen. Da unterscheidet sich Handlesen nicht vom Verkauf von Zahnbürsten. Manchmal reicht sogar schon ein entsprechendes Aussehen aus. 1955 führte das Forscher-Dreigestirn Lefkowitz, Blake und Mouton in Texas ein entsprechendes Experiment

---

73 Donna Dickson und Ivan William Kelly, »The ›Barnum Effect‹ in Personality Assessment: A Review of the Literature«, 1985, in *Psychological Reports,* Vol. 57, No. 2

durch. Sie beobachteten eine Fußgängerampel und schickten dann einen Lockvogel los. Dieser wartete, bis sich bei Rot eine kleine Menschenmenge angesammelt hatte, und ging dann über die Straße. Einmal in Jeans und T-Shirt und einmal mit einem eleganten Anzug. Beide Male zählten die Wissenschaftler, wie viele der Passanten ihm – die Verkehrsregeln brechend – über die Straße folgten. Der geschniegelte Aufzug reichte aus, um die Anzahl seiner Follower beinahe zu vervierfachen.

Also war mein Anzug eine gute Wahl für die Messe.

Mit zwei Klappstühlen unter dem Arm machte ich mich morgens auf, um meine Fähigkeiten als Wahrsager unter Beweis zu stellen.

Zwischen all den Reiki-Meistern, Wasserspiralenbiegern und Bachblütenpflückern wünschte ich mir, keinen Anzug, sondern eine Skimaske angezogen zu haben. Was, wenn mich jemand sehen würde, der mich kannte? Wie konnte ich mich nur herausreden, wie begründen, was ich dort zwischen all den Verwirrten machte? Aber schnell begriff ich, dass das garantiert nicht passieren würde. Bei so viel geballtem Mumpitz war es wahrscheinlicher, dass ein Reisebus mit einer Gruppe abergläubischer Brieftauben ankommen würde, als ein Bekannter von mir.

Um trotz des großen Angebotes an dubiosen Horizonterweiterungen ein reges Interesse an meinem Stand zu garantieren, griff ich auf einen ziemlich platten, aber stets wirksamen Trick zurück. Ich verwendete das magische Zauberwort »kostenlos«.

Sobald etwas nichts kostet, setzen bei uns sämtliche Hirnfunktionen aus. Dann stürmen wir los und müssen es haben – koste es, was es wolle!

Der Internethändler Amazon konnte seinen Umsatz um ein Vielfaches steigern, indem er beschloss, bei Bestellungen ab zwanzig Euro die Versandkosten flachfallen zu lassen. Dadurch bestellen die Kunden häufig noch einen weiteren Artikel, den sie eigentlich gar nicht kaufen wollten – aber wenn auf diese Weise der Versand kostenlos ist, dann lohnt es sich. Um drei Euro zu sparen, gibt man ja auch gerne neun Euro mehr aus. Oftmals rechtfertigen wir solche Käufe mit der Begründung, dass wir das zusätzliche Buch oder die CD ohnehin schon immer kaufen wollten. Ob das nun wirklich stimmt oder wir uns unseren Kauf nur schönreden, ist Amazon letztlich egal. Für den Händler hat sich der Schritt, ab zwanzig Euro keine Versandkosten zu berechnen, mehr als bezahlt gemacht.

In einem selbst erdachten Experiment wollte ich im letzten Jahr die Grenze der magischen Freibier-Wirkung ausloten: In Absprache mit dem Tattoo-Studio vor Ort, das mir die Namen meiner Kinder in persischen Schriftzeichen auf Schulter und Arm tätowiert hatte, hängte ich für eine Woche ein besonderes Angebot ins Schaufenster. Man konnte sich umsonst tätowieren lassen – allerdings nur auf der Stirn.

Wie stark würde die »kostenlos«-Wirkung auf die Passanten in Nürnberg sein? Würde sich tatsächlich jemand eine Tätowierung mitten ins Gesicht machen lassen, nur weil sie nichts kostete?

Tagelang meldete sich niemand, was mich sehr beruhigte. Anscheinend waren meine Nürnberger Mitbewohner doch nicht so gierig – bis mich der Besitzer des Studios anrief und mir mitteilte, dass vor ihm ein Mann stünde, der gerne das Umsonst-Angebot annehmen würde. Es sollte sich sogar noch ein zweiter Mann melden. Das Erstaunlichste dabei war, dass es sich bei beiden Interessierten um völlig seriös gekleidete Männer handelte, die bislang noch keine Tätowierung besaßen. Aber, so ihre Begründung, wenn es nichts kosten würde, wäre das ja eine günstige Gelegenheit, mal auszuprobieren, ob es etwas für sie wäre.

Glücklicherweise war der Tätowierer weitsichtig genug, den beiden das Tattoo erst einmal mit einem abwaschbaren Stift aufzuzeichnen. Sollten sie am nächsten Morgen immer noch hinter ihrem Entschluss stehen, so würde er ihnen das Tattoo umsonst stechen. (Natürlich nur für sie umsonst. Ich hatte ihm zugesichert, dass ich die Kosten übernehmen würde.) Beide Männer kamen nicht wieder.

Auch ohne mein Experiment wusste ich bereits zu Zeiten der Messe, dass ich damit die Besucher ködern konnte. Schnell stellte ich meine Kostet-nichts-Falle auf. Mit einem fetten Edding hatte ich es auf ein Pappschild gemalt: »Kristall-Reading: Heute kostenlos!« Kaum hatte ich mich hingesetzt, stand auch schon meine erste Klientin vor mir.

»Was ist denn das? Ein Kristall-Reading?«, fragte sie.

»Durch die Energiewellen dieses Bergkristalls bin ich in der Lage, Ihre Aura zu lesen«, war meine Antwort. Wobei ich zugegebenermaßen nicht wusste, ob es sich überhaupt um einen Bergkristall handelte. Ich hatte am frühen Morgen einfach einen der Steine geschnappt, die zur Dekoration bei meinen Eltern im Badezimmer lagen.

Die Frau legte ihren Kopf leicht schief, und ich fühlte mich durchschaut. Was hatte ich mir nur dabei gedacht? Gleich würde sie laut »Betrug!« schreien, und das Sicherheitspersonal würde mich im hohen Bogen aus dem kleinen Saal der Meistersingerhalle werfen.

»Ach«, stellte die Frau knallhart kombinierend fest, »dann ist es ein edelsteingestütztes Aura-Reading auf Energiebasis.«

Ich nickte und bat sie, sich zu setzen. Mein erstes Cold Reading konnte starten.

Wie gesagt, es reicht nicht aus, einfach ein paar auswendig gelernte Phrasen auszupacken. Cold Reading lebt auch von einer guten Beobachtungsgabe. Man muss dabei ein wenig wie Sherlock Holmes vorgehen. Der konnte seinen Partner Dr. Watson immer wieder mit den akkuraten Beschreibungen von Menschen verblüffen, die er gerade erst getroffen hatte. Dabei benutzte er die Fähigkeit der Deduktion. Das klingt ziemlich hochgestochen, bedeutet aber im Grunde nur, dass man versucht, allen Details, die man wahrnimmt, eine Bedeutung zu entnehmen. Wenn zum Beispiel jemand eine Brille trägt, ist es keine abwegige Annahme, dass seine Augen nicht die allerbesten sind.

Bei Holmes erreicht diese Fähigkeit eine fast übermenschliche Qualität. Er begegnet einem Mann und weiß sofort, dass es sich um einen Frühaufsteher handelt. Denn der Meisterdetektiv hat einen kleinen Fleck auf dem Ärmel des Mannes entdeckt, bei dem es sich um die speziell gearteten Aschereste eines indischen Tabaks handeln muss, der nur in einem einzigen Geschäft in London verkauft wird, das wiederum ausschließlich morgens geöffnet hat.

So gut bin ich zugegebenermaßen nicht. Allerdings habe ich auch nicht die Unterstützung von Sir Arthur Conan Doyle, der sich für die Erstellung der Schlussfolgerungen so viel Zeit lassen kann, wie er will. Bei mir muss es in »Echtzeit« geschehen. Jack-Bauer-Style.

Genau das machte ich: Ich betrachtete die Frau, die vor mir auf dem Klappstuhl saß, genau. Sie war zwischen vierzig und fünfzig Jahre alt. Zu diesem Zeitpunkt war ich gerade Anfang zwanzig, weshalb es mir wesentlich schwerer fiel als heute, das Alter von Menschen zu schätzen. Ich konnte sie mir aber im Freundeskreis meiner Eltern vorstellen und hatte deshalb eine ungefähre Vorstellung, wie alt sie sein mochte. Sie hatte eine freundliche Ausstrahlung und war ein wenig molliger, was mir nur auffiel, da ihre Kleidung etwas zu eng war. Ansonsten sahen ihre Kleidungsstücke ordentlich aus, aber da die Farben nicht mehr ganz so leuchteten, vermutete ich, dass es sich um Sachen handelte, die sie schon längere Zeit besaß. Als ich ihr den Badezimmer-Kristall in die Hand drückte und ihre Finger um den Stein schloss, entdeckte ich an ihrem rechten Ringfinger einen hellen Rand. Das waren alle Informationen, die ich bekam. Mehr gab es nicht.

Nachdem ich mich mit ein paar einleitenden Barnum-Floskeln warmgeredet hatte, wagte ich einen Vorstoß in diese Richtung und behauptete einfach mal, dass ich in der Aura einen Riss sehen würde. Dann wartete ich und sah sie an. Sie sagte nichts, aber ich konnte erkennen, wie ihre Augen für einen Moment größer wurden.

Körpersprache ist oft ein guter Indikator, um zu entschlüsseln, an was andere Menschen denken. Allerdings können geübte Menschen ihre Gestik auch kontrollieren und so bewusst Zeichen unterdrücken oder falsche senden. Ein paar Regungen liegen jedoch außerhalb jeder Kontrolle. Wie wir im vorherigen Kapitel gesehen haben, gehören dazu die Pupillen. Deren Bewegung können wir nicht steuern. Interessant ist dabei vor allem, dass sich die

Augen nicht nur beim Anblick eines möglichen Bettge-
fährten weiten, sondern auch, wenn man über Themen
spricht, die man als besonders wichtig empfindet. Die
Änderung der Pupillen ist also nicht auf sexuelle Erregung beschränkt. In der Werbebranche wird das oft genutzt, um den möglichen Erfolg einer Kampagne im Vorfeld beurteilen zu können. Daher weiß man auch, dass
sich bei den meisten Männern die Pupillen kurzfristig
vergrößern, sobald sie einen teuren Sportwagen sehen.

Das ist praktisch, um bei der nächsten langweiligen
Party mit seinem überragenden Allgemeinwissen anzu-
geben, im Alltag jedoch nur bedingt zu gebrauchen. Auch
wenn die Autoren diverser Bücher über Cold Reading
behaupten, dass sie genau damit arbeiten, glaube ich das
nicht. Mir persönlich ist auch noch niemand begegnet,
der es wirklich konnte. Auf Videoaufnahmen ist so eine
Pupillenveränderung leicht auszumachen, doch muss ich
gestehen, dass mir im echten Leben trotz all meines Trai-
nings noch nie eine Vergrößerung aufgefallen ist. Böse
Stimmen behaupten, dass es daran läge, dass ich noch nie
jemanden getroffen habe, der sich mich als möglichen Se-
xualpartner verstellen konnte. Ich bin jedoch eher davon
überzeugt, dass diese Veränderung der Pupillen so minimal ist und von so kurzer Dauer, dass sie bereits bei einer
leichten Kopfbewegung nicht mehr auszumachen ist. Der
Einzige, bei dem ich diese Veränderung feststellen konnte, ist Papagei Leo, der bei Bekannten von mir wohnt.
Wenn die bunt gefiederten Vögel aufgeregt sind, öffnet
und schließt sich der orangefarbene Ring um die Pupillen
ganz eindeutig. Achten Sie im Zoo mal darauf. – Bisher
sind jedoch nur sehr wenig Papageien auf mich zugekom-
men, damit ich ihnen aus der Kralle lesen konnte.

Schade, da gibt es ein untrügliches Zeichen, das nicht

bewusst beeinflusst werden kann, und dann kann man dieses Wissen weder in dunklen Bars noch auf hell beleuchteten Esoterik-Messen anwenden.

Oft ist es aber auch nicht nötig, auf die Pupillen zu achten, da viele Menschen ihre ganzen Augen aufreißen, wenn sie etwas interessiert.

Genau das war bei meiner Klientin der Fall. Kaum hatte ich gesagt, dass ich in ihrer Aura eine Trennung sähe, blickte sie mich mit weit geöffneten Augen an.

Meine Vermutung, was den hellen Streifen auf ihrem Ringfinger anging, war augenscheinlich richtig gewesen. Sie hatte dort über sehr lange Zeit einen Ring getragen, so dass die Haut an der Stelle weniger dunkel war. Natürlich konnte sie ihn heute Morgen vergessen haben, aber ich vermutete einfach auf gut Glück, dass sie von ihrem Mann getrennt war. Ihre starke Reaktion zeigte mir, dass ich richtiglag.

»Es handelt sich um einen Menschen, der Ihnen sehr wichtig war.«

Das war natürlich eine ziemlich offensichtliche Aussage. Ihr Ehemann war ihr natürlich wichtig gewesen, sonst hätte sie ihn wohl kaum geheiratet. Aber ich konnte natürlich nicht direkt damit rausplatzen, dass es um ihren Mann ging. Ich musste mein Wissen so gut es ging ausschlachten.

»Diese Person«, machte ich weiter, »war Ihnen nahe, ist es jetzt aber nicht mehr.« (Gut, das ist bei Trennungen natürlich so üblich, aber für meine Bergkristall-Klientin war es ein weiterer Treffer.) »Ich spüre eine Nähe, eine Verwandtschaft, eine Ehe …«

Diesmal begnügte sie sich nicht damit, ihre Augen aufzureißen, sondern nickte direkt heftig.

»Sie sind von Ihrem Mann getrennt«, schloss ich.

»Jawohl«, rief sie aus, »den alten Stinker bin ich endlich los!«

Ich gratulierte ihr zu ihrer guten Entscheidung, denn durch den Riss in ihrer Aura könnte ich sowohl in ihre Vergangenheit als auch Zukunft blicken und Letztere wäre viel farbenprächtiger als die Vergangenheit.

Begeistert dankte sie mir, restlos begeistert, wie präzise mein »kristallgestütztes Aura-Reading« wäre. Sie würde mich weiterempfehlen.

Bewusst hatte ich mich dagegen entschieden, der Frau ihre Zukunft zu nennen. Ich hätte ihr natürlich sagen können, dass sie demnächst einen neuen Mann kennenlernen würde. Aber solche Vorhersagen sind sehr gefährlich. Was weiß ich schon über die Frau? Woher soll ich wissen, ob sie nicht doch wieder mit ihrem alten Stinker zusammenkommt und sogar glücklich wird? Oder vielleicht ist sie auch lesbisch und würde mit einer Frau viel glücklicher. Aber durch meine Prophezeiung, dass sie mit einem Mann glücklich werde, würde ich ihre Zukunft drastisch einschränken.

Indem ich sie voraussage, schreibe ich die Zukunft mit.

»Selbsterfüllende Prophezeiungen« nennen Wissenschaftler dieses Phänomen. Wenn ich Ihnen sage, dass Sie demnächst stolpern und sich verletzen werden, und Sie mir glauben, dann werden Sie auch bald hinfallen. Entweder weil Sie sich damit bereits abgefunden haben und nicht mehr auf die Straße achten, oder weil Sie so panisch aufpassen, *nicht* zu stolpern, dass Sie völlig überfordert sind und sich *gerade deshalb* verletzen.

Den Namen der »self-fulfilling prophecies« hat sich Robert Merton ausgedacht, als er Ende der vierziger Jahre die Zusammenhänge zwischen Behauptungen und deren realen Auswirkungen untersucht hat.[74]

Auch als Handleser hat man eine Verantwortung. Das ist der Grund, warum Herb Dewey, der in seinem Buch »The King of the Cold-Readers« seine Wahrsagetechniken erklärt, darauf pocht, Klienten immer mit einem positiven Gefühl zu entlassen. Wenn er jemandem sagen würde, dass es ihm schlecht ergehen werde, dann würde es ihm auch schlechtgehen. Es liegt in Ihrem Verantwortungsbereich.

Mit dieser Technik können Sie sich Ihren Arbeitsalltag versüßen und eine Runde Büro-Bingo um den gelben Schein spielen: Sprechen Sie sich mit all Ihren Kollegen ab und erzählen Sie Ihrem Chef über die gesamte nächste Woche, dass er aber wirklich schlecht aussähe. Fragen Sie mehrfach besorgt nach, ob es ihm nicht gutginge, und seien Sie dabei so scheinheilig wie möglich. Schließen Sie dann Wetten ab, an welchem Tag Ihr Vorgesetzter sich krankmelden wird. Der Sieger muss dem Chef von seinem Gewinn natürlich einen Präsentkorb kaufen.

Ich hatte niemanden, mit dem ich wetten konnte, und so sagte ich meiner ersten Klientin nichts über ihre Zukunft, außer dass die sehr gut aussähe. Dafür war ich bereit, die Verantwortung zu übernehmen!

Insgesamt ist es ein guter Plan, keine schlechten Vorhersagen zu treffen. Denn die haben nicht nur negative Auswirkungen auf die Person, der man das Unglück verkündet, sondern auch auf einen selbst. Das durfte Chuck Whitaker, der beim amerikanischen Sender WSBT-TV die Wettervorhersage präsentierte, am eigenen Leib

---

74 Robert King Merton, »The Self-fulfilling Prophecy«, 1948, in *The Antioch Review*, Vol. 8, No. 2

spüren. Fernsehzuschauer zeigten ihn bei der Polizei an, weil er ihrer Meinung nach Schuld an den Schneefällen der letzten Tage gehabt hätte. Tom Bonner, ein anderer Wetteransager, bekam für eine Tornado-Voraussage sogar körperliche Gewalt angedroht.[75]

Wenn also ein bisschen schlechtes Wetter schon für tätliche Angriffe sorgt, was mag dann passieren, wenn Sie richtig schlechte Neuigkeiten verkünden? Auch wenn Sie nichts dafür können, so mag doch niemand den Überbringer einer schlechten Nachricht.[76] Oder, wie Shakespeare es in »Antonius und Cleopatra« auf den Punkt bringt: »Der bösen Meldung Gift macht krank den Boten.«

Mein nächster Fall sollte sehr viel schwieriger werden. Diesmal konnte ich rein gar nichts erkennen. Der Mann, der mir gegenüber saß, war völlig durchschnittlich gekleidet und hatte auch sonst keine Merkmale, die mir irgendetwas über ihn verraten hätten.

Zeit für Plan B.

Dabei sollte mir helfen, dass alle Menschen glauben, sie seien total einzigartig und verschieden. Dabei durchlaufen wir die gleichen Lebensphasen, und uns beschäftigen ähnliche Fragen. Das liegt natürlich auch daran, dass es gar nicht so viele unterschiedliche Themen gibt, die für uns Belang haben. »Gar nicht so viele« ist sogar schon übertrieben. Unsere großen Schlagzeilen des Lebens lassen sich auf nur fünf einzelne Punkte herunterbrechen:

---

75 David L. Langford, »TV's Weather Prophets Have Many Problems«, in *Ocala Star-Banner* vom 19. Dezember 1981

76 M. Manis, S. D. Cornell und J. C. Moore, »Transmission of Attitude Relevant Information Through a Communication Chain«, 1974, in *Journal of Personality and Social Psychology,* Vol. 30, No. 1

Geld Wenn wir kein Geld haben, wollen wir wissen, ob wir welches bekommen. Schwimmen wir hingegen in Geld, haben wir Angst, ob wir es behalten und noch mehren können oder alles verlieren werden. Wird sich eine Investition auszahlen? Gibt es einen neuen Börsencrash? Findet die Steuerfahndung die Offshore-Konten? Wann bekommen wir endlich die Millionen der reichen Erbtante, damit wir die Gesichts-OP bezahlen können?

Gesundheit Wenn wir krank sind, beschäftigt uns ausschließlich die Frage, wann wir endlich wieder gesund werden. Die übrige Zeit haben wir Angst vor Untersuchungsergebnissen, wissen nicht, ob wir einem Arzt trauen können. Sind wir gesund, dann sorgen wir uns um erkrankte Freunde.

Beziehungen Was gibt es Schlimmeres als Liebeskummer? Mit gebrochenem Herzen lässt sich schlecht an etwas anderes denken. Wenn alles in trockenen Tüchern ist, fragen wir uns spätestens vor der Hochzeit, ob es sich wirklich um den richtigen Partner fürs Leben handelt. Auch später bleibt stets eine Ungewissheit bestehen: Ist er treu? Soll ich bei ihr bleiben? Ist die Affäre das Risiko wert? Ist sie schwanger? Wird es ein Junge oder ein Mädchen? Genauso hinterfragen wir Beziehungen zu Freunden und im Beruf: Können wir einem bestimmten Freund vertrauen? Ist der neue Mitarbeiter eine Hilfe oder eine Bedrohung?

Karriere Werden wir die neue Stelle bekommen? Werden wir befördert? Oder sollen wir den Job wechseln? Kommt heraus, dass wir Geld aus der Portokasse geklaut haben?

Reise In jedem Leben steht früher oder später eine Reise an. Das muss nicht direkt das große Auswandern nach Australien für einen Beitrag in einer gescripteten Doku-Soap sein. Ein kleiner Urlaub fällt genauso in diese Kategorie wie der Umzug in eine neue Stadt wegen Studium oder Beruf.

Denken Sie selbst einmal kurz nach. Sie können jeden Aspekt Ihres Lebens mindestens einem Bereich zuordnen. Natürlich überschneiden sich die einzelnen Punkte manchmal. Wenn Sie eine neue Flamme haben und deshalb in Erwägung ziehen, den Arbeitgeber zu wechseln, um mit ihr zusammenzuziehen, werden direkt mehrere Kategorien angesprochen.

Im Laufe eines Lebens verlagern sich zwangsläufig die Schwerpunkte:[77] Jugendliche haben in der Regel noch keinen festen Job und werden auch seltener vor die Wahl eines Umzugs gestellt. Als junger Mensch arbeitet man dann an

---

77 George B. Anderson, »Dynamite Mentalism«, 1979 – In diesem Buch schreibt der Autor jeder Altersgruppe fünf typische Fragen zu und gibt direkt eine ausführliche Antwort darauf. Sehr interessant ist vor allem zu sehen, welche Fragen seit den Siebzigern gleich geblieben und welche sich gewandelt haben.

seiner Karriere und ist kerngesund. Im Alter häufen sich die Gebrechen, dafür hat man seine Schäfchen längst ins Trockene gebracht und Geld ist nicht mehr das Thema. Abgesehen von den Kindern, die einem jetzt auf der Tasche liegen. Das Einzige, was unabhängig von Alter und Geschlecht eine feste Konstante zu sein scheint, ist die Annahme, unverdienterweise viel zu wenig Sex zu haben.

Dem amerikanischen Psychologen Abraham Maslow war diese Lebensfragen-Einteilung zu unwissenschaftlich, und so hat er bereits Mitte der vierziger Jahre sein Konzept der »Bedürfnishierarchie« festgehalten.[78]

Weil Forscher schon vor der Entwicklung von Power-Point auf bunte Törtchengrafiken standen, wird sein Modell gerne in Form einer Pyramide dargestellt. *(Siehe Abbildung 6)* Die fünf Teilbereiche bauen von unten

Abbildung 6: Ein Tipp am Rande: Jede noch so langweilige Grafik kann durch ein kleines Kamel aufgewertet werden. Legen Sie also bei Ihrer nächsten Präsentation ein paar Urlaubsfotos in den Hintergrundund und schon haben Sie zumindest optisch ein paar Pluspunkte gesammelt.

---

78 Abraham Harold Maslow, »Motivation and Personality«, 1954. (Erstmalig hat er sein Modell 1943 veröffentlicht.)

nach oben aufeinander auf und werden – wie bei einer Pyramide so üblich – immer kleiner. Erst, wenn die weiter unten liegende Bedürfnisebene erfüllt ist, kann man sich auf die nächste einlassen.

Es beginnt mit der Gesundheit. Wenn Sie mal einen Tag mit Migräne im Badezimmer verbracht haben, wissen Sie, dass Ihnen währenddessen alles andere herzlich egal ist. Nach der Gesundheit kommt die »Sicherheitsbedürfnis«-Ebene, in der Maslow die Punkte »Geld« und »Karriere« zusammenfasst. Danach folgen die »sozialen Bedürfnisse«, die die Beziehungen abdecken, und anschließend die »Individualbedürfnisse«, wo jene Verlangen zu finden sind, die nicht generell für jeden Menschen gelten, sondern eben individuell sind. Damit wären meine fünf Bereiche von vorhin vollständig abgedeckt. Maslows Pyramide hat aber noch eine weitere Stufe, das Bedürfnis nach Selbstverwirklichung. Wenn der Mensch sorgenfrei ist, so seine Auffassung, stelle sich ein weiteres Verlangen ein. Eine neu erwachte Unruhe ließe ihn danach streben, sein Potenzial als Mensch auszuschöpfen.

Wenn Sie jedoch an den mittellosen Künstler denken, der Tag und Nacht seine Bilder malt, obwohl er sich kein Mittagessen leisten kann, werden Sie schnell feststellen, dass dieses theoretische Konstrukt nicht auf alle Menschen anzuwenden ist. Ebenso wenig greift das Modell bei anderen Kulturen, in denen die Gruppe wichtiger angesehen wird als die Einzelperson. Und ob Karriere ein größeres Bedürfnis als zwischenmenschliche Beziehungen darstellt, wird auch jeder anders beurteilen. Wirtschaftswissenschaftler und Manager fahren trotzdem total auf dieses Modell ab, wie ich in meinem Studium festgestellt habe. Die mussten allerdings auch noch niemandem aus der Hand lesen.

Ich hingegen schon. Deshalb entschied ich mich, bei dem Mann, der mir mit verschränkten Armen gegenübersaß, nach meinen eigenen fünf Punkten vorzugehen.

Nach meinem einleitenden Barnum-Geblubber, das Wort für Wort identisch war mit dem, was ich meiner ersten Klientin erzählt hatte, machte ich eine allgemeine Bemerkung zum Thema Geld.

»Ich sehe ein starkes Gelb, so leuchtend wie die Farbe des Geldes.«

Sehr direkt, ich weiß. Sollte der Mann darauf anspringen, würde ich über finanzielle Dinge sprechen. Da keinerlei Reaktion kam, machte ich einfach weiter.

»Ein leuchtendes Gelb *wie* das von Gold. Aber es ist nicht Ihre eigene Farbe. Sie selbst haben ein ruhiges Blau. Das Gelb, das ich sehe, berührt Ihr Blau, aber beide Farben sind recht nah und dennoch getrennt.«

Haben Sie das Wörtchen »recht« bemerkt? Wieder so eine Unschärfe. Abhängig von der tatsächlichen Enge der Beziehung könnte ich es verstärken oder abschwächen. Zusätzlich hatte ich meine Aussage so formuliert, dass sie eine Weiterentwicklung in zwei Richtungen zuließ. Bei einer schwierigen Beziehung würde ich darauf herumreiten, dass sich die Farben zwar berühren, aber dennoch getrennt und nicht eins sind. Wenn es sich um eine glückliche Beziehung handeln sollte, würde ich betonen, dass sich die Farben berühren, und zwar so sehr, dass dazwischen kein Platz ist.

Das Vorgehen ist ein bisschen wie dieses Partyspiel, bei dem man sich im betrunkenen Kopf Zettel mit Namen von bekannten Persönlichkeiten auf die Stirn klebt. Durch geschicktes Fragen muss man dann herausbekommen, welcher Name auf der eigenen Stirn klebt, während die anderen Mitspieler nur mit Ja und Nein antworten.

Ungefähr so funktioniert das jetzt auch, nur werden Ja und Nein nicht laut ausgesprochen, sondern nonverbal kommuniziert. Und bei einer falschen Antwort müssen Sie keinen Schnaps trinken, sondern Ihre Aussage so geschickt umformulieren, dass niemand merkt, dass Sie sich vertan haben. Der Fachbegriff dafür heißt übrigens auf Englisch »fishing«, also Fischen. – Erst das Zelt und jetzt noch Angeln. Wahrsagen hat mehr mit Campingurlaub zu tun, als man auf den ersten Blick glaubt!

Doch auch beim Thema Beziehungen kam keine Reaktion von meinem stoischen Gegenüber.

Ich hangelte mich weiter. Durch das Gelb, das ich sähe, würde ich ein fernes Licht strahlen sehen. Ein schwaches Orange. So in etwa, als ob die Farbe von großer Distanz her scheinen würde.

Nachdem ich von der »großen Distanz« gesprochen hatte, öffnete der Mann seine verschränkten Arme und legte sie auf den Tisch. Endlich eine Regung!

Die klassische Interpretation der Körpersprache besagt, dass verschränkte Arme Desinteresse oder Ablehnung bedeuten und eine offene Körperhaltung für einen offenen Geist spricht. Viele glauben, dass dies ein zuverlässiges Zeichen sei, vergessen dabei leider nur zu oft, dass Menschen ihre Arme auch verschränken, wenn ihnen kalt ist oder weil sie es gerade als bequem empfinden. Ganz unabhängig davon, ob sie das Gesprächsthema spannend finden oder nicht. Umgekehrt habe ich mich selbst oft genug beobachtet, wie ich in einer Unterhaltung eine Behauptung nicht glaube – und nicht sofort die Arme verschränke. Ein Gemütszustand muss sich eben nicht immer direkt auf körperlicher Ebene bemerkbar machen.

Umgekehrt scheint es allerdings einen größeren Zusammenhang zu geben, wie mehrere Studien belegen. Studenten wurden in einem Experiment angewiesen, eine gesamte Vorlesung mit verschränkten Armen zu besuchen, während eine Kontrollgruppe ihre Arme an der Seite lassen musste. Hinterher wurde verglichen, wer am meisten vom Inhalt des Vortrages wiedergeben konnte. Die Leute, die die Arme hatten baumeln lassen, schlugen dabei die Verschränkten um Längen. Die zweite Gruppe konnte etwa vierzig Prozent weniger von dem Referat wiedergeben und stand dem Redner wesentlich kritischer gegenüber.[79] Offensichtlich bewirkt das Überkreuzen der Arme auch eine innere Blockade, die es einem schwerer macht, neue Inhalte unvoreingenommen und vollständig aufzunehmen.[80] – Wenn Sie also zu den Personen gehören, die behaupten, sie säßen immer mit verschränkten Armen, weil es so entsetzlich bequem sei, sollten Sie im Hinterkopf behalten, dass Sie dadurch zwangsläufig weniger von einem Gespräch mitbekommen. Vielleicht ist ja gerade deshalb diese Körperhaltung für Sie so bequem …

Die Kommunikationstrainer Barbara und Allan Pease schlagen vor, dass Sie sich stets auf einen Stuhl mit Armlehnen setzen sollten, damit Sie auch ohne verschränkte Arme bequem sitzen. Darum: Ab in den nächsten Baumarkt, und kaufen Sie sich dort einen Campingklappstuhl, den Sie immer dabeihaben, falls Ihnen mal jemand etwas Wichtiges erzählen möchte.

---

79 Barbara und Allan Pease, »Die kalte Schulter und der warme Händedruck: Ganz natürliche Erklärungen für die geheime Sprache unserer Körper«, 2004

80 Nikolay Kolev und Uwe Peter Kanning, »Bedeutung der Körperhaltung in einer Gesprächssituation für die Bewertung des Gesprächspartners«, 2011, in *Journal of Business and Media Psychology*, Vol. 2, No. 1

Ich war mir also keineswegs sicher, ob mein Kristall-Klient mit meiner Aussage etwas anfangen konnte. Doch zum Glück kommt es beim Handlesen recht häufig vor, dass die Ratsuchenden nicht auf Pokerface machen, sondern die gesuchte Bestätigung schlichtweg laut aussprechen. Das liegt unter anderem daran, dass die meisten Menschen, die einen Wahrsager konsultieren, an dessen Fähigkeit glauben und deshalb über jede Bestätigung seiner Gabe höchst erfreut sind und das überschwenglich mitteilen.

Genau wie der Mann, der mir jetzt gegenübersaß. Aufgeregt blickte er mich an und fragte: »Das ferne, orangefarbene Licht, das muss mein Schlüsselbund sein, den ich verloren habe! Der ist nämlich aus rotbraunem Leder.« – Wie gesagt, der menschliche Verstand ist ein Meister darin, sich Verbindungen zurechtzulegen …

Hervorragend! Jetzt wusste ich, an was er dachte. Aber natürlich nicht, wo sich der olle Schlüssel befand. In meiner Antwort hielt ich mich deshalb an das Orakel von Delphi, wo im Griechenland der Antike die Seherin Pythia ihre Weissagen raushaute. Damit meine ich natürlich nicht, dass ich mich nackt auf dem kleinen Tisch rumwälzte, sondern vielmehr, dass meine Aussage wie unter einem Drogenrausch klang. Mit dieser Technik hatte das griechische Orakel damals schon große Erfolge gefeiert. Die gute Pythia saß nämlich über einer Felsspalte, aus der Gase strömten und sie in eine leckere Trance versetzten. Ihre Weissagen wurden durch diesen geschickt eingesetzten Betäubungsmittelmissbrauch absolut unverständlich und vielschichtig auslegbar.

Doch wo sind die Drogen dieser Welt, wenn man sie mal braucht? Und Zeit, eine Erdspalte in die Messehalle zu schlagen, hatte ich auch keine. Der Mann wollte möglichst bald wissen, wo sein Schlüssel war.

Das sollte er auch erfahren, wenn auch ziemlich Py-thia-mäßig: »Leider verbietet mir Ihre Aura, Ihnen den Aufenthaltsort des Schlüssels preiszugeben, denn der Weg ist hierbei das Ziel. Ich kann Ihnen versichern, dass Sie am Ende erstaunt sein werden, wo sich der Schlüssel befindet.«

Ich war damals sehr stolz über meine improvisierte Orakelei. Und ich wusste, dass ich recht haben würde. Sollte er seinen Schlüssel finden, würde er auf jeden Fall überrascht sein. Entweder, weil der Bund an einem so dermaßen offensichtlichen Platz lag, dass er ihn längst hätte entdecken müssen. Oder der Schlüssel war wirklich gut versteckt – und dann wäre er ebenfalls erstaunt.

Der Schlüsselsucher verließ mich zuversichtlich und zu-frieden. Ich jedoch wusste, dass ich den Menschen mit meinem Kristall-Reading nur etwas vom Swarovski-Pferd erzählte. So spannend ich es anfangs fand, konnte ich mein Verhalten nicht mit meiner Ehre als Magier ver-einbaren. Deshalb beschloss ich, für den nächsten Klien-ten etwas Besonderes vorzubereiten.

Ich hatte meine Barnum-Begrüßung ausgedruckt, da-mit ich sie zwischen zwei Besuchern noch einmal durch-lesen konnte. Ich nahm mir die Hardcopy, die mein Neun-Nadel-Drucker in einer knappen Viertelstunde erstellt hatte, schrieb ein paar Zeilen darunter und steck-te das Papier in einen Umschlag. Zusätzlich legte ich noch zwei Zwanzigmarkscheine dazu. Ich ging damit ein großes Risiko ein, aber das war es mir wert. Außer-dem war ich mir sicher, dass meine Strategie aufgehen würde.

Nachdem sich mein nächster Kristallfreund niederge-lassen hatte, gab ich ihm den Umschlag mit dem Hinweis, dass es sich dabei um ein kleines Geschenk handele, das er aber erst zu Hause öffnen dürfe.

Dann erzählte ich ihm alles, was seine Aura hergab. Genauso wie seine beiden Vorgänger war auch er von der Magie der Kristalle begeistert. Das war der geeignete Moment, um loszuschlagen.

Ich sagte ihm, wie sehr es mich freuen würde, ihm dieses akkurate Kristall-Reading schenken zu können. Natürlich wäre es wie auf dem Plakat angekündigt kostenlos, aber die Standgebühren seien dieses Jahr viel höher als im letzten Jahr, und deshalb wäre ich ihm dankbar, wenn er mich unterstützen könnte, indem er mir einen meiner Kristalle abkaufte. Für hundert Mark wäre der Stein seiner.

Das war eine Technik, die ich in der Nürnberger Fußgängerzone auf die harte Tour hatte lernen müssen. Bei einer Shoppingtour mit Freunden kam ein bunt gekleideter Typ auf uns zu. Er trug einen Stapel CDs vor sich her und drückte jedem von uns eine in die Hand. Die würde er uns schenken. Das Cover des Tonträgers ließ erahnen, dass es sich dabei um irgendeine uns total unbekannte, offensichtlich indische Band handelte. Ich war damals gerade mal achtzehn Jahre und natürlich super musikbegeistert. Napster war noch über ein gutes Jahrzehnt entfernt, und jede Gelegenheit, neue Musik kennenzulernen, war willkommen. Wir bedankten uns recht ordentlich für dieses selbstlose Geschenk und plauderten noch eine Zeitlang über unsere Lieblingsmusik. Kurz bevor wir weiterziehen wollten, fragte der freundliche junge Mann, ob wir nicht seine religiöse Gruppe unterstützen könnten.

Da standen wir nun. Eine angeblich geschenkte CD in der Hand, die jetzt plötzlich Geld kosten sollte. Und zwar zwanzig Mark. Ganz schön viel für eine CD, die wir nicht mal kannten. Trotzdem brachte es keiner von uns über sich, dem Kerl zu sagen, dass er sich gefälligst trollen möge. Denn geschenkt wäre geschenkt, und wiederholen wär' gestohlen. Nein, stattdessen drückte jeder ihm einen Zwanni in die Hand.

Unsere Shoppinglaune war vorüber.

Was keinem von uns in dem Moment klar war: Wir hatten keine Unsumme für eine grottenschlechte Aufnahme einer komplett untalentierten Sitar-Kombo ausgegeben, sondern zwanzig Mark in unsere Lebenserfahrung investiert. Niemals wieder sollte uns jemand durch einen vermeintlichen Gefallen nötigen, etwas zu tun, das wir nicht wollten.

Die »Gefallen-Falle« ist ein uralter, aber wahnsinnig mächtiger Trick, um andere Menschen zu beeinflussen. Von Kindesbeinen an wissen wir, dass man Gefallen erwidern muss. Wenn uns jemand etwas Gutes tut, dann drängt es uns, ihnen gleichzuziehen. Und je länger wir warten, desto schlimmer wird das Gefühl. Dieses Gefallen-zurückgeben-Konzept ist universal gültig, denn die menschliche Zivilisation baut darauf auf. Sie können sich jeden noch so entlegenen Ureinwohnerstamm suchen, der niemals Kontakt zu unserer Kultur hatte. Egal, ob auf Papua-Neuguinea oder im bayrischen Hinterland. Sie werden feststellen, dass dort das Gleiche gilt.[81] Und überall werden Personen, die Gefallen nicht erwidern, von der Gesellschaft geächtet. Der Fachbegriff, den Sie sich für die nächste Stehparty merken müssen, heißt »Reziprozität« und ist schuld an dem Dilemma, dass Sie

---

81 Alvin Ward Gouldner, »The Norm of Reciprocity: A Preliminary Statement«, 1960, in *American Sociological Review,* Vol. 25, No. 2

glauben, Sie müssten Leute, die Sie nicht leiden können, zu Ihrem Geburtstag einladen, nur weil diese Sie auch eingeladen haben. Von erschlichenen Einladungen mal abgesehen, ist dieser Verhaltenskodex sehr sinnvoll, denn der daraus resultierende Austausch hat mit dafür gesorgt, dass die menschliche Rasse an die Spitze der Nahrungskette geklettert und sich dort nun wie die Axt im Walde aufführen kann.

Mit einer Axt hätte ich am liebsten auch dem CD-Verschenker sein falsches Lächeln ausgetrieben, denn im Gegensatz zum vorherigen Kapitel, in dem wir uns mit Geschenken, Komplimenten und Gefälligkeiten bei zufälligen Barliebschaften zu einem Charmebolzen gemausert haben, macht Reziprozität niemanden sympathisch. Da geben sich Musik-Aufschwatzer aus der Nürnberger Shoppingmeile und Drogen-Unterschieber vom thailändischen Flughafen nichts. Und so warte ich seit jenem Tag unermüdlich darauf, dass mir endlich wieder jemand in der Fußgängerzone etwas schenken will. Ich weiß genau, wie ich heute reagieren werde. Seien es nun Bücher, CDs oder Blumen – wenn man mir jetzt etwas schenken will, dann bin ich immer ganz vorne dabei. Ich nehme alles! Dann werde ich dafür sorgen, dass möglichst viele Umstehende mitbekommen, was passiert: »Ich muss Sie kurz stören. Haben Sie gesehen, man hat mir gerade diese CD geschenkt! Einfach so. Ohne Gegenleistung. Das ist nett, nicht wahr?« Ich frage nochmals nach, ob es sich wirklich um ein Geschenk handelt, und bedanke mich lautstark. Wenn der Teil kommt, in dem man mich um eine »kleine Spende« bittet, lehne ich freundlich ab und gehe. Will er mir meine CD wieder abnehmen, schreie ich nach der Polizei und lasse den fiesen kleinen Betrüger wegen Raub verhaften.

Aber wie immer, wenn man sich etwas wünscht – seit ich achtzehn bin, machen diese verachtenswerten Abzocker einen großen Bogen um mich. Vielleicht können die Musikagenten indischer Bands ja tatsächlich meine Aura lesen?

Die gleiche Technik der Shopping-Meilen-Schwindler wandte ich bei meinem Kristall-Klienten an. Ich hatte ihm gerade ein Reading und einen geheimnisvollen Umschlag geschenkt. Er schuldete mir also einen Gefallen. Für nur hundert Mark konnte er sich von seinem schlechten Gefühl freikaufen.

Der blaue Schein mit dem schönen Bundesadler ist jedoch eine verdammt große Hürde. Deshalb schob ich direkt ein (im Vergleich) unschlagbares Gegenangebot nach.

Ich könnte natürlich verstehen, wenn ihm das zu viel Geld sei. Er würde mir aber schon sehr helfen, wenn er stattdessen einen oder zwei der kleineren Kristalle kaufen würde. Die würden nur zwanzig Euro kosten.

Hier kombinierte ich zwei Techniken, die zusammen unschlagbar sind. Ich bot meinem Klienten einen Ausweg, um sein schlechtes Gewissen zu beruhigen, und durch das Mittel des Kontrastes erschien mein zweites Angebot ein Schnäppchen zu sein. (Diesen Trick kennen Sie noch aus dem vorherigen Kapitel, als Sie mit zwei Mutanten durch die Bars zogen.) Zwanzig Mark hören sich im Vergleich zu hundert Mark auch wirklich fast geschenkt an. Wenn Sie mitgerechnet haben, werden Sie wissen, dass sich die Kosten für zwei wertlose Kristalle zwar auf vierzig Mark belaufen, aber diese Zahl habe ich nie genannt. Damit fühlte ich mich schon fast so gerissen wie ein Autoverkäufer.

Und wie ich es vermutet hatte, nahm der Mann dieses »günstigere« Angebot gerne an und kaufte zwei Kieselsteinchen, die ich auf der Straße vor der Meistersingerhalle gefunden hatte.

Ein schlechtes Gewissen hatte ich nicht. Der Mann hatte von mir im Gegenzug nicht etwa eine schlecht aufgenommene CD erhalten, sondern einen ganzen Sack Lebensweisheit. Denn wenn er den Briefumschlag zu Hause öffnen würde, würde er darin nicht nur seine vierzig Mark wiederfinden, sondern auch noch die vollständige ausgedruckte Einleitung meines Readings mit dem Hinweis, dass ich jedem Besucher diesen Text erzählt hätte. Was er mit dieser Information anstellen würde, überließ ich ihm.

Darunter hatte ich noch meine Visitenkarte geklemmt und meine Dienste als Zauberkünstler angeboten. Einige dieser Messe-Kontakte entwickelten sich zu sehr guten Kunden, die noch immer regelmäßig meine Mentalmagie-Shows für ihre Veranstaltungen buchen.

Danach ging ich wieder nach Hause, legte meinen wertvollen Kristall zurück in die Dekolandschaft des Badezimmers und erzählte meinen Eltern, dass ich nur kurz spazieren gegangen sei.

Bitte bekommen Sie durch dieses Kapitel keinen falschen Eindruck vom Handlesen! Bevor Sie sich ein Urteil über diese Fähigkeit machen, vergleichen Sie es mit dem Jonglieren. Das ist vom Prinzip auch ganz einfach – man darf die Bälle halt nicht fallen lassen. Aber spätestens, wenn Sie mit zwölf brennenden Kettensägen auf einem dünnen Drahtseil zwischen zwei Hochhäusern jonglieren wollen, werden Sie feststellen, dass es eben doch nicht ganz so easy ist. Dabei ist die Technik immer noch die gleiche geblieben: Nichts fallen lassen. Simpel bedeutet eben nicht zwangsläufig auch leicht. Wahrsagen in einer solchen Perfektion zu beherrschen, dass keine Zweifel aufkommen und jedes Wort geglaubt wird, ist in meinen Augen eine hohe Kunst, die wahnsinnig viel Übung und Erfahrung erfordert. Ich bin immer beeindruckt, wenn Menschen die nötige Menge an Intuition und Fingerspitzengefühl besitzen. Denn nicht immer haben die Besucher eines Wahrsagers nur ihren Haustürschlüssel verloren. Oftmals geht es um wirklichen Verlust, oder es stehen schwerwiegende Entscheidungen an, die getroffen werden müssen. Der amerikanische Handleser Herb Dewey schreibt in der Einleitung zu seinem Buch über Cold Reading, dass er hauptsächlich da wäre, um zuzuhören. Wenn diese Leute mehr auf ihre Freunde, Psychiater oder Priester hören würden, dann wäre er arbeitslos. Die meisten seiner Klienten wüssten ohnehin ganz genau, was sie tun sollten, und hätten sich längst entschieden. Sie brauchten nur einen kleinen Anstoß.

Trotz meiner Anerkennung der Fähigkeit und des Wissens, dass vielen Menschen möglicherweise damit geholfen wird, sei dahingestellt, ob das eine ausreichende Rechtfertigung ist, um diese Personen anzulügen. Und das tun Wahrsager. Sie alle behaupten, etwas zu können, was sie mit gänzlich anderen Mitteln erreichen. Wirklich alle, denn so interessant ich es auch fände, einen Wahrsager zu treffen, der tatsächlich aus der Hand lesen kann, so muss ich leider sagen, dass mir bislang keiner begegnet ist.

Vorhersage

Manchmal erfährt man seine Zukunft und ist damit nicht einverstanden. Manchmal will man sein Schicksal selbst in die Hand nehmen. Auf was für bizarre Ideen Regierungen gekommen sind, um das Schicksal der Welt zu lenken, werden wir im nächsten Kapitel sehen.

Kapitel 5

»Können Sie meine Frau verschwinden lassen?«

»Aber bitte, Liebling, versprich mir,
fang nicht mit Voodoo an.
Fang nicht mit Voodoo an ...«

Funny van Dannen – *Voodoo*

Können Sie meine Frau verschwinden lassen?«
»Klar. Aber wenn es wie ein Unfall aussehen soll,
kostet das extra.«

Wenn ich mich in meinem Freundeskreis umhöre, dann
rangiert der Geschichtsunterricht auf der Liste der un-
beliebtesten Unterrichtsfächer ganz weit oben. Direkt
hinter Altgriechisch und Mathematik. Als zu langweilig, staubtrocken und Jahreszahlenbingo ist er vielen in
schlechter Erinnerung geblieben. Wenn ich dann über
die Geschichte der Zauberkunst reden will, schalten
sie direkt ab. Wen interessiert schon, wann das erste
Kaninchen aus einem Zylinderhut gezerrt wurde oder
Jungfrauen nicht mehr flachgelegt, sondern durchge-
sägt wurden?

Dabei blickt die Täuschungskunst auf einige sehr
spannende und vor allem düstere Kapitel zurück. Zauberer waren nicht nur auf den Bühnen dieser Welt zu
Hause, sondern zogen auch im internationalen Agen-
tenpoker manch überraschende Trumpfkarte aus ihrem
Ärmel.

Davon haben die Zuschauer, die mich nach meinen

Shows fragen, ob ich ihre Frau verschwinden lassen könnte, natürlich keine Ahnung. Und es ist tatsächlich eine der Fragen, die man mir am häufigsten stellt. Wenn die Menschen wüssten, welches gefährliche Assassinen-Erbe auf meinem Beruf lastet, würden sie vermutlich nicht fragen. Ich gehe davon aus, dass die Männer einfach lustig sein wollen. Ob ihre Frauen, die oft kopfschüttelnd danebenstehen, das auch so sehen, sei dahingestellt. Ich antworte dann immer gerne: »Ach, so ein Zufall. Das Gleiche wollte Ihre Frau vorhin auch schon wissen.« Ja, manchmal muss man einfach Öl ins Feuer der Leidenschaft gießen …

Mit Beginn des Koreakrieges im Jahr 1950 wurde der kurz zuvor begonnene Kalte Krieg so richtig eisig. In Ostasien wollten die selbstlosen Vereinigten Staaten die Welt vor der Unterjochung des hinterhältigen Kommunismus bewahren, und die Kommunisten ihrerseits, allen voran das gleichfalls selbstlose Russland, wollten dieselbe Welt vor dem niederträchtigen Konsumwahn des Westens retten. Die folgenden drei Jahre sollten für weitreichende und bizarre Entwicklungen sorgen.

In einem Krieg ist es üblich, dass Soldaten in Gefangenschaft geraten. Die Chinesen, die gekommen waren, um ihren nordkoreanischen Verbündeten zur Seite zu stehen, zeigten sich dabei als wahre Meister der psychologischen Manipulation. Sie schafften es, die Amerikaner zur Zusammenarbeit zu bewegen. Im Gegensatz zu ihren koreanischen Kollegen, die für ein hartes Durchgreifen bei den Gefangenen bekannt waren, legten die Chinesen eine vermeintliche Laisser-faire-Attitüde an den Tag. Zur »Begrüßung« wurde den Neuzugängen oft eine Zigarette angeboten und versichert, dass man ihnen nichts antun werde.[82] Die Bewacher hielten Wort: Wenn es beispielsweise ein Soldat geschafft hatte, auszubrechen, dann prügelten sie dessen Fluchtpläne und Versteck nicht aus den anderen Insassen heraus. Stattdessen stellten sie demjenigen, der ihnen den Verbleib mitteilte, einen leckeren Snack wie etwa einen Sack Reis in Aussicht. Der große Hunger unter den Gefangenen sorgte dafür, dass es kaum jemand schaffte, dem Lager dauerhaft zu entkommen.

Auf die gleiche »sanfte« Weise schafften es die Chinesen, den Willen der Amerikaner zu brechen. Den Gefangenen wurden Fragen vorgelegt, die sie schriftlich beantworten mussten. Die passenden Antworten waren natürlich Amerika-feindlich oder lobten den Kommunismus in den Himmel. Wenn ein Soldat sich weigerte, sich eine entsprechende Aussage auszudenken, dann war das kein Problem. Ach was, das war doch ein freies Gefangenenlager! Dort wurde niemand gezwungen, etwas gegen sein Land zu sagen. Damit die Aufgabe trotzdem erledigt wurde, legte man ihm ein paar »Beispielantworten« vor, die er einfach abschreiben konnte. Da war schließlich nichts dabei. Und wenn Sie darüber nachdenken, werden Sie sicherlich auch sagen: Ach, was soll's? So eine dahingekritzelte Aussage, was soll die schon für Auswirkungen haben?

Die Taten eines Menschen sind jedoch entscheidender als dessen Worte!

Und wenn Sie sich an die Geschichte der Seekers aus dem vorherigen Kapitel erinnern, fällt Ihnen sicherlich ein, wie wichtig es für die menschliche Psyche ist, das eigene Selbstbild aufrechtzuerhalten. Jetzt lag also dem

---

82 Henry A. Segal, »Observations on Prisoners of War Immediately Following Their Release«, 1954, in *Medical Science Publication*, No. 4, Vol. II

Soldaten schwarz auf weiß und in der eigenen Handschrift vor, was ihm am Kommunismus gefiel und an Amerika nicht. Ein physischer Beweis, der nicht wegzureden war.[83]

Werbefirmen haben die Macht dieser Technik erkannt und für sich genutzt. Wenn Sie sich schon einmal gewundert haben, warum die Lösungsworte für Preisrätsel oft so offensichtlich sind (»Waschofix wäscht Wäsche weißer!«), dann wissen Sie jetzt, warum. Der Plan ist nicht nur, an Ihre Adresse zu kommen, sondern auch, dass Sie die Werbebotschaft selbst aufschreiben.[84] Ob das im Zeitalter von copy & paste allerdings funktioniert, wage ich zu bezweifeln ... Zum Glück gibt es noch die Captcha-Abfragen auf Webseiten, bei denen verzerrte Wörter erkannt und abgetippt werden müssen, um zu garantieren, dass ein Mensch die Formulare ausfüllt und nicht irgendein Computerprogramm. Da könnten Sie statt einer belanglosen Nummernfolge auch den Slogan Ihrer Firma einsetzen. *(Siehe Abbildung 7)* Es ist mir ein Rätsel, warum beispielsweise öffentliche Behörden wie das Gesundheitsamt damit keine wichtigen Botschaften vermitteln: »Ich mach's mit« oder »Rauchen schadet«. Ich vermute mal, dass lediglich das Finanzamt diese Idee aufgreifen wird: »Steuern zahlen ist sexy.« Taktisch klug können Sie diese Technik auch zu Ihrem Vorteil nutzen, wenn Sie vor der Heirat Ihren Verlobten auffordern, einen vierzehnseitigen Essay über Ihre Vorzüge zu verfassen. Bei Widerstand bieten Sie ihm einen Sack Reis als Anreiz.

---

83 Edgar Schein, »The Chinese Indoctrination Program for Prisoners of War: A Study of Attempted Brainwashing«, 1956, in *Psychiatry*, Vol. 19, No. 2

84 Robert B. Cialdini, »Influence – The Psychology of Persuasion«, 1984

Abbildung 7: Manche Dinge müssen einfach mal gesagt werden!

Als die ersten Soldaten in ihre Heimat zurückkehrten, stellten die Vereinigten Staaten eine überraschende Veränderung bei ihnen fest. Ihre Landsleute, die gegen den Kommunismus gekämpft hatten, hielten bei ihrer Rückkehr diese »feindliche« Ideologie gar nicht mehr für so schlimm. Der Kommunismus möge zwar nicht in Amerika funktionieren, aber für China und so wäre er genau das Richtige.[85]

Der Feind hatte vielleicht keine brisanten Informationen aus den Soldaten herausbekommen, aber er hatte

---

85 Henry A. Segal, »Initial Psychiatric Findings of Recently Repatriated Prisoners of War«, 1954, in *American Journal of Psychiatry,* Vol. 111, No. 5

sie einer erfolgreichen Gehirnwäsche unterzogen. Der wenige Jahre zuvor gegründete Geheimdienst CIA war entsetzt. So etwas durfte auf keinen Fall jemals wieder geschehen. Deshalb machte die CIA, was sie am besten kann, und startete ein Geheimprogramm mit dem Namen »MK-Ultra«. Das hörte sich mächtig fesch an und eine Ecke cooler als der Vorläufer »Projekt Artischocke«. Der Untertitel lautete »Programm zur Erforschung von Verhaltensmodifikationen«. Hinter diesem hochtrabenden Titel verbarg sich der Plan, eine Bewusstseinskontrolle zu entwickeln. Mittels Drogen, Hypnose und einigen sehr esoterisch anmutenden Mitteln sollten Amerikaner gegen die Gehirnwäsche feindlicher Agenten immun werden. Außerdem wollte die CIA verlässliche Wege finden, um Geheimnisse aus ebendiesen Feinden herauszulocken. Sie suchte sozusagen nach einem ultimativen Wahrheitsserum und dessen Gegenmittel.

Dass die UdSSR im August 1949 überraschend ihre erste Atombombe im kasachischen Semipalatinsk hochgejagt hatte, verstärkte die Panik noch um ein Vielfaches. Insgesamt herrschte auf beiden Seiten des Eisernen Vorhangs eine furchtbare Angst. Nur so ist zu erklären, dass man sowohl im Westen als auch im Osten jedem noch so abwegigen Gerücht Glauben schenkte. Keiner wollte dem anderen einen Vorsprung in Technologie oder Waffen zugestehen.

Dann tauchten in der Sowjetunion die ersten Menschen mit übersinnlichen Fähigkeiten auf. Russland hatte ohnehin schon immer ein großes Interesse daran gehabt, paranormale Fähigkeiten für militärische Zwecke zu nutzen. Die Möglichkeit der Telepathie wurde in den zwanziger und dreißiger Jahren gründlich untersucht, bis Wissarionowitsch Dschugaschwili, der unter seinem

Künstlernamen Josef »Der Stählerne« Stalin bekannt wurde, ein Machtwort sprach und diesen »abergläubischen Forschungen« Einhalt gebot.

Nina Kulagina ist wahrscheinlich eine der bekanntesten Personen, die angeblich Telekinese beherrschten. Allein durch die Kraft ihrer Gedanken konnte sie Gegenstände bewegen, die auf einem Tisch herumlagen. Außerdem war sie ebenfalls mit ihren Gedanken in der Lage, das Eigelb vom Eiweiß zu trennen. Für die russische Hausfrau eine sehr praktische Sache, so konnte sie Kuchen backen und zeitgleich einem Frosch den Garaus machen. Denn das war eine ihrer leichtesten Übungen. Der arme Frosch lag auf einem Tisch, und sein Herzschlag wurde schneller und langsamer und setzte plötzlich ganz aus. Praktischerweise waren ein paar russische Forscher zugegen, die das Ganze mit einer Schwarzweißkamera aufnahmen. Der CIA setzte vermutlich ebenfalls das Herz aus, als sie diese Aufnahmen zu Gesicht bekam. Da sitzt diese russische Matrone an ihrem Tisch und macht einen Frosch platt. Was, wenn dort ein amerikanischer Präsident gelegen hätte?

Anstatt die offensichtlichste Lösung zu wählen und ihr politisches Oberhaupt einfach von russischen Küchentischen fernzuhalten, waren die Geheimdienstler neidisch wie kleine Kinder. Was die Russen hatten, wollten sie auch haben! Menschen mit paranormalen Fähigkeiten würden alles viel einfacher machen. Es müsste sich kein Agent mehr über Jahre das Vertrauen einer feindlichen Organisation erschleichen. Der Paranormalo konnte die Füße hochlegen und bequem vom Wohnzimmer aus die Zielpersonen eliminieren. Einfach ein bisschen konzentrieren, und schon würde der Kopf des Feindes platzen.

Wer wie durch Geisterhand Messer und Gabeln bewegen konnte, der müsste doch auch ein Genick zerbrechen können. Danach konnte der neue Superagent noch ein bisschen die Gedanken von Gefangenen lesen und vor der Mittagspause noch schnell die Waffenlager auf der anderen Seite der Welt ausspionieren.

Das klang zu verlockend, als dass ein Abgleich mit der Realität für nötig befunden wurde. So begann die Suche nach Telepathen, Pyrokinesen und anderen medial begabten Personen.

Das hört sich jetzt vielleicht etwas grenzdebil an, aber hier muss ich die USA in Schutz nehmen. Sie waren bei weitem nicht die ersten, die in übersinnlichen Fähigkeiten eine real existierende Lösung für ihre Probleme sahen.

Das österreichische Militär beauftragte im Ersten Weltkrieg einen jungen Mann namens Hermann Steinschneider, um die Soldaten im Umgang mit Wünschelruten zu unterrichten. Auf diese Weise sollten Wasser und Gegner aufgespürt werden. Wer cool genug ist, dem Militär einen solchen Bären aufzubinden, der weiß auch sonst die Leichtgläubigkeit anderer für sich zu nutzen. Vor besonders gefährlichen Einsätzen an der Front drückte sich der Wünschelruten-Lehrmeister, indem er plötzlich Visionen hatte und wichtige Neuigkeiten aus der Heimat empfing, die natürlich Vorrang vor den Kämpfen hatten. In Deutschland baute er sich später unter dem Namen Jan Erik Hanussen, mit angeblich dänischer Herkunft, eine äußerst profitable Wahrsagerexistenz auf. Seine bekannteste Vorhersage ist die des Reichstagsbrands im Februar 1933, die allerdings eher auf Insiderinformationen aus der SA-Führung beruhte als auf tatsächlichen übersinnlichen Fähigkeiten. Überhaupt ist erstaunlich, dass ihn jemand für »echt« hielt, denn seine »Gabe« wurde mehrfach öffentlich als Betrug aufgedeckt. Zunächst einmal von ihm selbst, als er in seinem Buch »Meine Lebenslinie« von 1930 alle Tricks im Detail erklärte. Außerdem durch ein Gericht in Böhmen, das ihn des hundertfachen Betrugs anklagte, weil er die Leichtgläubigkeit seiner Handlesekundschaft ausnutzen würde. Von diesem Vorwurf wurde er freigesprochen, weil diese Naivität außerhalb seines Einflussbereichs läge. Was nichts anderes bedeutet als dies: Wenn die Leute so dumm sind, ihm zu glauben, dann sind sie auch selbst schuld. Allen Aufdeckungen zum Trotz verdiente Hanussen mit seinen Coachingsessions als »okkulter Trainer« ein Vermögen und gewann Kontakte zu den einflussreichsten Personen des Dritten Reichs. Diese Verbindungen reichten jedoch nicht aus, um ihn vor der Ermordung durch ein SA-Kommando zu schützen. Die Motive für die Tat wurden bis heute nie vollständig aufgedeckt. Historiker halten die Vorhersage des Reichtagsbrandes, seine kurz zuvor entdeckte jüdische Herkunft, Neid oder Schulden, die der Polizeipräsident von Potsdam bei Hanussen hatte, für mögliche Gründe.

Die CIA befand sich also in guter Gesellschaft, als sie anfing, nach übersinnlich begabten Personen Ausschau zu halten. Andere Länder waren vorher und hinterher genauso Banane.

Doch wie findet man solche Leute? Es gibt schließlich keine Jobbörse für Hellseher. Ganz einfach – wie es verzweifelte Menschen schon seit Ewigkeiten machen: über eine Kontaktanzeige. Die gab die CIA zusammen mit dem Stanford Research Institute aus Kalifornien auf. Die Kosten für die Forschung übernahm später freundlicherweise die Air Force, da man sich eine preiswerte Alternative zum Radar erhoffte.

Es gab tatsächlich Antworten auf die Anzeige. – Warum man allerdings für Leute, die Gedanken lesen und in die Zukunft gucken können, eine schriftliche Anzeige aufgeben musste, bleibt mir schleierhaft … Eine der Personen, die sich meldeten, war Ingo Swann. Der 1933 geborene Amerikaner war ein Meister in der Kunst des »Remote Viewings« – also des Fernsehens, aber ohne Fernseher. Für diese Disziplin konzentriert man sich ein bisschen, und schon kann man erkennen, was in der Ferne hinter der Feindeslinie alles passiert. Eine Art Babyfon, nur mit größerer Reichweite.

Leider waren die Ergebnisse nicht ganz so beeindruckend. Es wäre effektiver gewesen, sich eine Postkarte aus dem Zielgebiet schicken zu lassen. Für die CIA-Agenten hat es jedoch gereicht, um fröhlich weiterzuforschen.

Ein naher Verwandter des »Remote Viewings« ist das Platz-Experiment. Eine Spezialität des holländischen Hellsehers Gerard Croiset, der damit fast eine hundertprozentige Trefferquote erzielte.

Für ein gemütliches Platz-Experiment muss man einen großen Gemeindesaal oder eine Turnhalle mieten und mit Stühlen vollstellen. Zweihundert oder mehr müssen es schon sein. Und dann braucht man noch genauso viele Freiwillige. Für jeden Stuhl einen. Die karrt man am besten mit einem Bus zur Testlabormehrzweckhalle und lässt sie in der Kälte warten. Es bietet sich eine Kooperation mit einem Kaffeefahrtenbetreiber an, dann lässt sich nebenher noch der ein oder andere Euro machen. Während die Meute draußen friert, erhält der Hellseher einen Sitzplan und entscheidet sich für einen Platz, indem er diesen mit einem fetten Kreuz markiert. Dann verschiebt er das Raum-Zeit-Gefüge und erspürt, wie die Person aussehen wird, die sich nachher auf diesen Platz setzen wird. Die detaillierte Beschreibung und der Bestuhlungsplan werden einem vertrauenswürdigen Wissenschaftler, der das Experiment beaufsichtigt, überreicht, und die Show kann beginnen. Die Show ist allerdings recht kurz, in weniger als zehn Minuten ist das Experiment vorbei. Die Türen werden geöffnet, die zweihundert Testpersonen stürmen in den Raum und verteilen sich beliebig auf die Sitzplätze. Wenn Ruhe eingekehrt ist, wird die Person, deren Stuhl auf dem Sitzplan markiert wurde, gebeten aufzustehen, und die Beschreibung wird vorgelesen: »Auf dem ausgewählten Platz wird eine blonde Frau mittleren Alters mit einem roten Oberteil sitzen.« Danach folgen noch einige persönliche Charaktermerkmale sowie ein paar Einzelheiten aus der Vergangenheit der Person. Die blonde Mittvierzigerin mit dem roten Pulli nickt anerkennend, der Text ist absolut zutreffend. Alle sind begeistert und dürfen wieder mit dem Bus und den gekauften Heizdecken nach Hause fahren.

Croisets Begabung wurde über mehrere Jahre von unterschiedlichen Forschern getestet und vom Süddeutschen Rundfunk und der BBC im Fernsehen übertragen. Der amerikanische Psychiater Jule Eisenbud ließ das Experiment sogar über den Nordatlantik hinweg durchführen – eine Distanz, die die »Remote Viewer« nicht einmal ansatzweise erreichten.

Das klingt schon unglaublich, aber mit dem Wissen aus den vorherigen Kapiteln dürfte es für Sie ein Leichtes sein, eine ganz rationale Lösung für dieses Mirakel zu präsentieren.

Wenn Sie davon ausgehen, dass der Hellseher tatsächlich wusste, welche Person sich auf diesen einen Stuhl setzen wird, scheint es eine wahrhaft übernatürliche

Leistung zu sein. Auf diesen Platz könnte sich schließlich jede der Personen setzen. Drehen Sie jedoch die Konstellation herum, ist das alles nicht mehr so überraschend. Der Hellseher entscheidet sich zuerst für eine Beschreibung. Da er das vorherige Kapitel über Handlesen gelesen hat, muss er die Testpersonen im Vorfeld nicht einmal gesehen haben und kann doch einen Text verfassen, der mindestens auf eine oder mehrere Frauen zutreffen wird.

Von den zweihundert Testpersonen ist die eine Hälfte Männer und die andere Frauen. Sehr wahrscheinlich wird mindestens jede dritte davon blond sein. Das heißt, es stehen gut dreiunddreißig Personen zur Auswahl. Möglicherweise sogar mehr, wenn man ein sehr helles Brünett als ein dunkles Blond ebenfalls wertet. Wie viele Farben gibt es, die für Oberteile in Frage kommen? Schwarz, Weiß, Rot, Blau, vielleicht noch Grün. Sechs Farben, die auf vierzig Personen aufgeteilt werden. Sehr wahrscheinlich werden also unter den Testpersonen gut sechs Frauen mit einem roten Oberteil sein. Davon wird ziemlich sicher eine »mittleren Alters« sein – denn das ist eine dieser Unschärfen, die Sie aus dem vorherigen Kapitel kennen. Ebenfalls dort haben Sie erfahren, wie man Charaktereigenschaften so formuliert, dass sie auf fast alle Personen zutreffen. Keine Frage, es erfordert ein gewisses sprachliches Geschick, aber es ist nichts Übersinnliches dabei, unter zweihundert Personen eine davon im Voraus zu beschreiben. Jetzt muss sich der angebliche Hellseher nur noch im Saal umsehen und feststellen, auf welchem Platz jemand sitzt, der genauso aussieht, wie er es zuvor beschrieben hat. Sie können mir glauben, dass es für einen Zauberkünstler oder jemanden, der über die gleiche Fingerfertigkeit verfügt, ein Leichtes ist, im Nachhinein unbemerkt ein Kreuz auf einen Zettel zu machen. Wir können im Bruchteil einer Sekunde einen Tiger in einem gerade noch leer gezeigten Glaskasten erscheinen lassen. Da ist ein Bleistiftkreuz auf einem Zettel wirklich nicht der Rede wert.

Doch die CIA hatte zu diesem Zeitpunkt noch keinen Zauberkünstler zur Hand, der mal nach dem Rechten sehen konnte. Und so trainierte Swann, der sich selbst als »Bewusstseins-Forscher« bezeichnete, die amerikanischen Forscher und Agenten im »Remote Viewing«.

Moment mal …

Kommt Ihnen das auch so bekannt vor?

Ein angeblich übersinnlich begabter Mensch, der Soldaten oder Geheimdienstler in einer wunderlichen Technik unterrichtet? Das ist ja wie bei Hanussen und seinem Wünschelruten-Kurs für das österreichische Militär. Na, so was! Langsam kommt in mir der Verdacht auf, dass Regierungen eine hervorragende Einnahmequelle für Hochstapler sind. Da könnte man bestimmt die ein oder andere Heizdecke loswerden.

Zur gleichen Erkenntnis kam knapp zwanzig Jahre und ungefähr genauso viele Millionen Dollar später im Jahre 1995 eine offizielle Forschungskommission. Die stellte fest, dass die Trefferquote der »Remote Viewer« stolze null Prozent betrug. Null. Prozent. Das »Stargate Project« wurde geschlossen. – Hätte sich die CIA mal lieber Postkarten schicken lassen.

Trotzdem gab die CIA die Hoffnung, paranormale Supersoldaten zu rekrutieren, nicht auf. Parallel zu den Weitsicht-Kursen von Ingo Swann suchte man nach einem telepathischen Auftragskiller. Die Sache mit dem Frosch und dem russischen Küchentisch ließ die US-Geheimniskrämer nicht los.

Doch wollten sie sich nicht mit Kleinkram wie Amphibien aufhalten. Die Vereinigten Staaten hatten größere Ziele.

Ziegen.

Zumindest legt das eine Rechnung der Special Forces über mehrere hundert Ziegen nahe, wenn es nach dem Schriftsteller Jon Ronson und dem Journalisten John Sergeant geht, die die Geschichte der parapsychologischen Scharfschützen aufgedeckt haben.[86] Danach hat es in Fort Bragg in North Carolina um 1983 eine geheime Taskforce gegeben, die offensichtlich etwas zu viel »Star Wars« geguckt hatten. Durch Blickkontakt wollten sie Ziegen töten, durch massive Wände schreiten oder schweben – ausschließlich durch Meditation. Der Wahrheitsgehalt von »Männer, die auf Ziegen starren« lässt sich nur schwer überprüfen, da sämtliche Quellen über streng geheime Dinge sprechen, zu denen sich die CIA niemals äußern wird.

In dem Buch wird als Mitarbeiter der CIA unter anderem auch Uri Geller genannt.

Geller, der 1974 in der Fernsehsendung »Drei mal Neun« von Wim Thoelke mit seiner Gedankenkraft Löffel verbog und kaputte Uhren bei den Zuschauern zu Hause wieder zum Ticken brachte. So eine Fähigkeit konnte die CIA natürlich gut gebrauchen. Schließlich traute sich der Präsident der Vereinigten Staaten aus Angst vor russischen Küchentischen nicht mehr aus dem Haus, und wer sollte jetzt die Standuhr im Oval Office aufziehen? Genau! Geller.

»Der Spiegel« packte Geller nach der Sendung aufs

---

86 Jon Ronson, »Durch die Wand«, 2010, neu aufgelegt als »Männer, die auf Ziegen starren«, 2008 (Original von 2004)

Titelblatt. Im Magazintext wurden seine Biegekünste mit Hilfe von Zauberern und der Bundesanstalt für Materialprüfung als Taschenspielertricks entlarvt – wenn auch teilweise weit an der Wirklichkeit vorbei.[87] Die Aufdeckung tat dem in der Bundesrepublik und der Schweiz grassierenden Geller-Fieber jedoch keinen Abbruch. Vielleicht wollte in der Zeit des Kalten Krieges nicht nur die CIA an ein Wunder glauben, sondern auch die übrigen Menschen. Möglicherweise hat es auch mit Gellers charismatischer Persönlichkeit zu tun, die viele seiner ursprünglichen Kritiker später zu Freunden werden lässt. Sicherlich spielt auch Gellers dickes Fell der Presse gegenüber eine große Rolle. 2008 gibt er auf der 37. International Magic Convention in London, bei dem ihm der David-Berglas-Award für seine Verdienste in der Zauberkunst verliehen wird, den Ratschlag, dass man Zeitungsartikel nicht lesen sollte, sondern nur deren Länge messen. Solange der Name richtig geschrieben sei, sei alles in Ordnung.[88]

Da passt die Arbeit für die CIA natürlich bestens hinein. Ob Geller wirklich für einen Geheimdienst Uhren verstellt hat, ist schwer zu überprüfen. In dem Buch von Jon Ronson gibt Geller zwar zu, dass er es getan hat, sagt aber im gleichen Atemzug, dass er es sofort dementieren würde, sollte ihn der Autor zitieren. Da verbiegt sich die Katze natürlich wie ein Löffel und beißt sich in ihren eigenen Schwanz: Wenn Geller nie eine Geheimdienst-

---

87 diverse Autoren, »Parapsychologie: Ich weiß nicht, wie«, »Sagen Sie Hokuspokus« und »Mit Quecksilbernitratlösung benetzt«, 1974, in *Der Spiegel*, Nr. 5

88 37. International Magic Convention, 2008, London, im Interview mit David Berglas

tätigkeit ausgeführt hat, wird er es zu Recht abstreiten. Und wenn er es hat, dann wird er trotzdem behaupten, niemals etwas in der Art auch nur gesagt zu haben.

Uri Geller ist übrigens weit mehr als nur ein Besteckverbieger. Er gehörte zu den ersten Insassen des englischen Dschungelcamps und hat sogar Vorhersagen getroffen. Anfang der siebziger Jahre sagte er voraus, dass der damalige König Hussein bin Talal von Jordanien bald von Attentätern getötet würde. Dies geschah nie, und Hussein lebte noch weitere dreißig Jahre. Ebenfalls prophezeite Geller dem ägyptischen Präsidenten Gamal Abdel Nasser ein langes Leben – acht Monate später wurde auch diese Vorhersage widerlegt. Heute weiß praktisch niemand mehr von diesen verpatzten Vorhersagen, was die Wirksamkeit des selektiven Gedächtnisses aus dem ersten Kapitel untermauert: Wir merken uns nur die Treffer.

Gellers Leben wäre nicht vollständig ohne seine ständige Nemesis James »The Amazing« Randi. Der Amerikaner Randi ist Zauberkünstler und einer der größten Kritiker Gellers. Er hat es sich zur Lebensaufgabe gemacht, jegliche Form der Scharlatanerie zu bekämpfen und die Menschen aufzuklären.

Während die CIA ihre Kontaktanzeigen aufgab und mit »Remote Viewing«-Kursen beschäftigt war, untersuchte im Jahre 1979 die Washington University in St. Louis übersinnlich begabte Menschen. Randi witterte Arges und bot dem Leiter Peter R. Phillips seine kostenlose Unterstützung an. Er hatte sogar direkt eine Liste mit Tipps ausgearbeitet, mit denen die Universität Täuschungsversuche leichter entdecken konnte. Phillips wollte mit dem Zauberer nichts zu tun haben und lehnte eine Zusammenarbeit ab.

Das hätte er besser nicht tun sollen, denn die Abfuhr fuchste Randi dermaßen, dass er sich entschied, seine eigene X-Men-Truppe ins Rennen zu schicken. Wie die CIA war auch Randi ein großer Fan von lustigen Namen, und so nannte er sein Komplott »Project Alpha«.

Offensichtlich hatte Phillips die Liste von Randi niemals gelesen – oder er weigerte sich einfach aus Prinzip, dessen Ratschläge zu befolgen. Ansonsten wäre es den beiden Undercover-Magiern Steve Shaw und Michael Edwards, achtzehn und siebzehn Jahre alt, niemals gelungen, die Forscher über die nächsten drei Jahre an ihrer paranormalen Nase herumzuführen.

Randi hatte den beiden Zauberkünstlern zwar eingeschärft, dass sie sofort zugeben sollten, dass sie Tricks verwenden würden, wenn jemand fragen sollte. Dazu sollten sie noch sagen, dass Randi sie geschickt hätte – es hatte aber niemals jemand gefragt. Deshalb zauberten Shaw und Edwards munter weiter und konnten durch raffinierte und weniger raffinierte Schwindeleien die Forscher täuschen und davon überzeugen, übersinnliche Fähigkeiten zu besitzen. Beispielsweise mussten die beiden »erspüren«, welche Zeichnung sich in einem verschlossenen Briefumschlag befand. Die beiden hatten keine Ahnung, wie sie dies bewerkstelligen sollten – bis die Forscher den Raum verließen und Shaw und Edwards einfach nachguckten, was denn da aufgezeichnet war.

Als besonderen Test stellte Phillips mehrere Würfel und andere Gegenstände über Nacht in einen verschlossenen Glaskäfig. Am nächsten Morgen hatten sich die Würfel durch Gedankenkraft aufeinandergetürmt. Die beiden Jungpsychokineten hatten am Abend vorher einfach ein Fenster offen stehen lassen und waren so in der Nacht in den Forschungsraum geklettert. Die Schlösser am Aquarium öffneten sie mit einem Dietrich – für erfahrene Zauberkünstler eine Kleinigkeit.

Das Ganze fand sein Ende erst, als Randi den Betrug im »Discover«-Magazin publik machte. Der Großteil der beteiligten Forscher glaubte ihm allerdings nicht. Sie beharrten, dass die Behauptung von Shaw und Edwards, Zauberkünstler zu sein, eine Lüge sei. Sie wollten weiterhin an die Existenz der paranormalen Fähigkeiten glauben.

Die amerikanischen Forscher waren nicht die Einzigen, die sich einen Bären aufbinden ließen. In Russland, wo es genügend Bären gibt, waren Wissenschaftler in den zwanziger Jahren davon überzeugt, telepathische Hunde entdeckt zu haben.[89]

Eines Tages saß der russische Neurologe und Psychiater Wladimir Bechterew in Leningrad im Zirkus und bestaunte eine Tiernummer, die recht beeindruckend war. Nach der Show sprach ihn der Dompteur Wladimir Durow an und gestand ihm, dass er vermute, mit seinen Tieren in telepathischer Verbindung zu stehen. Bisher waren in Russland Tiere mit drakonischen Maßnahmen, die hauptsächlich aus Bestrafung und Schmerzen bestanden, dressiert worden. Durow hingegen unterhielt zu seinen Tieren ein freundschaftliches Verhältnis und setzte auf Belohnung und Honigplätzchen. Damit erzielte er beachtliche Erfolge und wurde zu einem gefeierten Star im russischen Zirkus.

Er sei einfühlsam, gewiss, sagte er, doch einiges könne

---

89 Sheila Ostrander und Lynn Schroeder, »Psychic Discoveries«, 1997 (Erstveröffentlichung unter »Psychic Discoveries Behind the Iron Curtain«, 1970)

er sich nicht erklären. Die Tiere schienen seine Gedanken lesen zu können. Ob das sein könne?

Bechterew, der Namenspate für ein chronisches Wirbelsäulenleiden stand, war zu dem Zeitpunkt einer der renommiertesten Mediziner Russlands. Sein wissenschaftliches Interesse war gepackt, und er bot sich an, gemeinsam mit dem Physiker Michail Alexandrowitsch Leontowitsch, einem der Wegbereiter der kontrollierten Kernfusion in Russland, die Sache zu überprüfen.

Also kamen die drei Hunde Mars, ein Deutscher Schäferhund, ein Scottish Terrier namens Pikki und der Bernhardiner Lord ins Labor mit nach Moskau. Doch anstelle der erhofften Drogenorgie wie bei Forscherkollege Pawlow stand den dreien eine Mathematikstunde bevor. Besonders Mars erwies sich als Meister des Kopfrechnens.

Bechterew und Leontowitsch schrieben eine Rechnung auf einen Zettel und übergaben sie Durow. Der las sie durch und sandte das Ergebnis per Gedankenkraft an Mars, der vor Leontowitschs Füßen lag. Würde der Hund die Zahl Vierzehn empfangen? Einige Zeit geschah nichts, dann kläffte Mars sieben Mal. Die Wissenschaftler waren schon enttäuscht, als das Tier plötzlich erneut sieben Mal bellte. Zwei mal sieben, das ist vierzehn. Durow erklärte, dass er die Tiere nur auf Zahlen bis neun trainiert habe – aber Mars eindeutig so schlau wäre, vierzehn selbst im Kopf durch zwei zu teilen.

Über die kommenden zwei Jahre führten die Wissenschaftler immer wieder die unterschiedlichsten Tests mit den Hunden durch. Sie konnten es sich nicht erklären, aber offensichtlich bestand eine besondere Verbindung zwischen Trainer und Tier.

Das ist auch richtig, aber sie hatte nichts mit übersinnlichen Fähigkeiten oder Telepathie zu tun.

Wladimir Durow war ein bekannter Zirkusartist aus der größten Zirkusdynastie Russlands. Der Zirkus, den Durow gegründet hatte, wird noch heute von seiner Familie weitergeführt. Am 7. Juli 2013 feierte Google-Russland seinen hundertfünfzigsten Geburtstag sogar mit einen Google-Doodle, diesen kleinen Bildern, die auf der Google-Startseite über der Suchzeile zu sehen sind. Darauf sind ein Nilpferd mit einem Ball im Mund und ein Hund, der einen weiteren Ball auf der Schnauze balanciert, zu sehen. Und Durow war ein unerschrockener Artist, der gerne satirische Stücke zeigte. Für seine Nummer, bei der ein dickes Schwein namens Chuska-Fintiflushka einem Helm hinterherjagte (»Schwein will Helm«), erhielt er vom damaligen Kaiser Wilhelm II. Hausverbot für ganz Deutschland.

Der begnadete Tiertrainer ist nicht der einzige Artist, dessen Tiere Kopfrechnen konnten. Es gibt Esel und Schweine, die zum Ergebnis der Matheaufgabe passend grunzen oder mit dem Hufen scharren.[90] Dafür werden die Tiere dressiert, auf ein bestimmtes Zeichen so und so oft zu bellen, zu wiehern oder zu gackern. Statt sich bei »Platz« hinzulegen, gibt es einen Befehl für »Eins«, und dann bellt der Hund einmal. Für jede Zahl wird ein anderes »Zeichen« einstudiert. Das Schwierige dabei ist, dass die Befehle nicht laut ausgesprochen werden, sondern eine unauffällige Körperbewegung sind, wie es bereits mehrere Hundert Jahre zuvor in einem Buch über Jonglage und Zauberkunst erklärt wurde.[91] In der Vorfüh-

---

90 Ricky Jay, »Sauschlau & Feuerfest. Menschen, Tiere, Sensationen des Showbusiness«, 1988 (amerikanisches Original: 1986)

91 S. R. (vermutlich Samuel Rid), »The Art of Juggling or Legerdemain«, 1612

rung (oder im Labor) musste dann Durow die Aufgabe nur selbst im Kopf lösen und dann die entsprechende Haltung einnehmen. Bei der Zahl Drei legte er beispielsweise die Hand ans Kinn, und Mars wusste, dass er nun drei Mal zu bellen hatte. Vermutlich hatte Durow verschiedene Zeichen für die gleiche Zahl eingeübt, damit es den beiden Wissenschaftlern weniger auffiel.

Vermutlich, denn im Gegensatz zu Randi hatte Durow seinen Spaß nie öffentlich aufgedeckt. Doch mit Blick auf sein Leben im Zirkus und seine Begabung als Clown gehe ich stark davon aus, dass Durow einfach sehen wollte, ob er damit durchkommen würde.

Er schaffte es.

Von »Project Alpha« zurück zu MK-Ultra, dem anderen Projekt mit einem seltsamen Namen.

Wieso kam die CIA überhaupt auf die Idee, dass man nur durch die Kraft der Gedanken anderen Menschen Schaden zufügen könne? Ist der Geist wirklich stärker als der Körper? Hat unser Verstand tatsächlich so einen Einfluss auf unser Leib und Wohl?

Um diesen Fragen nachzugehen, lade ich Sie ein, mit mir noch einmal die Schulbank zu drücken. Doch freuen Sie sich nicht zu früh. Der folgende Besuch im Klassenzimmer wird keine romantisch-verklärte Feuerzangenbowle, sondern gleicht eher dem Kater nach dem vollständigen Verzehr einer solchen.

Donnerstagmorgen, neun Uhr, Zimmer 112, Chemieunterricht. Vorne steht Herr Duckens[92]. Mit ernstem Gesicht, das hinter einer dicken Schutzbrille versteckt ist, zieht er die dicke Plexiglasscheibe aus der vorderen

---

92 Der Name wurde geändert.

Tischkante heraus. Dahinter türmen sich bereits einige Kolben und Reagenzgläser auf. Ein lautes Plopp ertönt, als er den Korken aus einem braunen Glasbehälter zieht. Vorsichtig schüttet er einige durchsichtige Flüssigkeiten ineinander. Ohne das unschuldig aussehende Gemisch aus den Augen zu lassen, tastet seine Hand vorsichtig zu dem Schalter der Lüftung. Klack. Klack. Klack-klack. Doch nichts passiert. Die Lüftung bleibt stumm. Herr Duckens zögert. Dann wendet er sich an Markus und Nina, die immer in der ersten Reihe sitzen, und bittet sie, die Fenster zu öffnen. Vorsichtig gießt er die Flüssigkeit in ein leeres Gefäß mit einem Totenkopfaufkleber und verschließt es sofort. Man merkt ihm ein leichtes Unbehagen an, als er die Klasse darüber informiert, dass die Abzugshaube offensichtlich defekt sei, weshalb er das Experiment jetzt abbrechen werde. Die Fenster wären bereits auf, weshalb eigentlich nichts passieren sollte. Die Flüssigkeit wäre auch eigentlich absolut ungefährlich, aber sie würde leider ein farb- und geruchloses Gas verströmen, das zu Unwohlsein führen könne. Es würde sich ganz unterschiedlich äußern. Bei jedem wäre das anders. Aber wenn jemand ein schwammiges Gefühl bemerken würde, sollte er sich besser auf den Boden setzen, damit er nicht umfiele. Wenn es sich einmal bemerkbar machte, würde es sich schnell steigern. Je schwindliger man sich fühle, umso stärker würde man auch schwanken. Meist ginge es mit Ohrenrauschen oder Kopfschmerzen einher. Es könnte auch sein, dass sich die Haut viel wärmer anfühle oder zu jucken beginne. Aber er würde hoffen, dass das alles nicht einträfe.

Noch vor Ende der Stunde klagen fast alle Schüler über starke Kopfschmerzen, einige wanken über den Flur zur Toilette, um sich zu übergeben.

Herr Duckens wartet, bis alle Schüler den Raum verlassen haben. Er atmet tief ein und genießt die Stille. Mit einem seligen Lächeln schaltet er die Sicherung der Abzugshaube wieder an und gießt das Wasser aus dem Totenkopfbehälter in den Ausguss.

Die Geschichte ist tatsächlich so geschehen. Wenn auch nicht an meiner Schule, sondern einer Nachbarschule. Der Chemielehrer dort hatte diesen Versuch mit schöner Regelmäßigkeit alle Jahre wieder an Klassen durchgeführt, die ihm besonders auf den Geist gingen.

Er hatte gar keine giftigen Stoffe verwendet, sondern lediglich Wasser. Aber die Suggestionen reichten aus, die Schüler glauben zu machen, dass es ihnen schlechtginge. So sehr, dass es ihnen am Ende auch tatsächlich schlechtging.

Dazu verwendete er mehrere Finessen, im Suggestionsfachjargon »Convincer« genannt. Zum einen trug er eine Sicherheitsbrille und zog die Glasscheibe hoch. Unterbewusst signalisierte er damit den Jugendlichen, dass der Versuch gefährlich wäre. Gleiches erreichte seine (gespielte) Konzentration, mit der er den Glaskolben nicht aus den Augen ließ, während er mit den beiden Schülern sprach, die die Fenster öffnen sollten. Der Totenkopfaufkleber trug ebenfalls einen Teil zur gelungenen Täuschung bei. Die Flüssigkeit musste gefährlich sein. Warum sonst der ganze Aufwand, wenn es sich nicht um bedenkliche Stoffe handelte?

Die Aussage, dass es einigen Schülern schlecht werden könne, war eine Selffulfilling Prophecy. Zudem hielt er sie bewusst vage, damit sie bei möglichst vielen Jugendlichen als erste Symptome »erkannt« wurde. Er verwendete bewusst die Formulierung, dass »es« sich »schwammig«

anfühlen werde. Was sollte »es« bedeuten? Wie fühlte sich »schwammig« an? Das konnte alles sein.

Die Suggestion mit dem warmen Gefühl und dem Jucken ist eine altbekannte Sache. Wenn Sie sich vorstellen, wie Ihre Haut langsam zu kribbeln anfängt, dann wird sie es bald auch tatsächlich tun. Je mehr Sie sich darauf konzentrieren, umso eher werden Sie ein leichtes Ziehen und den Drang, sich zu kratzen, verspüren.

Das kombinierte er mit der Vorstellung, dass sich alles langsam steigern und in Kopfschmerzen und Erbrechen enden werde. Weil er diese Suggestion eingesetzt hatte, würde es dazu kommen. Die Schüler, die ein Zutreffen der ersten Aussagen bei sich feststellten, waren sozusagen gefangen. Ähnlich wie bei der Aufrechterhaltung des Selbstbildes funktioniert auch diese Technik. Wenn (A) eintrifft, dann wird auch (B) geschehen, ansonsten hätte es ja keinen Grund für (A) gegeben.

Ich weiß, was Sie jetzt denken. Was sollen Sie mit diesen Informationen anfangen? Weder haben Sie eine Schulklasse zur Hand, um das Experiment selbst auszuprobieren, noch wüssten Sie, was Sie mit dreißig brechenden Teenagern anfangen sollten. Dann doch noch lieber auf Knopfdruck sabbernde Hunde!

Aber mit ein bisschen Fantasie können Sie von Herrn Duckens' Strafmaßnahme profitieren. Zum Beispiel können Sie sich bei Ihrer nächsten Party den Kauf der Getränke sparen. Verteilen Sie einige Zeit, bevor Ihre Freunde kommen, den Inhalt einer Flasche Domestos oder eines ähnlich penetrant riechenden Reinigungsmittels großzügig in Ihrer Wohnung. Erzählen Sie danach jedem Gast, dass Sie heute Nachmittag Ihrem Sohn bei einem »Jugend forscht«-Projekt geholfen und etwas Crystal Meth gekocht hätten. Leider wäre Ihnen beiden dann eines der Gefäße geplatzt, und nun sei die ganze Wohnung mit der Droge eingenebelt. Es wäre also damit zu rechnen, dass man sich leicht und beschwingt fühlen könnte. Fast so, als ob man getrunken hätte. Je nachdem, in welche Richtung Sie Ihre Veranstaltung gerne drängen möchten, können Sie noch hinzufügen, dass mit dem freundlichen Methamphetamin ebenfalls ein gesteigerter Sexualtrieb und starke Hemmungslosigkeit einhergingen.

Die Kraft der Einbildung ist nicht zu unterschätzen!

Einer der Ersten, die das wissenschaftlich bestätigten, war der russische Forscher Pawlow. Nachdem er große Erfolge mit seinem Klingel-Sabber-Experiment gefeiert hatte, wandte er sich 1927 einem weiteren Hundeversuch zu. Never change a winning team!

Inspiriert durch die Versuche seines Kollegen Dr. Krylow, gab er dem Tier diesmal allerdings kein Futter, sondern verabreichte ihm mehrmals eine kleine subkutane Injektion Morphium, woraufhin es sich jedes Mal erbrach. Nach einiger Zeit reichte es aus, lediglich eine spitze Nadel ins Fell zu stechen, und schon kotzte ihm der Hund das Labor erneut voll.

Der Vierbeiner hatte also »gelernt«, dass ihn die Injektionen zum Brechen brachten.[93] Leider war das keine wirklich wünschenswerte Eigenschaft bei kleinen Hundewelpen, die man verschenken wollte, um das Herz einer unbekannten Frau in einer dunklen Bar zu gewinnen. Wir also können von Glück sprechen, dass Pawlow danach seine Versuche mit Hunden aufgab. Wer weiß, was sonst dabei rausgekommen wäre? Vielleicht ein

---

93 Ivan P. Pavlov, »Conditioned Reflexes: An Investigation of the Physiological Activity of the Cerebral Cortex«, 1927, Lecture III

Hund, der sich beim Klingeln an der Haustür erstmal 'ne Ladung Morphium in die Venen jagt, um sich dann über den Briefträger zu übergeben?

Bei dem Chemielehrer muss ich immer an Voodoo denken. Anstelle einer angeblich giftigen Chemikalie verhängt ein Voodoo-Priester einen Fluch. Wenn das Opfer, auf dem der Fluch lastet, an die Macht des Priesters glaubt, wird es sich in der kommenden Zeit immer schlechter fühlen. Alle Unglücke, die ihm zustoßen, wird es dem Fluch zusprechen – und weil die Aufmerksamkeit auf den negativen Anzeichen liegt, wird es diese auch verstärkt bemerken. (Genau umgekehrt zu der abendlichen Glücksmomente-Aufzähl-Methode aus dem zweiten Kapitel.) Schließlich wird die Person immer kränker werden, kaum noch etwas essen und letzlich gebeutelt von der Angst so geschwächt sein, dass sogar der Tod eintreten kann. – Natürlich vorausgesetzt, dass das Opfer auch daran glaubt.[94] Ausschlaggebend ist dabei allerdings der Faktor Zeit. Erst dadurch, dass sich das Opfer über längere Zeit in die Angst hineinsteigert und seinen Körper vernachlässigt, kann es zu den körperlichen Ausfällen kommen, die zum Tod führen.

Für viele Menschen ist der Glaube an Voodoo nur in Gruselgeschichten oder -filmen wie »Angel Heart« oder Henry Slesars »Der Kandidat«[95] zu finden. Bei einer EU-weiten Großrazzia im Jahr 2012 wurde deutlich,

---

94 Walter Bradford Cannon, »›Voodoo‹ Death«, 1942, in *American Anthropologist,* Vol. 44, No. 2

95 Henry Slesar, »Der Kandidat«, 1991, in »Rache ist süß« (Original von 1961) – Eine der besten Geschichten, die die Wirkungsweise von Voodoo auf rabenschwarze Weise illustriert.

dass auch heute und sogar in unseren Landen die Angst vor Voodoo-Mächten vertreten ist. Die Polizei fahndete im Rotlichtmilieu deutscher Städte nach Frauen, die unter falschen Versprechungen aus Westafrika gelockt und hier zur Prostitution gezwungen wurden. Vor der Abreise aus ihrem Heimatland wurden die Frauen mit Voodoo-Ritualen gefügig gemacht. Sollten sie flüchten oder etwas gegen ihre weiblichen Zuhälter ausrichten, würden sie ihren Verstand verlieren oder sogar sterben.[96]

Dazu passen zwei weitere Beispiele, die gerne die Runde machen, wenn es um die Macht negativer Gedanken geht.

Das erste handelt von zwei Kühllasterfahrern. Gemeinsam liefern sie ihre Tiefkühlkost aus und kommen platt vom anstrengenden Tag am Abend im Lager an. Während der eine noch den Papierkram ausfüllt, überprüft der andere noch, ob der Laderaum wirklich komplett leer ist. Da fällt plötzlich die Tür zu. Erst denkt er an einen Spaß und ruft nach seinem Kollegen. Doch dann merkt er, dass dieser wohl gar nichts mitbekommen hat. Lautstark trommelt er gegen die Wand. Nichts passiert. Der andere scheint schon nach Hause gegangen zu sein. So sitzt unser Fahrer in dem Laster, und langsam wird ihm immer kälter. Zum Glück schließt die Tür nicht richtig, so dass genug Sauerstoff in den Wagen kommt. Trotzdem wird die Kälte immer beißender. Er schlingt die Arme um seinen Oberkörper und wartet darauf, dass sein Kollege am nächsten Tag zurückkommt. Als er immer stärker friert, sucht er

---

96 Kathrin Melliwa, »Frauen legten in Afrika Voodoo-Schwur ab«, in *WAZ* vom 08.02.2011, *www.derwesten.de* und
Dietmar Seher, »Frauen mit Voodoo zur Prostitution gezwungen«, in *WAZ* vom 26.10.2012, *www.derwesten.de*

seine Taschen ab, findet jedoch nichts außer einem Stift und einem Notizblock, auf dem er sonst zusätzliche Bestellungen festhält. Durch den Spalt fällt etwas Licht in den Kühllaster, und so schreibt er seine letzten Stunden auf. Wie er immer weiter friert, irgendwann seine Finger nicht mehr spürt und schließlich nicht mehr genug Kraft hat, um den Stift zu führen. Als am nächsten Tag der Kollege endlich die Tür öffnet, muss dieser entsetzt feststellen, dass der Schreiberling tot ist. Offensichtlich ist er erfroren, das geht eindeutig aus seinen Aufzeichnungen hervor. Doch das kann gar nicht sein, denn die Kühlung des Lasters war nicht eingeschaltet. Aber weil er *geglaubt* hat, dass er erfrieren würde, *ist* er auch erfroren.

Das zweite Beispiel ereignete sich in den dreißiger Jahren in Indien. Dort bot ein Arzt zum Tode verurteilten Verbrechern eine Alternative zur Enthauptung an. Er würde ihnen die Pulsadern aufschneiden, damit sie langsam und schmerzlos verbluten könnten. Dafür schnallte er sie auf einem Tisch fest und verband ihnen die Augen. Mit einem Messer schnitt er in ihre Handgelenke. Aber keineswegs so, dass die Adern verletzt wurden. Er ritzte lediglich die oberste Hautschicht an. Damit die Verbrecher dennoch spüren konnten, wie sie verbluteten, ließ er langsam warmes Wasser über die Schnittstelle laufen. Dabei redete er auf sie ein und senkte unmerklich seine Stimme, bis er nur noch flüsterte. Die Verurteilten wussten, dass sie verbluten sollten, und es fühlte sich auch so an, als ob sie langsam sterben würden. Es fühlte sich jedoch nicht nur so für sie an, nein, sie starben tatsächlich.

Erstaunlich, was für eine Macht unsere Vorstellungskraft über uns und unsere Körper hat, oder?

Doch die beiden Geschichten haben noch etwas gemeinsam, außer, dass sie gruselig sind: Sie sind beide nicht wahr!

Beide Geschichten stimmen nicht, sondern sind moderne Märchen, Großstadtlegenden. Und sie illustrieren beide perfekt unser Verlangen, solchen Geschichten Glauben zu schenken. Genau wie die CIA *wollen* wir einfach glauben, dass sie stimmen. Die übersinnlichen Phänomene aus dem vergangenen Jahrhundert werden durch den Glauben an Wissenschaft und Technik ausgetauscht. Wären der Kühllasterfahrer oder der indische Verbrecher durch einen Telepathen ermordet worden, hätten wir gelacht. Aber wenn es um vermeintlich psychologisch-physiologisch erklärbare Abläufe geht, dann sind wir ganz Ohr.

Beide Geschichten lassen sich auf zwei Arten widerlegen. Eine journalistische Herangehensweise und eine wissenschaftliche. Beginnen wir mit Ersterer: Für beide Geschichten gibt es keine konkreten Belege. Die Geschichte der Kühlwagenfahrer taucht im Internet in verschiedenen Varianten auf. Mal ist es ein Kühlwagen, dann wieder ein großer Kühlraum. Mal ist der arme Mann über Nacht eingesperrt, mal das gesamte Wochenende. Aber immer hat er einen Stift dabei, um seine letzten Stunden festzuhalten. Muss er ja auch, denn ansonsten hätte sein Kollege am nächsten Tag nur einen Toten gefunden und niemand wüsste, woran er gestorben ist.

Gleiches gilt für die zweite Geschichte. Mal sind es Inder, mal passierte das Ganze in Russland – wobei die indische Variante ausschließlich in Artikeln vom selben Autor zu finden ist.[97] Abgesehen davon lassen sich jedoch keine

---

97 Werner Bartens, »Dem Tod ein paar Tage abtrotzen?«, Online-Publikation vom 20.08.2010: *www.sueddeutsche.de*, und Werner Bartens, »Das falsche Signal: Zu Risiken und Nebenwirkungen fragen Sie Ihren Arzt besser nicht. Denn wenn Sie ihn falsch verstehen, könnte das tödlich enden«, 2013, in *Süddeutsche Zeitung Magazin*, Nr. 4

weiteren Zeugen für die Geschehnisse finden. Das gibt schon zu denken, wenn eine so furchteinflößende Episode der Medizingeschichte nirgends belegt ist. Aber wer sollte sie auch bezeugen? Schließlich ist keine der beiden Geschichten je passiert. Es gibt nämlich keinen physiologischen Grund, warum beide Märchen funktionieren sollten. Ja, wir haben bei den Morphium-Kläffern und der Schulklasse gesehen, dass die Einbildung körperliche Auswirkungen haben kann. Und ebenso, dass die Angst vor einem Voodoo-Fluch zum Tod führen kann. Genauso gibt es Personen, die so depressiv sind, dass ihnen jeder Lebenswille fehlt. Auch wenn ein geliebter Mensch stirbt, kann es sein, dass der Hinterbliebene bald »folgt«. Aber dies sind alles Umstände, die Zeit erfordern. Kein Voodoo-Fluch kann von jetzt auf gleich oder innerhalb einer Nacht zum Tode führen. Der Körper muss erst abbauen, um aufzuhören. Es braucht Zeit. Ansonsten wäre es auch möglich, Probanden in Hypnose zu befehlen, dass sie jetzt sterben würden. Das ist genauso unmöglich.

Der Herzschlag wie auch die Atmung gehören zum vegetativen Nervensystem, und das kann man nicht ausschalten. Durch Übung und Konzentration kann man seinen Kreislauf zwar »herunterfahren«, aber selbst wenn der Verbrecher bewusstlos werden sollte, weil er glaubt, dass er verblutet, setzt in dem Moment der Verstand aus. Und wer bewusstlos ist, kann auch nicht mehr an Suggestionen glauben.

Es tut mir leid, so hervorragend sich die Geschichten auch für eine Gänsehaut am Lagerfeuer eignen – sie sind und bleiben Geschichten und sind nicht wahr.

Gleiches gilt für einige Aspekte der Hypnose. Ehrensache, dass sich eine Unterabteilung von MK-Ultra auch mit dieser Technik beschäftigt hat. Die »Remote Viewing«-Ergebnisse waren für die Tonne, die Ziegen wollten einfach nicht umkippen, und den Geißkäse konnte inzwischen auch niemand mehr sehen. Es mussten langsam mal Ergebnisse her. Sonst würde irgendwann noch der Eiserne Vorhang geöffnet und die Russen zu Freunden werden.

Da bot sich Hypnose super an. Sie wurde bereits erfolgreich in der Medizin verwendet, da war die Wahrscheinlichkeit, dass es diesmal klappen könnte, ungleich höher.

Leider waren auch hier die Erwartungen wieder zu hoch geschraubt. Höchstwahrscheinlich hatten sie sich zu oft Fritz Langs »Dr. Mabuse«[98] angeguckt und glaubten nun, dass man über mehrere Tische hinweg einen Menschen zu einem willenlosen Spielzeug machen könnte. (Sollten Sie den Film nicht kennen, dann geht das in Ordnung. Er ist in Schwarzweiß und dazu noch ein Stummfilm. Kein normaler Mensch guckt solche Filme.) Ein kurzes Fingerschnippen und feindliche Spione fielen in Tiefschlaf oder ließen sich zu ferngesteuerten Killern umprogrammieren – kein Wunder also, dass die CIA auf Hypnose abgefahren ist.

Dabei sind sich sogar Menschen, die hypnotisieren können, nicht wirklich sicher, wie sie funktioniert und – wenn sie ehrlich sind – sogar, ob sie *überhaupt* funktioniert.

Ich hypnotisiere seit Jahren und habe Menschen auf der Bühne ihren Namen vergessen lassen oder im Café

---

98 »Dr. Mabuse, der Spieler – Ein Bild der Zeit«, Uco-Film GmbH, 1922 – Regie: Fritz Lang, Drehbuch: Fritz Lang und Thea von Harbou, nach einem Roman von Norbert Jacques

mit weißen Papierstreifen bezahlt. Freunden habe ich geholfen, sich bei wichtigen Prüfungen besser konzentrieren zu können oder vor Präsentationen Entspannung zu finden. Eine Freundin ist seit langer Zeit froh, dass sie durch mich im Flugzeug die Ruhe bewahren und den Flug genießen kann.

Trotzdem kann ich nicht sagen, ob all diese Menschen wirklich hypnotisiert wurden. Vielleicht haben sie einfach nur »mitgespielt«. Mit Bestimmtheit kann ich es nicht sagen, denn Hypnose oder Trance lassen sich nicht nachweisen. Schieben Sie einen hypnotisierten Mann in ein MRT, schließen Sie ihn an Elektroden an und messen Sie seine Hirnströme – es lässt sich kein Unterschied messen.

Aber warum sollte es sich eigentlich messen lassen? Die Schüler, denen plötzlich schlecht wurde, waren auch in keinem besonderen Zustand. Trotzdem hat ihre Vorstellung sie dazu gebracht, sich schlechtzufühlen. Durchweg alle »Phänomene«, die während der Hypnose geschehen, können auch ohne erzielt werden. Auch ohne Hypnose hören Menschen mit dem Rauchen auf, entspannen sich vor Prüfungen, nehmen ab und überwinden ihre Ängste.

Ein »Stunt«, der vor Publikum nie seine Wirkung verfehlt, ist der Verzehr von scheinbar ekligen Sachen. Ein Glas Essig, eine dicke Knoblauchzehe oder eine Zitrone werden vom Hypnotisierten ohne Murren verputzt.

»Das könnte ich nie«, sagen viele Zuschauer, »der muss in Hypnose sein.«

Mein Vater hat in der Grundschule sein Taschengeld aufgebessert, indem er für fünfzig Pfennig eine Kaulquappe gegessen hat. Damit war er die Attraktion auf dem Schulhof. Regelmäßig haben die Jungs seiner Klasse im Frühjahr ihr Geld zusammengeschmissen, um den »todesmutigen Joachim« bei der Arbeit zu sehen. Es gibt bestimmt ekligere Tiere als diese schwarzen Glitschdinger, aber essen möchte ich trotzdem keins. Heute schüttelt es selbst meinen Vater, wenn seine Enkelkinder wieder einmal Opas Kaulquappengeschichte hören wollen. Damals jedoch war für fünfzig Pfennig kein Froschbaby vor ihm sicher. Ganz ohne Hypnose. Und DSDS-Teilnehmer und Dschungelkönig Joey »Let's-getty-to-Rambo« Heindle hat sogar ein Glas Schweinesperma auf ex runtergekippt, ohne mit der Wimper zu zucken.

Wobei ich als Diplomkaufmann mit abgeschlossenem BWL-Studium nicht nur meinen Kopf schüttle, wenn ich Papas Geschichte höre. Im Frühling die Teiche abklappern und Kaulquappen essen! Was für einen Reibach er doch hätte machen können, wenn er sich stattdessen auf Tiere spezialisiert hätte, die das ganze Jahr zur Verfügung stehen.

Hypnose hilft also nur, Sachen zu erleichtern, die sowieso möglich wären. Es ist demnach ein suggestiver Schubser – wenn die Wirkung teilweise auch beeindruckend sein kann und nicht wie ein kleines Stupsen, sondern wie ein Aufprall mit der Abrissbirne aussieht.

Aber auch Hypnotiseure verbreiten gerne Legenden, die nicht zutreffen. Mal aus Unwissenheit und mal aus Kalkül, um ihr Metier mächtiger darzustellen, als es ist. Kurt Tepperwein beschreibt in seinem Buch, dass man dem Hypnotisierten sagen könne, eine Spielkarte sei auf der Rückseite markiert. Eine positive Halluzination ist nicht ungewöhnlich. Ich selbst habe Verwandte bei einem langweiligen Kaffeetrinken glauben lassen, ein gut erzogener Elefant säße neben ihnen auf dem Sofa und würde ein Stück Pflaumenkuchen essen. Doch Tepperwein geht weiter, indem er behauptet, dass der Hypnotisierte diese Markierung nicht nur sehen würde, sondern damit die Spielkarte auch aus einem gemischten Spiel nur anhand der Rückseite herausfinden würde.[99]

Das ist leider Unsinn.

Schade, denn ansonsten wüsste ich, wie ich mir beim nächsten Pokerspiel einen unschlagbaren Vorteil verschaffen und echt 'ne Menge Geld machen könnte.

Durch Hypnose kann nichts geschaffen werden, das sonst auch nicht möglich ist. Ich kann meinen Zuschauern weismachen, dass sie eine Brille aufhaben, mit der sie durch Kleidungsstücke sehen können. Sie werden sich dann auch *einbilden,* die übrigen Menschen nackt zu sehen, und entsprechend reagieren. Amüsiert, angewidert oder erregt – abhängig davon, was sie zu sehen *glauben.* Aber die Hypnotisierten könnten niemals sagen, ob die Nackedeis irgendwo tätowiert sind und wie diese Tätowierung aussieht. Wie auch? Man kann in Hypnose nicht plötzlich etwas sehen, das man nicht auch sonst sehen könnte. Durch Hypnose wird niemand zu Superman und hat plötzlich einen Röntgenblick oder kann Gedanken lesen.

Das musste dann letztlich auch die CIA erkennen. Jeder Mensch kann zwar hypnotisiert werden, denn jeder Mensch ist zu einem bestimmten Grad für Suggestionen empfänglich – aber nicht unbedingt zu jeder Zeit und sofort. Gegen den eigenen Willen kann niemand in Hypno-

---

99 Kurt Tepperwein, »Die hohe Schule der Hypnose«, 1977

se versetzt werden. Natürlich kann man durch Hunger, Schlafentzug, Drogen, Folter, Erpressung und andere Mittel den Willen eines Menschen brechen und ihn gefügig machen – aber dann brauche ich auch wirklich keine Hypnose mehr.

Ziegen, Postkarten, Voodoo-Priester und nun auch noch Hypnose. Irgendwie erwies sich alles als unbrauchbar.

Zum Glück gab es neben der CIA auch noch Zivilpersonen, die es sich auf die Fahne geschrieben hatten, Menschen zu Marionetten zu machen. Während MK-Ultra sich langsam als ULTRA-Flop erwies, um die Konsumgesellschaft des Kapitalismus vor den Non-Profit-Ideen des Ostens zu beschützen, entwickelten die Menschen hinter den Konsumgütern ganz eigene Mechanismen, um die Käuferschaft gefügig zu machen. Die Werbebranche hatte Methoden entdeckt, mit denen unbemerkt Befehle in die Köpfe der Menschen gepflanzt werden sollten. Das bloße Betrachten eines Bildes reichte bereits aus. »Unterschwellige Werbung« hieß das Zauberwort.

Sie kennen das vielleicht aus »Fight Club«[100]: Tyler Durden, die Hauptfigur des Buches und gleichnamigen Films, hat ein ungewöhnliches Hobby. Er arbeitet als Vorführer in einem Kino und klebt heimlich einzelne pornographische Bilder in Zeichentrickfilme. Wenn diese überarbeitete Fassung dann in der Nachmittagsvorstellung läuft, fangen plötzlich alle Kinder an zu flennen, und niemand hat auch nur die leiseste Ahnung, warum.

---

100 Chuck Palahniuk, »Fight Club«, 1996; von David Fincher im Jahr 1999 verfilmt, Drehbuch: Jim Uhls

»Nicht einmal ein Kolibri könnte Tyler überführen«, merkt der Erzähler in der Verfilmung an.[101]

Wie soll ein Kolibri auch etwas überführen, das absoluter Blödsinn ist? Abgesehen davon, dass ein Kolibri auch niemals als Ermittler arbeiten könnte, da er mit einer Polizeimütze auf dem Kopf nur äußerst schwierig fliegen kann.

Aber wieso hat sich die Mär von den kurzen, unterschwelligen Botschaften in Filmen in unser kollektives Gedächtnis gebrannt, wenn sie gar nicht stimmt?

Schuld daran ist der Amerikaner James Vicary, der in den fünfziger Jahren angeblich im Kino für einen Sekundenbruchteil Werbetexte hat aufblitzen lassen und damit das Publikum an den Popcornstand gedrängt hat. Ein mehrwöchiger Test, den Vicary damals durchführte, mit insgesamt fast fünfzigtausend Kinobesuchern, untermauerte seine erschreckende Erkenntnis. Daraufhin wurde in den Vereinigten Staaten, Großbritannien und Australien sogar umgehend ein Gesetz erlassen, das die Verwendung sogenannter »unterschwelliger Werbung« verbot. Das Gesetz hätte man sich sparen können, weil diese Form der Werbung vor allem eine herausragende Eigenschaft hat: nämlich, dass sie kein Stück funktioniert.

Lange Zeit wurde völlig ergebnislos versucht, Vicarys

---

101 Interessanterweise gibt es tatsächlich einen Zeichentrickfilm, in dem sich pornographisches Material befindet. In »Bernard und Bianca – Die Mäusepolizei« finden sich zwei Einzelbilder, in denen von unbekannten Spaßvögeln während der Postproduktion das Miniaturfoto einer unbekleideten Frau eingefügt wurde. Trotzdem haben niemals Kinder während einer Aufführung der »Mäusepolizei« geweint – aber ich kann inzwischen verstehen, warum dieser Film schon immer zu meinen Lieblingsfilmen gehörte.

Experiment zu wiederholen. Bis der neugierige Student Stuart Rogers zu dem ursprünglichen Kino fuhr und dort mit dem Besitzer sprach.[102] Der teilte ihm mit, dass in seinem Kino niemals ein solcher Versuch stattgefunden habe, und überhaupt sei der Raum auch viel zu klein, um die Technik an so vielen Leuten wie angegeben auszuprobieren.

Die Filmszene aus »Fight Club« zeigt bereits, warum die Technik nicht funktionieren kann. Bevor Tyler Durden die Filmrollen mit Geschlechtsteilen anreichert, erzählt er, was ein Filmvorführer überhaupt zu tun hat. Ein Film, der noch nicht als digitale Kopie vorliegt, ist zu lang für eine einzelne Filmrolle. Würde man das Zelluloid für einen Neunzig-Minuten-Spielfilm an einem Stück lassen und aufwickeln, dann hätte diese Filmstreifenschnecke einen Durchmesser von mehr als einem Meter. Deshalb wird der Film in mehrere Teile zerschnitten, und es gibt zwei Projektoren, zwischen denen immer am Ende einer Rolle gewechselt wird. Damit der Vorführer weiß, wann es so weit ist, ist rechts oben für die Länge von vier Einzelbildern eine sogenannte »Aktwechselmarke«[103] in den Filmstreifen kopiert. Bei vierundzwanzig Frames pro Sekunde (so schnell rattern die einzelnen Bilder bei einem Film durch den Projektor) entspricht das einer sechstel Sekunde. Und trotzdem ist die Markierung leicht zu erkennen, wenn man darauf

---

102 Stuart Rogers, »How a Publicity Blitz Created the Myth of Subliminal Advertising«, 1992, in *Public Relations Quarterly*, Vol. 37, No. 4

103 Die Bezeichnung »Zigaretten«, die Tyler Durden im Film diesen Markierungen gibt, ist übrigens erfunden und wird weder in der deutschen noch englischsprachigen Filmvorführercommunity verwendet.

achtet. Bei alten Filmen, die noch im analogen Zeitalter von Filmrollen entstanden sind und bei denen das Dreieck oder der Kreis nicht im Nachhinein rausretuschiert wurde, können Sie es selbst heute Abend vor Ihrem Flimmerkasten ausprobieren. Durchschnittlich alle zwanzig Minuten haben Sie die Gelegenheit, die Markierung zu entdecken. So viel also zu »unbemerkt«.

Eine sechstel Sekunde ist noch eine Ewigkeit verglichen mit dem, was Samuel Renshaw erzielte. 1945 suchten die amerikanische Army und Navy nach Möglichkeiten, wie sie ihre Soldaten darin verbessern konnten, zwischen den eigenen und feindlichen Flugzeugen und Schlachtschiffen zu unterscheiden. Es war immer etwas peinlich, wenn man ein Torpedo losgeschickt hatte, nur um kurz darauf festzustellen, dass das Ziel zur eigenen Flotte gehörte. Und während man sich beim Schulunterrichtsklassiker »Schiffe versenken« so viel Zeit lassen kann, wie man will, kommt es im Krieg manchmal auf Sekunden an.

Renshaw konnte die Zeit von vier Frames pro Sekunde unterbieten. Er trainierte Versuchspersonen mit einem »Tachistoskop«. Damit konnte er die Bilder von unterschiedlichen Flugzeugumrissen für das Hundertstel einer Sekunde aufblitzen lassen. Renshaws Schüler erzielten bei dieser Länge eine Trefferquote von fünfundneunzig Prozent.[104] In diesem Bruchteil einer Sekunde haben sie also nicht nur erkannt, *dass* etwas zu sehen war, sondern sie konnten auch noch ausmachen, *was* es war.

---

104 Samuel Renshaw, »The Visual Perception and Reproduction of Forms by Tachistoscopic Methods«, 1945, in *Journal of Psychology*, Vol. 20, No. 2, und
Edward C. Godnig, »The Tachistoscope: Its History and Uses«, 2003, in *Journal of Behavioral Optometry*, Vol. 14, No. 2

Die Behauptung der Verfechter der »unterschwelligen Werbung«, die »geheimen« Botschaften würden nicht wahrgenommen, erscheint in diesem Zusammenhang als äußerst fragwürdig.

1962 zog Vicary seine Studie schließlich zurück und gab zu, die Ergebnisse frei erfunden zu haben. Der »Erfinder« der »unterschwelligen Werbung« hatte damit bestätigt, dass sie genauso wirkungslos ist wie »unterbewusst wirkende Selbsthilfe-Audiokassetten«, bei denen man angeblich durch unterschwellige Botschaften mit dem Rauchen aufhören, Gewicht verlieren und an Selbstbewusstsein gewinnen soll.[105] So schade es ist, aber gegen Rettungsringe hilft nun mal Sport und keine Hörspielkassette. Genau wie die »eingebetteten Befehle« des NLP funktionieren »unterschwellige Befehle« kein Stück.

Sehr, sehr ärgerlich für die CIA, aber auch diese Technik, den Menschen gefügig zu machen, kam auf den Stapel mit den Geißböcken, In-die-Ferne-Guckern und Pendel-Schwingern. Direkt obendrauf wurden die anderen Spielarten der »sublimen« Werbung geworfen, bei denen Fotos so manipuliert wurden, dass der Schatten einer Schrift wie der nackte Körper einer Frau aussah oder die Lichtreflexionen in einem Eiswürfel die Buchstaben »S«, »E« und »X« ergaben. Heute taugen diese »verführerischen« Werbeanzeigen nur noch als amüsante Form des Wimmelsuchbildes für einen Spieleabend.

---

105 Anthony R. Pratkanis, Jay Eskenazi und Anthony G. Greenwald, »What You Expect Is What You Believe (But Not Necessarily What You Get): A Test of the Effectiveness of Subliminal Self-Help Audiotapes«, 1994, in *Basic and Applied Social Psychology,* Vol. 15, No. 3

Langsam stapelten sich die verworfenen Techniken in der Ablage »Unsinn« von MK-Ultra. Irgendetwas muss es doch geben, was funktioniert. Wie schaffe ich es als Mentalmagier sonst, einen Zuschauer dazu zu bringen, sich aus einem fünfhundert Seiten starken Roman für genau die Seite, die Zeile und das eine Wort zu entscheiden, das ich mir im Voraus ausgesucht habe? Wieso entscheidet sich eine Zuschauerin exakt für den Ort in einem alten Diercke Schulatlas, den ich vor meiner Show auf einen großen Zettel geschrieben habe? Und wie kann es sein, dass das Publikum völlig frei mehrere fünfstellige Zahlen nennt, diese addiert und das Ergebnis mit der Zahl übereinstimmt, die ich zwei Tage zuvor dem Veranstalter in einem versiegelten Umschlag zugesandt habe?

Warum kann ein Mentalmagier etwas, das weder Tyler Durden noch James Vicary gelingt?

Natürlich muss man klein anfangen.

Ich war zwar nicht dabei, aber vermute mal, dass Rom nicht in drei Tagen erbaut wurde. Und bevor Sie bei einem Marathon mitmachen, rennen Sie ja auch nicht direkt die vierzig Kilometer am Stück. Sie fangen hoffentlich mit ein paar Runden um den Block an und steigern sich langsam. Jeden Tag etwas mehr, und wenn Sie nicht rechtzeitig wieder zur Vernunft gekommen sind und sich ein weniger selbstzerstörerisches Hobby gesucht haben, dann können Sie irgendwann tatsächlich die gesamte Strecke am Stück laufen.

Gleiches gilt für die Mentalmagie, die zwar ebenfalls Übung erfordert, aber doch einige Vorteile im Vergleich zum Marathon bietet: Man muss keinen albernen Jogginganzug tragen. Sie macht auch dann Spaß, wenn es in Strömen regnet. Und man schwitzt nicht wie ein

Schwein – was natürlich von Vorteil wäre, wenn man abends noch in Bars will, um Frauen abzuschleppen.

Ich will Ihnen nun ein kleines Beispiel nennen, wie Sie es tatsächlich schaffen, jemand anders nicht nur zu beeinflussen, sondern auch zu verblüffen.

Das folgende Kunststück stammt von Steve Shaw, den Sie bereits von Randis »Project Alpha« kennen.[106]

Schnappen Sie sich erst einmal ein Stück Papier und schreiben Sie die Buchstaben »A«, »B«, »C« und »D« in einer Reihe darauf. Auf die Rückseite des Papiers malen Sie noch ein dickes »C« – das ist Ihre Vorhersage. Jetzt suchen Sie sich ein Publikum. Bushaltestellen eignen sich sehr gut oder das Behandlungszimmer eines Zahnarztes. An beiden Orten haben die Leute viel Zeit und können nicht gut weglaufen. Sprechen Sie dort eine Person an und bitten Sie sie, einen der vier Buchstaben durchzustreichen.

Wieder hilft uns die Wahrscheinlichkeit. Die Chance, dass »C« gewählt wird, ist sehr hoch. Die außen liegenden Buchstaben werden fast nie gewählt. Wenn wir mehrere Objekte in einer Reihe zur Auswahl haben, entscheiden wir uns fast nie für die exponierten Positionen, sondern lieber für die Mitte.

Wenn Sie häufig auf Autobahntoiletten sind, sei es, weil Sie beruflich viel unterwegs sind oder einfach aus privatem Interesse, dann werden Sie feststellen, dass die erste und die letzte Kabine die am wenigsten benutzten und damit die saubersten sind. (Da soll noch einer sagen, dass man durchs Lesen nichts fürs Leben lernt!)

In dem Fall, dass »C« durchgestrichen wurde, drehen

---

106 Banachek, »Psychological Subtleties Vol. 1«, 1998

Sie triumphierend das Blatt herum und präsentieren Ihre zutreffende Voraussage.

Sie können die Wahrscheinlichkeit aber noch erhöhen, indem Sie um das »C« herum etwas mehr Platz zu den anderen Buchstaben lassen. Dadurch sticht das »C« heraus. Natürlich dürfen Sie es nicht übertreiben! Die Unterscheide dürfen nur minimal sein.

Außerdem legen Sie Ihren Stift, mit dem die Person den Buchstaben durchstreichen soll, auf das Papier. Und zwar nicht irgendwie, sondern so, dass die Spitze des Stiftes von unten her »zufällig« auf das »C« zeigt.

Als Letztes verwenden Sie noch Ihre Stimme, um das »C« herauszustellen. Sagen Sie zu der Durchstreiche-Person: »Bitte nehmen Sie diesen Stift und streichen Sie einen der Buchstaben aus dieser Reihe durch. A, B, C, D. Ganz wie Sie wollen.« Das »C«, das hier kursiv gedruckt ist, betonen Sie, indem Sie davor und danach eine Minipause einfügen. Also: »A..B....C....D.«

Zusätzlich sprechen Sie das »C« etwas lauter oder aber leiser aus. Das ist etwas, was Sie ausprobieren müssen. Für einige Mentalmagier funktioniert ein starkes Betonen besser, andere kommen eher mit einem Dahinhauchen zum Ziel. Was für Sie am besten klappt, erfahren Sie nur, indem Sie beides testen. Wie gesagt, für Mentalmagie müssen Sie genauso üben wie für einen Marathonlauf. Und was beim Sport die morgendliche Laufrunde ist, ist in der Magie das ständige Vorführen, Ausprobieren, Ändern und Anpassen.

Sie haben also vier Dinge auf Ihrer Seite. Die Statistik, die optische Herausstellung des Buchstabens, die Verstärkung durch den Stift und die Betonung durch Ihre Stimme.

Probieren Sie's aus, und Sie werden überrascht sein, wie viele Personen sich für »C« entscheiden.

Für den Fall (der leider manchmal eintrifft), dass Ihr Gegenüber einen anderen Buchstaben durchstreicht, verzweifeln Sie nicht. Jetzt nutzen Sie einen Ausweg. Und zwar fordern Sie die Person umgehend und ohne zu zögern auf, noch zwei weitere Buchstaben durchzustreichen. Wieder gelten die gleichen optischen Unterstützungen wie zuvor. Die Wahrscheinlichkeit ist hoch, dass »C« nicht durchgestrichen wird.

Spannende Taktik, oder? Gerade noch hat der Trick nicht geklappt, aber wir nehmen uns einfach einen zweiten Anlauf heraus. Wenn jetzt das »C« als einziger Buchstabe nicht durchgestrichen wird, dann stimmt die Vorhersage auf der Rückseite des Papiers wieder.

Treffer! Schiff versenkt!

Aber was, wenn trotz allem ein anderer Buchstabe übrig bleibt? Dann müssen wir uns wohl oder übel auf Techniken der Zauberkunst verlassen:

Bevor Sie anfangen, kleben Sie einen Zettel mit »A« unter Ihr Handy. Ein weiteres Stück Papier mit dem Buchstaben »B« kommt in Ihr Portemonnaie. Und eine letzte Vorhersage mit »D« heften Sie auf die Unterseite Ihres Portemonnaies.

Wenn Sie die Person ansprechen, legen Sie erst einmal Ihr Telefon und Ihre Geldbörse auf den Tisch. Kramen Sie Ihren Stift hervor und einen Zettel (und zwar den, auf dessen Rückseite Sie »C« geschrieben haben). Schreiben Sie die Buchstaben A-B-C-D darauf. Fordern Sie die Person auf, einen der Buchstaben durchzustreichen. Betonen Sie dabei das »C« und legen Sie den Stift derart unter die Buchstabenreihe, dass die Spitze auf das »C« zeigt.

Sollte die Person das »A«, »B« oder »D« als letzten Buchstaben übrig lassen, dann sagen Sie, dass Sie das im

Voraus gewusst hätten und zeigen Sie den entsprechenden Zettel vor. Passen Sie beim Öffnen des Portemonnaies auf, dass niemand den Zettel auf der Unterseite sieht! Durch diese Absicherung können Sie für jeden Buchstaben eine passende Vorhersage zeigen.

Dadurch entsteht eine interessante umgekehrte psychologische Konstellation. Sie können ganz entspannt sein, da es prinzipiell egal ist, wofür sich die Person entscheiden wird. Diese Entspannung führt zu einer Sicherheit, die Ihre Beeinflussung wirksamer macht. Die Betonung des Buchstabens wird natürlicher. Sie müssen sich nämlich nicht anstrengen. Wenn es nicht klappt, dann zeigen Sie halt einen anderen Zettel. Weil es Ihnen letztlich egal ist, wofür sich die Person entscheidet, wird die Betonung nicht auffallen.

Die Absicherung, die Ihnen die Zauberei gibt, erhöht die Wahrscheinlichkeit, dass Sie direkt beim ersten Mal richtigliegen. Es klingt verquer, aber durch die Möglichkeit, sich jederzeit mit dem Zaubertrick retten zu können, müssen Sie ihn seltener anwenden. Wenn Sie keinen Rettungsanker haben, werden Sie öfter danebenliegen. Aber weil Sie ihn haben, werden Sie ihn fast nie brauchen.

Das ist tatsächlich eines der großen Geheimnisse guter Mentalmagie.

Ich habe für nahezu alle Kunststücke einen tricktechnischen Notfallplan. Meine Zuschauer bezahlen gutes Geld dafür, um eine ebenso gute Show geboten zu bekommen. Da will ich natürlich, dass alle meine Effekte funktionieren. Deshalb habe ich für alles ein Netz, das mich auffängt. Aber dadurch, dass ich darauf zurückgreifen *könnte*, muss ich es praktisch nie anwenden. Und wenn ich das Netz nicht benutze, dann gibt es auch nichts, was die aufmerksamen Zuschauer entdecken könnten. Deshalb ist Mentalmagie oft so viel unerklärlicher als klassische Zauberkunst, eben weil oft kein Trick dabei ist oder die Zuschauer nicht genau wissen, ob oder wann einer zum Einsatz kommt.

Dann kann einen wirklich nicht einmal ein Kolibri überführen.

Es sah finster aus für die Geheimagenten. Mit keiner Methode konnte der Feind sicher ausspioniert werden. Einen telepathischen Auftragskiller hatten sie auch nicht gefunden. Lautet die Antwort auf die Frage, ob ich Ihre Frau verschwinden lassen kann, also »Nein«?

Geben Sie sich nicht so schnell geschlagen!

MK-Ultra konnte tatsächlich noch Erfolge aufweisen.

Denn in einem Akt der Verzweiflung wandte man sich schließlich an einen Zauberkünstler. Im vorherigen Kapitel hatte ich bereits davon berichtet, wie der Bühnenmagier Kalanag im Zweiten Weltkrieg Soldaten einfache Zaubertricks beibringen sollte, damit sich diese leichter an Frauen ranmachen und so mögliche Kriegsgeheimnisse erfahren konnten. Ganz nach dem Motto: Einen Kartentrick in Ehren kann niemand verwehren. Nun sollte der berühmte Bühnenmagier John Mulholland die CIA unterrichten. In drei verschiedenen Disziplinen war die Fingerfertigkeit und Ablenkung eines Zauberers gefragt.

Es kam immer wieder vor, dass Agenten gefangen genommen wurden. Kein Wunder, sie gingen ja auch nicht ins Fitnessstudio, um schnell weglaufen zu können, sondern saßen auf ihrem Hintern und übten sich im »Remote Viewing«. In so einem Fall war es hilfreich, wenn man sich schnell befreien konnte. Eine Sparte der Illusionskunst ist die Entfesselung. Der vielleicht bekannteste Magier aller Zeiten, Harry Houdini, seines Zeichens Vorzeigeausbrecher, wurde eines Tages von einem Inspektor von Scotland Yard mit echten Handschellen gefesselt – trotzdem entledigte er sich des Stahls innerhalb weniger Augenblicke.[107] So etwas wollte die CIA auch haben. Wie konnten Schlösser geknackt werden, und wie konnten heimliche Hilfsmittel vor dem Feind verborgen werden? Houdini befreite sich aus einem Sack, indem er ihn mit einer Rasierklinge aufschnitt, die er zuvor in der Handfläche verborgen hatte und unbemerkt von Hand zu Hand schmuggelte, während er gründlich untersucht wurde.

Ein weiteres großes Interesse hatte der Geheimdienst an den geheimen Codes, die Zauberkünstler verwenden, um unbemerkt Nachrichten zu übermitteln.

Stellen Sie sich vor, Sie würden bei einem netten Abendessen mit Freunden vorgeben, Gedanken lesen zu können. Sie bitten um einen Würfel mit Würfelbecher. Während Sie sich abwenden, fordern Sie nun einen der anwesenden Gäste auf, den Würfel mit einer beliebigen Zahl nach oben auf den Tisch zu stellen und danach mit dem Becher zu verdecken. Selbstverständlich haben Sie keine Ahnung, welche Zahl oben ist. Aber Ihre Begleitung hat es gesehen und legt nun ganz unschuldig eine Hand auf den Schoß. Dabei streckt sie entsprechend der Augenzahl des Würfels ihre Finger aus. Vermutlich wird sie nicht zu den wenigen mit Polydaktylie gesegneten Menschen zählen, weshalb ihr der sechste Finger fehlt. Sollte die Zahl Sechs gewählt werden, ballt sie deshalb ihre

---

107 William Kalush und Larry Sloman, »The Secret Life of Houdini: The Making of America's First Superhero«, 2006

Hand zur Faust. Wenn Sie nicht allzu auffällig zu Ihrem Bündnispartner starren, werden es die anderen nicht bemerken und Sie für einen Gedankenleser halten. Mars, der russische Schäferhund, hat's schließlich mit der gleichen Methode geschafft. Als Frau können Sie übrigens ein besonders verführerisches Outfit tragen, dann blicken zumindest die Männer sowieso nirgendwo anders hin. Ja, die Ablenkung spielt eine wichtige Rolle in der Zauberkunst.

Natürlich gibt es in der Zauberkunst noch viel komplexere Codes, mit denen ganze Wörter und Sätze übermittelt werden können, ohne dass Uneingeweihte dies entdecken können. So konnten sich auch Gefangene miteinander unterhalten, ohne ein Wort zu sprechen. Mit ähnlichen Methoden hatten Michael Edwards und Steve Shaw vom »Project Alpha« die Wissenschaftler an der Washington University hinters Licht geführt.

Das dritte Gebiet, in dem Mulholland die CIA unterrichtete, war Ablenkung und Fingerfertigkeit. Irgendwie mussten die ganzen Drogen, mit denen feindliche Agenten gefügig gemacht werden sollten, ja eben diesen Agenten untergejubelt werden. Mulholland entwickelte dafür komplexe Bewegungsabläufe. Der CIA-Agent traf sich mit einem vermeintlichen Überläufer in einem Café. Während Belanglosigkeiten ausgetauscht wurden, zündete sich der amerikanische Spion eine Zigarette an. Das Streichholzschächtelchen, das er dafür benötigt hatte, steckte er aber nicht wieder ein, denn darunter hielt er ein Wahrheitsserum (oder direkt ein tödliches Gift) in Tablettenform verborgen. Nun beugte sich der Verfechter der freien Welt vor, um mit der freien Hand den Zuckerstreuer zu ergreifen. Im Zuge dieser großen Bewegung musste er sich automatisch weit nach vorne lehnen, und seine

»tödliche Hand« mit der Schachtel kam wie selbstverständlich für einen Moment über die Tasse des anderen Agenten und ließ die Pille in den Kaffee fallen. Davon bekam der Mann aus dem Ostblock nichts mit, da seine Augen neugierig beobachteten, nach was der Amerikaner griff. Zusätzlich wurde die Medikamentenlieferung noch durch die Streichholzschachtel verdeckt.

John Mulholland schrieb mindestens zwei Handbücher für die CIA. Erfreulicherweise sind diese erhalten geblieben,[108] obwohl der Großteil der MK-Ultra-Akten vernichtet werden sollte. Denn so lustig all die Ziegen und Frösche auch zu sein scheinen, im Rahmen dieses geheimen Projektes kam es zu einigen schwarzen Stunden in der Geschichte des amerikanischen Geheimdienstes.

So wurden US-Bürgern heimlich und ohne deren Wissen Drogen verabreicht. Das Buch »Einer flog über das Kuckucksnest« von Ken Kesey basiert auf persönlichen Erfahrungen mit MK-Ultra, und in Stephen Kings Roman »Feuerkind« liegen die telekinetischen Fähigkeiten der Hauptdarstellerin in diesen Drogentests begründet. Da diese Versuche oft von keinem speziell ausgebildeten Personal durchgeführt wurden, bezahlten viele der unfreiwilligen Testkandidaten die Experimentierfreude des Geheimdienstes mit ihrem Leben. Folter, sexueller Missbrauch und Erpressung reicherten das unschöne Portfolio weiter an.

Als es dann 1973 zur Watergate-Affäre kam, schob der damalige CIA-Direktor Richard Helms Panik und

---

108 H. Keith Melton und Robert Wallace, »Das einzig wahre Handbuch für Agenten: Tricks und Täuschungsmanöver aus den Geheimarchiven der CIA«, 2011 (amerikanisches Original: 2010)

befahl die Verbrennung aller MK-Ultra-Unterlagen. Dank eines Verwaltungsfehlers war ein Teil der Akten allerdings im falschen Gebäude gelagert und entging deshalb seiner Vernichtung. 1977 befasste sich das Church-Komitee, ein Untersuchungsausschuss des US-Kongresses, mit der Aufklärung von MK-Ultra und legte die erschreckenden Fakten der amerikanischen Öffentlichkeit dar.[109]

Das Geheimprojekt zur Erforschung von »Verhaltensmodifikationen« wurde geschlossen und kein einziger echter Telepath gefunden. Kein Killer, der aus der Entfernung töten könnte, entdeckt. Und niemand, der den Willen anderer brechen könnte, aufgespürt. Heute hat der amerikanische Geheimdienst für so etwas keine Zeit mehr, da die Mitarbeiter den ganzen Tag damit beschäftigt sind, meine E-Mails zu lesen. Sonst hätten sie ihn vielleicht doch noch entdeckt. Ihn, den »Gedankenbrecher«.

Sein Deckname lautet Toxoplasma gondii. Aber lassen Sie sich nicht von dem »i« am Ende täuschen. Es handelt sich dabei nicht um eine Verniedlichungsform wie bei »Chriss-i«, »Kuch-i« oder »Verkehrssünderkarte-i«. Und das doppelte »i« bedeutet schon gar nicht, dass er ganz besonders putzig wäre. Nein, Toxo kommt aus einer Familie besonderer Unsympathen. Einer seiner nächsten Verwandten ist »Plasmodium«, der Erreger der Malaria. Den meisten werdenden Müttern wird er ein

---

109 U.S. Government Printing Office, »Project MK-Ultra, The CIA's Program of Research in Behavioral Modification. Joint Hearing Before the Select Committee on Intelligence and the Subcommittee on Health and Scientific Research of the Committee on Human Resources«, August 1977

Begriff sein, weil er für die Krankheit Toxoplasmose verantwortlich zeichnet, und die kann in der Schwangerschaft für Komplikationen sorgen.

Toxo ist ein übler Parasit, den es zur Fortpflanzung nicht in die Nürnberger Clubszene, sondern in Katzen zieht. Allerdings ist der Erreger ziemlich schlecht zu Fuß und muss deshalb warten, bis er eine Mitfahrgelegenheit zum nächsten Stubentiger findet. Dafür wählt er den Umweg über Ratten. Die Nager rennen über den Boden und plantschen in Kanalisationen rum, und genau dort wartet der kleine Fiesling darauf, von den Ratten über die Nahrung aufgenommen zu werden. Kein schlechter Ausgangspunkt, schließlich verspeisen Katzen gern mal eine Ratte. Doch die können sich Besseres vorstellen, als das zweite Frühstück zu spielen. Sobald die schlauen Tiere den beißenden Geruch einer Katze wittern, nehmen sie ihre Beine in die Hand und Reißaus. Und genau hier setzt die Manipulation von Toxo an. Er verändert die Gehirnstruktur der ehemaligen Pestverbreiter derart, dass sie Katzengeruch nicht mehr als Gefahr wahrnehmen, sondern ihn interessant finden. Die Ratte könnte also unter einer Katze spazieren gehen und würde denken: »Seltsam, sieht so hässlich aus wie mein Feind, die Katze, macht so Geräusche wie 'ne Katze – riecht aber gar nicht so. Was das wohl ist? Ich geh mal näher ran und guck nach.« Und, schwupp, wird der gehirngewaschene Nager verputzt. Mit Haut und Haaren und dem Toxoplasma gondii im Schlepptau. Der ist am Ziel seiner Träume angelangt und vermehrt sich fröhlich in der Katze, die von dem blinden Passagier nichts ahnt.

Allerdings ist die Ratte der Gehirnwäsche des Erregers nicht hilflos ausgeliefert. Wenn sie sich von ihrem Hausarzt Medikamente zur Behandlung von Schizophrenie verschreiben lässt, wird ihr tödliches Interesse an Miezekatzen unterbunden, und sie kann damit dem miesen Spiel von Toxo ein Ende bereiten.[110]

Ungleich perfider ist nur noch sein Kumpel, der Kleine Leberegel. Auf seinem Weg ins Pferd lässt er seine Eier von Ameisen vernaschen. Einige der Larven wandern danach aus dem Bauch des Insekts in das Nervensystem und schließen dort ein paar Schaltkreise kurz. Daraufhin verspürt die Ameise ein unbändiges Verlangen, sich an Grashalmen festzubeißen. Kommt dann Fury über die Weide getrabt, weicht die Ameise kein Stück von ihrem grünen Fleckchen Wiese und lässt sich mitsamt dem Gras auffressen.[111] Ja, das Leben ist kein Ponyhof für Paul Emsig.

Für uns Menschen erweist es sich meist als sehr unpraktisch, über den Verdauungstrakt ins Gehirn eines anderen zu gelangen, um diesen gefügig zu machen. Dabei deutet das alte Sprichwort »Liebe geht durch den Magen« an, dass es machbar ist.

Nur wissen Sie jetzt immer noch nicht, wie Sie eine Frau verschwinden lassen können. Ohne diese Information will ich Sie natürlich nicht zum nächsten Kapitel schicken. Denn erfreulicherweise konnte auch ich

---

110 Joanne P. Webster, Poppy Lamberton, C. A. Donnelly und Edwin Fuller Torrey, »Parasites as Causative Agents of Human Affective Disorders? The Impact of Anti-Psychotic, Mood-Stabilizer and Anti-Parasite Medication on Toxoplasma Gondii's Ability to Alter Host Behaviour«, 2006, in *Proceedings of the Royal Society B: Biological Sciences,* Vol. 273, No. 1589

111 Wilhelm Hohorst und Gernot Graefe, »Ameisen – obligatorische Zwischenwirte des Lanzettegels (Dicrocoelium dendriticum)«, 1961, in *Naturwissenschaften,* Jahrgang 48, Heft 7

geheime Unterlagen aus einem Zauberbuch des bekannten deutschen Magiers Jochen Zmeck retten.[112] Hier, jetzt und zum ersten Mal einen Blick auf »MK-CHRISTOPH«:

Um eine Frau tatsächlich verschwinden zu lassen, brauchen Sie mehrere Utensilien. Eine Frau. Klar. Ein großes Bettlaken. Einen Besenstiel, ein Wohnzimmer mit einer Küche und einer Küchentür. Möglichst ein Fenster in der Küche. Ach, und einen Tacker.

Legen Sie das Bettlaken auf den Boden. Es sollte wirklich groß sein. Zwei mal zwei Meter wären ideal. Legen Sie dann den Besenstiel etwa zehn Zentimeter von der oberen Kante entfernt auf den Stoff und schlagen Sie diesen um. Nehmen Sie den Tacker und verbinden Sie Holz und Laken. Raffen Sie den Stoff zusammen und lassen Sie ihn auf dem Boden liegen.

Stellen Sie sich auf der einen Seite des bestofften Besens auf, Ihre Partnerin, die verschwinden soll, stellt sich an die andere Seite. Achten Sie darauf, dass Sie neben dem Besen stehen und die Frau dahinter. Sie ergreifen gleichzeitig den Stoff mit dem Besenstiel und heben ihn hoch. Es soll so aussehen, als ob Sie den Stoff straff festhalten, dabei wird Ihre Partnerin von dem Laken verdeckt.

Jetzt kann sie den Stoff loslassen. Dank des Besens wird der Stoff nicht herunterfallen, sondern weiterhin so aussehen, als ob Sie beide das Bettlaken hochhielten. Je nachdem, wie schwer das Holz ist, wird Ihre ganze Kraft gefordert sein, damit der Stiel nicht auf der anderen Seite herabsinkt. Nicht nur Agenten müssen ins Fitnessstudio, auch Magier müssen durchtrainiert sein! *(Siehe Abbildungen 8a bis 8c)*

---

112 Jochen Zmeck, »Handbuch der Magie«, 1978

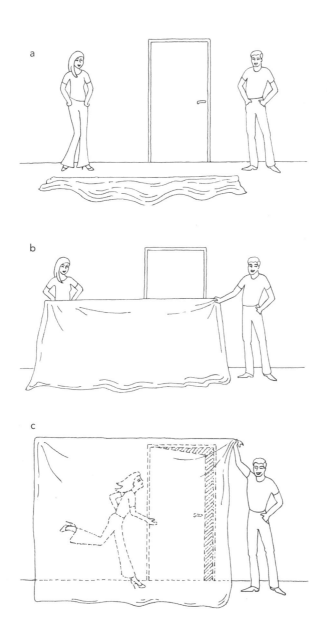

Abbildung 8: Wenn das Tuch oben ist, verschwindet die Frau durch die Küchentür.

Während Sie locker-lässig den Besen hochhalten, verschwindet die Frau – und zwar nach hinten durch die Tür in die Küche. Wenn sich dort ein Fenster befindet, kann sie sogar nach draußen in die Freiheit klettern. Ansonsten kann sie schon mal den Nachtisch aufessen.

Sie warten etwas, rufen einen Zauberspruch wie »Abrakadabra«, was Ihnen hoffentlich nicht peinlich ist, und senken das Tuch schnell und gleichmäßig nach unten. Eigentlich dürfte das Holz beim Ablegen kein verräterisches Geräusch machen, weil der Bettlakenstoff das dämpfen sollte. Notfalls müssen Sie diesen Verschwindetrick auf einem Teppich vorführen.

Damit wissen Sie, dass die Antwort auf die Frage, ob ich Ihre Frau verschwinden lassen kann, tatsächlich »Ja« ist. Und Sie können das jetzt auch.

Vorhersage

Mit dem Wissen aus diesem Kapitel haben Sie es endlich geschafft, Ihre Widersacher auszuschalten. Doch manchmal hat man Gewissensbisse. Schnell überprüfen, ob der andere noch atmet … Gut! Noch ist es nicht zu spät. Starten Sie die Wiederbelebungsversuche. Denn wieso Magier sich hervorragend als Sanitäter eignen, erfahren Sie auf den nächsten Seiten.

Kapitel 6

»Können Sie mich heilen?«

»On the cover of the magazine,
There's no question why I'm smiling,
You buy a piece of paradise, You buy a piece of me.«

Genesis – *Jesus He Knows Me*

Keine Ahnung, ob es an meinem abgebrochenen Zahnmedizinstudium liegt oder daran, dass ich in meiner frühen Jugend so viel »Schwarzwaldklinik« geschaut habe und sich dadurch das joviale Ärzte-Lächeln von Sascha Hehn in meine DNA gebrannt hat. Aus irgendeinem Grund erwecke ich offensichtlich bei einigen Zuschauern den irrigen Eindruck, ein waschechter Arzt zu sein. Zumindest kommen regelmäßig Menschen nach meinen Auftritten zu mir und fragen mich, ob ich sie von ihren Krankheiten heilen könne.

Vom Prinzip her liegen sie damit gar nicht mal falsch, denn das Kurieren von Kranken ist nicht erst seit »Bard's Tale« eine beliebte Fähigkeit in der Klasse der Magier. Zu Zeiten der ersten Menschen hatte ein Zauberer noch gänzlich andere Ziele als heute. Er hat sich keinen Fisch als glänzende Krawatte um den Hals gebunden und ist nicht mit großen Gesten über die Lehmbühnen der damaligen Welt der Gunst des Publikums hinterhergerannt. Sein Traum bestand nicht darin, eine eigene Show in Las Vegas zu bekommen und jeden Abend mit einem anderen Starlet auszugehen. Nein, sein Ziel war Macht, Macht und nochmals Macht!

Die Geheimnisse, die Zauberer zwangsläufig kennen, wurden nicht genutzt, um Kaninchen verschwinden zu lassen oder Spielkarten wiederzufinden, sondern um die (angeblich) übernatürlichen Fähigkeiten des Zauberers sichtbar werden zu lassen. Seine (scheinbare) Nähe zu den Göttern sicherte dem Medizinmann keinen Applaus, sondern eine feste Anstellung in der Stammesführung. Er, der mutmaßlich Magie und Wunder vollbringen konnte, wurde natürlich bei wichtigen Angelegenheiten um Rat gefragt.

Ein Krieg stand bevor? Schnell ein Glücksamulett aus Spucke und Fledermausknochen gebastelt.

Die Ernte war schlecht? Schnell ein paar heiße Schritte auf das Regentanzparkett gelegt.

Der Häuptling hatte Magenkrämpfe? Schnell in den Tipi-OP und ohne einen einzigen Schnitt das vermaledeite Magengeschwür aus dem Bauch gezogen.

Ja, zur Job Description der Wundermänner gehörte von Beginn an auch die Heilkunst. Und, wie wir später noch sehen werden, oftmals sehr erfolgreich. Zum einen lag das natürlich an dem über lange Zeit erworbenen und von Generation zu Generation weitergegebenen Wissen um Heilkräuter und ihre Wirkung auf den menschlichen Körper. Genauso spielte aber bei der Genesung die Psyche der Patienten eine wichtige Rolle, weshalb wir diesen Aspekt noch genauer unter die Lupe nehmen werden. Denn der Verstand ist ja der Sandkasten eines jeden Mentalmagiers.

Der vermutlich erste schriftliche Beleg über einen Zauberer lässt sich im Westcar-Papyrus finden. Dabei handelt es sich um eine ägyptische Schriftrolle, die der britische Globetrotter Henry Westcar zu Beginn des 19. Jahrhunderts erworben hat. Die Umstände, unter denen der frühe Indiana Jones an dieses Dokument gekommen ist, sind unklar, weshalb mich nichts davon abhält, an eine wilde Verfolgungsjagd mit Säbel schwingenden Ägyptern und aufgebrachten, verfluchten Mumien zu glauben.

Auf diesem Papier wird der weise Mann Dedi beschrieben – ein für altägyptische Verhältnisse vermutlich durchaus gängiger Name. Nun gut, die Ägypter hätten sich sicherlich auch nie träumen lassen, dass wir eines Tages unsere Kinder freiwillig »Kiara-Joyce« oder »Rambo-Ramon Rainer« nennen würden. Jedenfalls lebte dieser Dedi weitab vom Palast und verschlang angeblich jeden Tag ein halbes Rind mit einhundert Weizenfladen und spülte diese ausgewogene Mahlzeit mit weiteren einhundert Krügen Bier herunter. (Der Hang zur Völlerei scheint also zur Tradition der Zauberkünstler zu gehören, weshalb die zahlreichen übergewichtigen Zauberer nicht verfressen, sondern sich einfach nur ihres historischen Erbes bewusst sind.) Der kulinarische Feinschmecker wird eines Tages in den Palast des Pharaos Cheops geschleppt. Er soll mal zeigen, was er so kann. Flugs haut er einem Huhn den Kopf ab, und nachdem es einige Zeit durch die Gegend gerannt ist, setzt er dem Federvieh sein Haupt wieder auf. Daraufhin ist Cheops so begeistert, dass er den Zauberer ins Team der Innenarchitekten für seine Grabanlage beruft. Doch ärgerlicherweise hat der Pharao bald ein paar kritische Nachfragen, so dass Dedi schnell statt einer Antwort eine Vorhersage heraushaut, die sich – schlau, schlau – allerdings erst bei »dem Sohn des Sohnes des Sohnes und dann einem der Söhne« erfüllt.

Diese Finte sollte Ihnen aus dem ersten Kapitel bekannt vorkommen: Offensichtlich war Nostradamus nicht der Erste, der sich auf die Hilfe der Zeit verlassen hat. Und wie bei dem französischen Weissager wirkte auch bei seinem ägyptischen Vorgänger die Langzeitprophezeiung wahre Wunder. Dedi besaß eindeutig nicht nur überragende Fingerfertigkeit, um eine Hühnerenthauptung rückgängig zu machen, sondern verstand sich auch darauf, seine Mitmenschen um den Finger zu wickeln und lästige Fragen abzuschmettern. Zumindest ist Cheops ab sofort Dedi-Fan und lässt den Wundermann in den Palast seines königlichen Sohnes einziehen. Darüber hinaus erhält der Hühnerhenker als Bonuszahlung für seinen neuen Job jeden Tag seine ausgewogene Diät, mit einem halben Rind, reichlich Backwerk und hundert Bieren, zugestellt.

Wie man sich durch geschickte Vorausplanung bei Verhandlungen Vorteile sichert, war wohl auch eine von Dedis Stärken. Jedenfalls lebten er und Cheops' Sohn Hordjedef seitdem glücklich bis ans Ende ihrer Tage. Zumindest stelle ich mir das gerne so vor – und nachmittags veranstalteten sie Wettrennen mit verfluchten Mumien.[113]

»Westcar-Papyrus« und »Zauberer Dedi« ist übrigens die Antwort auf die Wissensfrage, die bei der Aufnahmeprüfung in den Magischen Zirkel von Deutschland gestellt wird. Damit hätten Sie den Trivial-Pursuit-Teil absolviert, Ihr Törtchen ist voll, und Sie müssen nur noch mit dem Präsidenten der Prüfungskommission ins Bett steigen, und schon können Sie sich Visitenkarten mit einem Kaninchen drucken lassen und als professioneller Zauberer auftreten.

---

113 Unbekannter Verfasser, »Westcar Papyrus«, 18.–16. Jahrhundert v. Chr. – Wenn Sie die Geschichte nachlesen wollen, dann finden Sie diese Papyrusrolle im Ägyptischen Museum Berlin. Das Ausstellungsstück hat die Nummer Papyrus Berlin P 3033.

Sie sehen, schon seit Menschengedenken haben Zauberkünstler sich an wichtige Machtpositionen heranschlawinert. Mit diesem Hintergrundwissen erscheint die Vorstellung, dass ein Mentalmagier, der in den letzten fünfundvierzig Minuten Kartenspiele auswendig gelernt, Gabeln verbogen und komplexe mathematische Rechenaufgaben im Kopf gelöst hat, auf einmal zu einem medizinischen Wunderkind geworden ist und Krankheiten der Zuschauer heilen könnte, gar nicht mehr so abwegig.

Dennoch muss ich meine Zuschauer stets enttäuschen.

Nein, ich kann keine Krankheiten heilen.

Aber wieso das andere Zauberer in vergangenen Tagen trotzdem erfolgreich konnten – und das, obwohl ihnen weder ein paar Semester Zahnmedizin noch Sascha Hehn halfen –, werden wir uns jetzt ansehen. Es ist eine unglaublich spannende Reise um die ganze Welt, durch die Zeit hindurch, bis ins Heute. Denn nach wie vor gibt es Menschen, die Wunder versprechen und doch nur mit faulen Tricks arbeiten.

Setzen wir erneut bei Klein Adlerauge an. Woher kennt der Medizinmann den Ausgang des bevorstehenden Krieges? Wie schafft er es, dass es regnet? Und wie kann er den Häuptling operieren, ohne Blut zu vergießen?

Wie der Krieg ausgeht? Natürlich immer gut.

Die eigene Mannschaft gewinnt grundsätzlich. Zum einen weiß man aus der Geschichte und von der Wettervorhersage, dass den Überbringern von schlechten Nachrichten selten mit Wohlwollen begegnet wurde. Wenn der Medizinmann eine Niederlage vorhergesagt hätte, wäre er wohl für die längste Zeit Medizinmann gewesen und hätte sich schneller am Marterpfahl wiedergefunden, als er »Old Shatterhand« hätte sagen können. Niemand hört gerne schlechte Nachrichten. Da geht es ihm nicht anders als seinen späteren Kollegen von der Wettervorhersage. Zum anderen würde die Aussicht auf einen Sieg auch die eigenen Krieger motivieren. Es ist eine positive Selffulfilling Prophecy. Aber was, wenn der Stamm trotzdem als Verlierer aus dem Krieg hervorginge? Wäre der Häuptling dann nicht umso erzürnter? In dem Fall würde der Gegner ohnehin alle Indianer skalpieren, und dann wäre niemand mehr da, der sich beschweren könnte. Dann doch lieber gleich einen Sieg prophezeien und hoffen, dass alles gutgeht.

Wieso regnet es, wenn man tanzt?

Da greift der Medizinmann auf den Slogan zurück, dem wir schon mehrfach begegnet sind. »Wer warten kann, gewinnt.« Denn wann wird ein Regentanz eingefordert? Wenn es schon lange nicht mehr geregnet hat. Und je länger es nicht geregnet hat, umso eher wird es auch wieder regnen. Deshalb dreht der Medizinmann jetzt jeden Tag seinen Ghettoblaster auf und macht auf Gene Kelly. Früher oder später wird es schon regnen. Wenn es nicht klappt, dann wird halt morgen wieder getanzt. Das hat auch den Vorteil, dass der ganze Stamm mitmacht und etwas zu tun hat. Sie fühlen sich nicht hilflos den Launen der Natur ausgeliefert, sondern nehmen ihr Schicksal aktiv in die Hand. Außerdem sitzen die Jungs nicht sinnlos rum und kommen vielleicht noch auf die blöde Idee, dass der Marterpfahl mit Medizinmann dran besser aussähe. Wenn es dann endlich regnet, sind alle so happy, dass man gerne darüber hinwegsieht, dass es so lange gedauert hat. Wieder einmal erinnern sich alle nur an die Treffer.

Die alte »Wer warten kann, gewinnt«-Maxime hatte ein Zauberkünstler ganz besonders verinnerlicht. Als Max Malini seinen Anzug zum Schneider brachte, wurde dort zufällig auch gerade der Anzug eines Mannes abgegeben, der ihn buchen wollte. Malini überredete den Schneider kurzerhand, gegen eine kleine Summe eine Spielkarte, die Herz Vier, in den Anzug einzunähen. Malini besorgte sich das gleiche Kartenspiel noch einmal und wartete. Und wartete. Eines Tages trat er dann tatsächlich bei dem Mann auf. Erfreut stellte Max Malini fest, dass dieser den präparierten Anzug trug. Er ließ den Mann eine Spielkarte ziehen, wobei er natürlich dafür sorgte, dass es sich um die Herz Vier handelte. Anschließend verbrannte er die Karte, die Asche pustete er gegen den Anzug seines Auftraggebers. Sie können sich ausmalen, wie sprachlos dieser war, als er sein Jackett abtastete und den Umriss einer Spielkarte spürte. Völlig sprachlos riss er selbst den Stoff an dieser Stelle entzwei und blickte auf die Karte, die Malini vor wenigen Sekunden verbrannt hatte.[114] – Wie gesagt: Wer warten kann, gewinnt.

Und wie kann der Medizinmann operieren, ohne das Stammesoberhaupt aufzuschneiden?

Auch hierbei wendet der Operateur einen Trick an. So, wie Houdini im vorherigen Kapitel eine Rasierklinge in der Hand versteckte, so verbirgt der Medizinmann in seiner ein kleines Hühnerherz. Der Häuptling legt sich hin und Der-wie-Professor-Brinkmann-aussieht nimmt ein stumpfes Messer und gibt vor, einen Schnitt entlang der Bauchdecke zu machen. Dabei drückt er kräftig auf den Geflügelinnereien herum und hinterlässt damit eine

---

114 Eric Evans und Nowlin Craver, »The Secret Art of Magic«, 2003

breite Blutspur. Jetzt stützt er sich mit der einen Hand auf dem Häuptling ab, während seine andere angeblich im Bauch des Patienten rumwühlt. In Wirklichkeit knickt er sie nur ab und versteckt sie hinter dem davorgehaltenen Arm. Nach kurzer Zeit zieht er seine Hand hervor und präsentiert triumphierend das zerquetschte Hühnerorgan. Die Operation sei erfolgreich verlaufen. Mit einem Tuch wischt er über den Bauch, und alles ist wieder gut.

Und tatsächlich, es *ist* wieder alles gut. Der Häuptling fühlt sich viel besser.

Gleiches geschah Ende der achtziger Jahre. Damals entstand ein wahrer Reiseboom auf die Philippinen. Doch fuhren die Touristen nicht dorthin, um am Strand die Seele baumeln zu lassen oder das gute Essen zu genießen. Nein, statt einer Pauschalreise hatten sie eine Pauschal-OP gebucht. Mit ähnlichen Mitteln wie der Medizinmann täuschten die falschen Ärzte vor Ort eine aufwendige medizinische Prozedur vor. Sie passten sich nur etwas der fortgeschrittenen Technik an. Die Wattebäusche, die sie zum regelmäßigen Abwischen der operierten Stelle verwendeten, wurden in chemische Lösungen getaucht, die beim Zusammendrücken miteinander reagierten und eine rote Flüssigkeit produzierten. Die Hände des philippinischen Wundermannes konnten also tatsächlich leer sein. Im Laufe der »Operation« mussten die Tupfer gegen frische ausgetauscht werden, und die neuen dienten als Versteck für Organe, Knorpel oder andere Leckereien, die dem Patienten scheinbar entnommen wurden.

Auch den Pauschal-Patienten ging es hinterher besser.

Wie kann das sein, dass eine OP, die nie stattgefunden hat, das Wohlbefinden steigert?

Sie erinnern sich bestimmt noch an den Hundefan Pawlow. Im vorherigen Kapitel haben Sie gelesen, wie er seinen Tieren erst tagelang Morphium gespritzt hatte, wovon sie sich übergeben mussten, um dann hinterher mit einem kleinen Pieks die gleiche Wirkung zu erzielen. Dieser »Nocebo-Effekt« hat auch einen sympathischeren Zwilling, der das genaue Gegenteil bewirkt: »Placebo«.

In der Geschichte der Medizin wurden mehrere Operationen, die erfolgreich anschlugen und bei den Patienten eine deutliche Linderung der Beschwerden bewirkten, auf ihre tatsächliche Wirksamkeit überprüft, indem Ärzte nur vorgaben, sie durchzuführen. 1955 täuschte Leonard Cobb, ein Kardiologe aus Seattle, eine Arterienligatur vor. Seit fünfundzwanzig Jahren zeigte diese Behandlung große Erfolge bei Angina Pectoris, doch Cobb wollte es genauer wissen: Anstatt die innere Brustkorbarterie abzubinden, sägte er nur den Brustkorb der Patienten auf, trank einen Kaffee und nähte ihn wieder zu. Das erstaunliche Resultat war, dass es für die Patienten keinen Unterschied machte, ob ihre Arterie tatsächlich zugeschnürt wurde oder ob nichts gemacht wurde – alle bestätigten, dass der Druck auf der Brust nachgelassen hatte. Für ungefähr drei Monate, danach setzten die Beschwerden wieder ein. Egal, ob »echte« OP oder Placebo-Aufschneiden.[115]

Zu sehr ähnlichen Ergebnissen kam der amerikanische Orthopäde James Bruce Moseley. Er hegte Zweifel an

---

115 Leonard Cobb, George Thomas, David Dillard, Alvin Merendino und Robert Bruce, »An Evaluation of Internal Artery Ligation by a Double-Blind Technic«, 1959, in *New England Journal of Medicine*, Vol. 260, No. 22

der Wirksamkeit einer Arthritis-Operation. Genau wie Cobb vor ihm operierte er eine Gruppe Patienten auf die »klassische« Weise, indem er den geschädigten Knorpel aus dem Knie schälte. Einer zweiten Gruppe wurde das lädierte Gewebe mit einem Schlauch rausgespült. Die letzte Gruppe bekam nur ein paar Einschnitte und sonst nichts.

Da Moseley nicht nur Zweifel an der Operation hatte, sondern auch an seinen schauspielerischen Fähigkeiten, erfuhr er selbst erst unmittelbar bevor er das Skalpell ansetzte und die Patienten längst unter Narkose schlummerten durch das Ziehen eines Loses, wie die heutige Behandlung aussah. Durch dieses »Doppelblind-Verfahren« wollte er sicherstellen, dass der Patient nicht an Moseleys Gesichtsausdruck erkennen konnte, ob er wirklich operiert würde oder nur ein paar Narben erhalten sollte.

Rund sechs Monate nach den Eingriffen und ohne dass sie informiert wurden, zu welcher Gruppe sie gehörten, berichteten alle zehn Patienten, sie hätten wesentlich weniger Schmerzen, und werteten die Operationen als Erfolg.[116] Er wiederholte die Studie Ende der neunziger Jahre noch einmal mit hundertachtzig Patienten. Die Ergebnisse waren annähernd identisch.[117]

Natürlich heißt das nicht, dass Sie lieber auf die Philippinen fliegen sollen, anstatt ins Krankenhaus zu gehen. Es zeigt jedoch, dass falsche OPs, bei denen gar nicht

---

116 Margaret Talbot, »The Placebo Prescription«, in *New York Times Magazine* vom 09.01.2000

117 James Bruce Moseley, Kimberly O'Malley, Nancy J. Peterson, Terri J. Menke, Baruch A. Brody, David H. Kuykendall, John C. Hollingsworth, Carol M. Ashton und Nelda P. Wray, »A Controlled Trial of Arthroscopic Surgery for Osteoarthritis of the Knee«, 2002, in *The New England Journal of Medicine,* Vol. 347, No. 2

operiert wird, doch zu einer Verbesserung des Gesundheitszustandes führen. Und zwar, weil der Patient *glaubt,* dass es hilft. Solange Winnetou also glaubt, dass der Medizinmann weiß, was er tut, wird es ihm hinterher bessergehen.

Je aufwendiger der Patient die Behandlung wahrnimmt, umso größer ist auch der Placebo-Effekt. So verwundert es auch nicht, dass große Pillen eine höhere Wirkung haben als kleine. Kapseln sind wirksamer als Pillen. Spritzen machen mehr Eindruck als Pillen, und wenn erst die Maschine mit dem »Bing« aufgefahren wird, dann kann der Chirurg noch so sehr zittern, die Heilung ist nahezu reine Formsache.[118]

Teurere Medikamente wirken ebenfalls stärker als billige.[119] Das legt zumindest ein Versuch von Dan Ariely, Rebecca Waber, Baba Shiv und Ziv Carmon in Amerika nahe.[120] Auf dem MIT-Universitätsgelände in Boston stellten sie einen Stand auf. Studenten sollten ein neues Medikament testen. Eine echt tolle neue Entwicklung, die Schmerzen umgehend lindern würde. (In Wirklichkeit war diese großartige Tablette ein Vitamin-C-Präparat, das noch nie die Kopfschmerzen von irgendjemandem beseitigt hat.) Die Studenten bekamen anschließend

---

118 Louis W. Buckalew und Kenneth E. Coffield, »An Investigation of Drug Expectancy as a Function of Capsule Color and Size and Preparation Form«, 1982, in *Journal of Clinical Psychopharmacology,* Vol. 2, No. 4

119 Alan Branthwaite und Peter Cooper, »Analgesic Effects of Branding in Treatment of Headaches«, 1981, in *British Medical Journal,* Vol. 282, No. 6276

120 Dan Ariely, »Denken hilft zwar, nützt aber nichts. Warum wir immer wieder unvernünftige Entscheidungen treffen«, 2010 (amerikanisches Original: 2008)

mit einem Elektroschocker Stromstöße verabreicht, konnten die Super-Deluxe-Schmerzmittel-Bombe einwerfen und sollten anschließend nach einer Viertelstunde angeben, wie stark ihre Schmerzen seien. Die Studenten, welche die Vitamindrops bekommen hatten, bewerteten das immer noch andauernde Kribbeln im Arm als viel schwächer als diejenigen, die keine »Medizin« erhalten hatten. In einem zweiten Schritt wurde der angebliche Preis der Vitamintablette gesenkt. Den ersten Studenten hatte man noch erzählt, dass eine Dosis des neuen Medikamentes zwei Dollar fünfzig kosten würde. Jetzt kam es zum Preissturz. Die Tablette kostete nur noch fünfzig Cent. Wieder durften Studenten in den sprichwörtlichen Weidezaun pinkeln, wieder bekamen sie nur Vitamin C. Doch diesmal – beim genau gleichen Vitamin C – konnten sie nur eine geringe Linderung der Schmerzen feststellen.

Je teurer, desto besser!

Da ist es beruhigend zu wissen, dass die Pharmaindustrie mehr Geld für Werbung als für Forschung und Entwicklung ausgibt,[121] um uns dazu zu bringen, teure Markenpillen zu erwerben anstelle absolut gleichwertiger No-Name-Generika. Je mehr uns das Werbefernsehen einbläut, wie toll ein bestimmtes Medikament wirkt, umso besser wird es das auch. Natürlich nur, insofern wir der Werbung Glauben schenken.

Selbst die Farbe der Pille hat Auswirkung auf die Wahrnehmung und entsprechend auf den Effekt des Place-

---

121 Marc-André Gagnon und Joel Lexchin, »The Cost of Pushing Pills: A New Estimate of Pharmaceutical Promotion Expenditures in the United States«, 2008, in *PLoS Medicine*, Vol. 5, No. 1

bos.[122] 1972 verteilte Barry Blackwell auf dem Campusgelände der Universität von Cincinnati Zuckerpillen in verschiedenen Farben. Er behauptete, dass es sich um verschiedene Medikamente handele. Einige würden müde machen, andere aufputschen. Da er den Versuch in den goldenen Siebzigern durchführte, fragte keiner groß nach, um was für Wirkstoffe es sich da handeln möge, sondern alle schluckten begierig die Pillen hinunter in der Hoffnung, endlich mal wieder einen abgefahrenen Trip zu erleben, von dem sie noch ihren Enkelkindern erzählen konnten. Obwohl keine der Tabletten irgendeinen Wirkstoff enthielt, waren die Personen, die die pinken Pillen bekommen hatten, anschließend viel wacher und konzentrierter als die blaue Fraktion. Ein leuchtendes Rot wurde als belebend und Blau als beruhigend wahrgenommen.[123] Werfen Sie selbst einen Blick in Ihren Medizinfundus. Ich sage voraus, dass anregende Medikamente rot, orange und gelb sein werden, Antidepressiva und Beruhigungsmittel eher blau, grün und violett.

Für den behandelnden Mediziner ist es oft eine ethische Zwickmühle. Zum einen widerspricht es der eigentlichen Aufgabe eines Arztes, wenn er seinen Patienten tatsächlich ein wirkungsloses Präparat gibt – und ihn damit prinzipiell gar nicht behandelt. Zum anderen muss er es auch moralisch vertreten können, den Patienten anzu-

---

122 Barry Blackwell, Saul S. Bloomfield und C. Ralph Buncher, »Demonstration to Medical Students of Placebo Responses and Non-Drug Factors«, 1972, in *Lancet*, Vol. 299, No. 7763

123 Daniel E. Moerman und Wayne B. Jonas, »Deconstructing the Placebo Effect and Finding the Meaning Response«, 2002, in *Annals of Internal Medicine*, Vol. 136, No. 6

lügen, da er ihm ja verschweigt, dass er nur ein bisschen gepresste Stärke erhalten hat.

Spannenderweise scheint Ted Kaptchuk von der Harvard University zumindest für den zweiten Teil einen Ausweg gefunden zu haben. Anstatt stärkere Medikamente zu entwickeln, interessierte er sich dafür, den Placebo-Effekt zu vergrößern. Darum teilte er die Teilnehmer einer Studie in drei Gruppen. Die erste erhielt das tatsächliche Medikament. Die zweite ein gleich aussehendes (wirkstoffloses) Placebo. Die dritte jedoch bekam das Placebo in einer Schachtel, auf der dick »Placebo« stand, und sie wurde darüber informiert, dass sie ein Pseudo-Medikament bekam. Allerdings mit der Zusatzinformation, dass oftmals auch Placebos die gleiche Wirkung zeigen könnten wie die »echte« Arznei. Die Ergebnisse waren selbst für Kaptchuk und die übrigen Forscher überraschend: Die dritte Gruppe, die wusste, dass sie ein Placebo erhielt, verspürte eine doppelt so große Linderung ihrer Leiden wie die Gruppe, die das gleiche Placebo erhielt, aber nicht davon wusste.[124]

Das erinnert an das Hufeisen von Niels Bohr: Trotz seines Namens hat der nichts mit Zahnmedizin zu tun, sondern mit Physik. Dafür hat er 1922 sogar einen Nobelpreis eingeheimst. Und eben dieser Niels Bohr hatte ein Hufeisen über seiner Tür angebracht. Wolfgang Pauli, ein anderer Nobelpreisträger, der ihn besuchte – offensichtlich hängen so Leute nur mit ihresgleichen ab –, bemerkte das und fragte verwundert, ob Bohr etwa daran glauben würde, dass das Stück Metall Glück brächte.

---

124 Cara Feinberg, »The Placebo Phenomenon: An Ingenious Researcher Finds the Real Ingredients of ›Fake‹ Medicine«, 2013, in *Harvard Magazine*, Ausgabe Januar/Februar

Bohr winkte lachend ab und sagte: »Natürlich nicht! Aber weißt du was? Es hilft sogar, wenn man nicht dran glaubt!«

Kaptchuk betont, dass die Studie erst noch in einem größeren Rahmen wiederholt und überprüft werden muss. Gleichzeitig warnt er davor, dem Placebo-Effekt allzu viel »Macht« zuzusprechen. Es gäbe genug Krankheiten, die keinesfalls durch die Vorstellungskraft alleine geheilt werden könnten.

Dass der Placebo-Effekt auch umgekehrt wirken kann, wissen Sie von den Pawlowschen Junkie-Hunden. Deshalb sollten Sie den Rat vieler Ärzte befolgen und die Nebenwirkungen auf dem Beipackzettel immer erst lesen, wenn Sie Beschwerden verspüren und wissen wollen, ob die mit dem Medikament zusammenhängen. Am besten lassen Sie die Nebenwirkungen sogar von einer dritten Person lesen, oder rufen Sie bei dem Arzt an. Ansonsten kann Ihre Erwartungshaltung Sie dazu bringen, unter genau diesen Nebenwirkungen zu leiden. Sie werden quasi Ausschau nach den Symptomen halten, und jedes Anzeichen wird Sie in Ihrer Annahme bestärken und die Leiden verstärken.

Ein kurzer Selbsttest von dem Schweizer Lorenz Schär zeigt Ihnen, wie sehr Sie Ihre Aufmerksamkeit lenken können, wenn Sie erst einmal wissen, worauf Sie achten müssen.[125] Dinge, die Sie sonst nie bemerkt haben, können auf einmal verstärkt in Ihr Bewusstsein dringen.

Während Sie weiterlesen, überprüfen Sie einmal, wo

---

125 Lorenz Schär, »Zwischen Magie, Psychologie und Kunst – Gespräche beim Pastaessen«, unveröffentlicht

und wie Ihre Zunge im Mund liegt. Erspüren Sie den Mundraum. Ich vermute, dass Sie noch nie bemerkt haben, dass Ihre Zunge eigentlich zu groß für Ihren Mund ist. Bewegen Sie sie nicht, sondern fühlen Sie einmal, wo sie an die Zähne stößt. Sehr wahrscheinlich berührt sie die Backenzähne, eventuell auch die vorderen Schneidezähne. Fühlen Sie oben den Rachenraum? Wenn Sie die Zunge jetzt leicht bewegen, werden Sie merken, dass sie auch unten gegen die Schneidezähne stößt und immer noch an den Backenzähnen anliegt. Es fühlt sich so an, als wäre Ihre Zunge viel zu groß für Ihren Mund. Sie hat nicht genug Platz, es ist richtig unangenehm. Erstaunlich, dass Sie nicht regelmäßig draufbeißen – obwohl Ihnen das sicher auch schon einmal passiert ist.

Sie sehen, durch die gelenkte Aufmerksamkeit stellen Sie Dinge fest, die Ihnen vorher entgangen sind. Ihre Zunge ist zu groß für den Mundraum, und doch hat es Sie bisher nie gestört.

Halt. Stopp.

Natürlich ist Ihre Zunge nicht zu groß.

Keine Sorge.

Aber durch die geführte Suggestion erwarten Sie, dass Sie gezeigt bekommen, dass Ihre Zunge zu groß ist. Wenn Sie sie bewegen, spüren Sie, wo sie überall anstößt.

Gleiches gilt für die Nebenwirkungen.

Wie oft kratzen Sie sich an einem Tag? Manchmal juckt der Körper halt. Aber nachdem Sie den Beipackzettel gelesen haben, ist das kein »alltägliches« Jucken mehr, sondern der Beginn eines gefährlichen Ausschlages. Und schon geht es Ihnen schlecht, weil Sie glauben, dass Sie einer der seltenen Fälle sind, bei denen es zu Komplikationen kommen kann.

Die Vorstellungskraft kann tatsächlich Berge versetzen.

Doch nicht immer wird die Vorstellungskraft auch zum Wohle der Patienten genutzt. Manche Leute nutzen die Leichtgläubigkeit anderer aus, um sich als große Wunderheiler aufzuspielen. Aber nicht, um dem Marterpfahl zu entgehen, sondern um die eigene Geldbörse bis zum Platzen zu füllen.

Einer, der diesen Heilern nachspürt und ihre Tricks aufdeckt, ist James Randi. Den inzwischen über achtzigjährigen Amerikaner kennen Sie noch aus dem vorherigen Kapitel. Dort hat er Parapsychologen das Leben mit »Project Alpha« schwergemacht. Nachdem er im Fernsehen die Löffelverbiegereien von Uri Geller erklärt hatte (übrigens wesentlich fundierter als »Der Spiegel«), widmete er sich mehr und mehr den Wunderheilern des amerikanischen Fernsehens.

Eine seiner bekanntesten Aufdeckungen ist der Prediger Peter Popoff.

Popoff wurde 1946 in Deutschland geboren und wanderte mit seinen Eltern nach Amerika aus. So eine Überfahrt dauert lange, und damit ihm nicht zu langweilig wurde, nahm er Kontakt mit Gott auf. Dieser hatte auch gerade nichts Besseres zu tun und erklärte ihm, wie er durch das bloße Handauflegen Menschen heilen könnte. Eine praktische Sache, wenn man sich mal beim Footballspielen verletzt hatte und kein Sanitäter in der Nähe war. Aber Popoff interessierte sich nicht allzu sehr für Sport, sondern er wollte seine Gabe sinnvoll einsetzen. Nämlich um möglichst viel Geld zu machen. Und wo geht das besser als im Fernsehen? Mit Mitte zwanzig hatte er bereits mehrfach vor der Kamera gestanden, und Anfang der achtziger Jahre besaß er eine eigene, landesweite, wöchentliche TV-Sendung. Darin heilte er Menschen und konnte erstaunliche Einzelheiten über deren Leben nennen.

Im Rahmen der Show sammelte er eifrig Geld für einen guten Zweck – sein eigenes Bankkonto. Um die spendenwütigen Zuschauer nicht abzuschrecken, sagte er das natürlich nicht offen. Stattdessen wollte er mit den finanziellen Zuwendungen diverse Projekte unterstützen. 1985 hatte er beispielsweise die grandiose Idee, die Sowjetunion im christlichen Glauben zu unterstützen, indem er Bibeln an Heliumballons binden und auf diese Weise unbemerkt rüberschicken wollte. Das Prinzip kennen Sie bestimmt von Hochzeiten, auf denen alle Gäste Teelichter unter Papiertütchen binden und diese dann voll romantisch in den Nachthimmel aufsteigen lassen, um wenige Stunden später den nahe gelegenen Wald und die beiden Nachbardörfer niederzubrennen.

Gleiche Bedenken schien Popoff gehabt zu haben, denn »Project Bibelballon« wurde nie in die Tat umgesetzt. Um das Geld nicht zurückgeben zu müssen, gab er vor, hinterhältige Menschen wären in sein Büro eingebrochen und hätten das viele Bibel-Geld gestohlen. In den nächsten Wochen bat er dann um Spenden, um sein verwüstetes Büro wieder herrichten zu können. Die er von den Zuschauern auch bekam.

Da fragt man sich doch, wieso Menschen einem solchen Fernsehprediger ihr sauer verdientes Geld geben?

Popoff versetzte die Fernsehzuschauer in Ehrfurcht, indem er den Studiogästen ihre Geburtsdaten, die genaue Adresse und den Verlauf ihrer Krankheit nennen konnte, ohne jemals mit ihnen gesprochen zu haben. Außerdem brachte er Lahme zum Gehen, machte Blinde sehend, und Gehörlose konnten wieder hören. Zumindest erweckte er den Eindruck. Seine angeblich von Gott gegebene Gabe beruhte nämlich auf drei Hauptfaktoren: Lug, Trug und Schwindel.

Während seiner Show ging er auf Menschen, die in Rollstühlen saßen, zu und forderte sie mit lauter Stimme auf, sich zu erheben und ein paar Schritte zu machen. Zittrig standen sie auf und setzten vorsichtig einen Fuß vor den anderen. Für dieses »Wunder« ließ Popoff vor der Aufzeichnung der TV-Sendung am Eingang ältere Menschen mit Gehhilfe in Rollstühle setzen – damit sie besser in das Fernsehstudio gelangen könnten. Die Zuschauer zu Hause hatten davon keine Ahnung und mussten glauben, dass Popoff ihnen zum Gehen verholfen hatte.

Auch Blinde können häufig schemenhafte Umrisse oder Hell-dunkel-Unterschiede ausmachen. Vielen »Sehenden« ist dies nicht bewusst, was Popoff zu seinem Vorteil ausschlachtete, um seine Heilkräfte zu beweisen. Theatralisch schleuderte er die Blindenstöcke im hohen Bogen davon und forderte die »Geheilten« auf, sie sollten ihm durch das Studio folgen. Seine Stimme reichte aus, um die Blinden, die kein bisschen mehr sehen konnten als zuvor, hinter sich her durch die Gänge zu führen.

Er hatte niemanden geheilt, aber auf dem Bildschirm sah es geradezu erschlagend danach aus, und für jeden Gast mit einem gebrochenen Bein, der schwankend neben Popoff stand, strömte Geld auf sein Spendenkonto ein.

Nur woher wusste der falsche Heiland, wie die Menschen hießen oder wo sie wohnten?

Um das herauszubekommen, tat sich Randi mit dem Crime Scene Investigator Alexander Jason zusammen. Gemeinsam entdeckten sie, dass jeder Zuschauer vor der Show einen Fragebogen ausfüllen musste. Darauf wurden alle wichtigen Informationen abgefragt.[126] Jetzt sind

---

126 James Randi, »The Faith Healers«, 1989

Sie sicher beeindruckt, was für ein Mordsgedächtnis Popoff hatte. Aber nicht einmal diese Leistung kann der Prediger für sich beanspruchen. Seine Frau Elizabeth sagte ihm alles vor. Dafür hatte er ein kleines Knopfmikrofon im Ohr und plapperte eifrig nach, was ihm die Stimme in seinem Kopf verriet.

Jason arbeitete als CSI-Mitglied für die amerikanische Regierung, und so war es für ihn ein Leichtes, die Funkübertragung anzuzapfen und bei mehreren Shows mitzuhören. Und jedes Mal begrüßte Elizabeth Popoff ihren Mann (und die geheimen Lauscher) mit den gleichen Worten: »Pete, kannst du mich hören? Wenn nicht, dann hast du echt ein Problem.«

Nachdem James Randi den Betrug in der »Tonight Show« von Johnny Carson öffentlich machte, musste Peter Popoff sechzehn Monate später Insolvenz anmelden.

Machen Sie sich jetzt keine allzu großen Sorgen um den armen Mann. Mittlerweile ist er wieder dick im Geschäft. Genau wie Dorothy Martin und ihr Arm ließ er sich nicht unterkriegen. Über einen Homeshopping-Kanal verschenkt er gesegnetes Wasser. Einmal bestellt, erhalten Sie jedoch in immer kürzer werdenden Abständen Post von Herrn Popoff, der Sie auffordert, ihm Ihr Hab und Gut zu überlassen, damit das Wunderwasser auch wirke.

Bevor Sie sich über die leichtgläubigen Amerikaner lustig machen, lesen Sie besser weiter. Nicht nur im Land, wo Milchshake und Burgersoße fließen, sondern durchaus auch hier im Land der Dichter und Denker dichten wir anderen Menschen besondere Fähigkeiten an und denken nicht nach. Auch in Deutschland finden Wunderheiler ihr Publikum. Der Bekannteste von ihnen hat nicht einmal geheilt, und trotzdem fahren immer noch

Hunderte von Menschen mit schöner Regelmäßigkeit in die Alpen, um durch den Geist von Bruno Gröning geheilt zu werden.

Gröning erlangte bundesweite Aufmerksamkeit, als er einen an Muskelschwund leidenden Jugendlichen scheinbar von seiner Krankheit heilte. Nachdem ihm der Geistheiler es befohlen hatte, machte dieser ein paar wacklige Schritte, was der Vater des Jungen als Heilung interpretierte und fleißig Werbung für Gröning machte. Vor Grönings Haus sammelten sich daraufhin jeden Tag unzählige Menschen, die ebenfalls geheilt werden wollten.[127] Praktischerweise bot er auch Fernheilungen an, für die man »Gröningkugeln« erwerben konnte, kleine Stanniolkügelchen, in die Haare oder Fußnägel des Heilers gewickelt wurden.

Die Landesregierung von Nordrhein-Westfalen verbot 1949 Gröning sein Wirken als Wunderheiler, nachdem kurz zuvor eine an Diabetes erkrankte Frau ihr Insulin abgesetzt hatte. Bruno versuchte, wie rund fünfzig Jahre später ein Problembär mit gleichem Vornamen, sein Glück in Bayern. Im Unterschied zu seinem Namensvetter wurde er allerdings nicht zum Abschuss freigegeben, sondern ließ sich auf einem Gestüt in der Nähe von Rosenheim nieder. Mehrere Zehntausende Menschen kamen täglich dorthin, um sich von Gröning heilen zu lassen. Bis 1950 sogar absolut kostenlos. Gegen Spenden hatte er jedoch nichts einzuwenden. Über den Verbleib des Geldes – die Summe wird auf über hunderttausend Mark geschätzt – haben sich Gröning und seine Geschäftspartner gestritten. Angeblich wäre es »von den anderen« verprasst worden.

---

127 »Nachruf: Bruno Gröning«, 1959, in *Der Spiegel*, Nr. 6

Der Junge mit dem Muskelschwund starb im Alter von sechzehn Jahren an seiner Krankheit, und eine junge Frau ließ ihr Lungenleiden von Gröning und nicht von einem Arzt behandeln und erlitt das gleiche Schicksal.[128] Das abschließende Urteil des Gerichtsverfahrens in München gegen ihn erlebte der Geistheiler nicht mehr, da er seine eigene Krankheit zu spät bemerkte und nicht zu heilen vermochte.

Auch heute noch gibt es in Deutschland Wunderheiler, die sich großer Beliebtheit erfreuen. Eine besonders profitable Methode hat sich der Heiler »Braco« alias Josip Grbavac ausgedacht. Er stellt sich auf die Bühne eines prall gefüllten Saales und starrt lediglich in die Menge. Dafür verlangt er von jedem der viertausend Gäste den Heiler-Schnäppchenpreis von schlappen fünf Euro. Macht auch zwanzigtausend Kröten. Dazu kommt dann noch der Verkauf der Merchandise-Artikel wie Braco-Amulett, Braco-DVD und Braco-Poster.[129] Aber ums Geldverdienen geht es dem Wunderheiler sicher gar nicht.

James Randi wirft gerne mit Geld um sich und bietet über seine »James Randi Foundation« jedem Wunderheiler, der unter Testbedingungen seine Fähigkeiten unter Beweis stellt, eine Belohnung von einer Million Dollar. Bislang hat sich allerdings noch niemand gefunden, der das Preisgeld eingeheimst hat. Auch bei anderen Organi-

---

128 Schöffengericht München, 4. März 1955, Aktenzeichen 7 Js 214 a-f/55, in *Staatsarchiv München*, Akte der Staatsanwaltschaft 3178a

129 Simone Windhoff, »Wunderheiler ›Braco‹: Er kassiert Eintritt und steht nur stumm auf der Bühne«, in *Bild* vom 03.07.2011

sationen, die eine ähnliche Ausschreibung laufen haben, hat es noch niemand geschafft.

Die bisher gut zweihundert Anwärter und ihre Bewerbungsschreiben können Sie übrigens auf der Webseite der Randi Foundation ansehen.

Mein Vorschlag sähe übrigens so aus, dass Sie sich ein eineiiges Zwillingspärchen schnappen, mit denen Sie sich den Gewinn teilen. Einer der Zwillinge lässt sich operativ den Blinddarm entfernen. Der andere wird ebenfalls aufgeschnitten, darf aber sein Stückchen Darm behalten. Jetzt gehen Sie zu Randi und sagen, dass Sie in der Lage seien, Appendixe nachwachsen zu lassen. Sie präsentieren Ihren ersten Zwilling und lassen ihn untersuchen. Dann legen Sie ihm für ein paar Wochen die Hand auf. Währenddessen lassen Sie irgendwann den anderen Zwilling mitkommen. In dem Moment, in dem Ihre Hand seinen Bauch berührt, schreien Sie aufgeregt: »Es ist vollbracht!« Ziehen Sie ein Ultraschallgerät aus der Tasche und lassen Sie Ihren Patienten untersuchen – der Blinddarm ist nachgewachsen. Hurra. Jeder von Ihnen dreien erhält zweihundertfünfzigtausend Dollar. Die verbliebenen zweihundertfünfzigtausend erhalte selbstverständlich ich als Provision für meine geniale Idee.

Für den Fall, dass Sie das Geld erhalten, erweist sich Randi übrigens als schlechter Verlierer. In den Allgemeinen Geschäftsbedingungen steht folgender Passus: »Selbst wenn jemand die Herausforderung besteht, bedeutet das nicht, dass die James Randi Foundation die Existenz des Übernatürlichen akzeptiert. Es bedeutet lediglich, dass Sie einen Test bestanden und das Geld gewonnen haben.« Aber für eine viertel Million Dollar sollte Ihnen das eigentlich egal sein.

Die James Randi Foundation bietet nicht nur Wunderheilern die Million an, sondern auch jedem, der beweisen kann, dass Homöopathie wirkt.

Moment. Wunderheiler – in Ordnung. Falsche Telepathen und Besteckverbieger – okay. Aber was gibt es an einer anerkannten Heilmethode wie der Homöopathie anzuzweifeln? Ich selbst habe meine Kinder, als sie noch Babys waren, mit zahlreichen Globuli versorgt, weil ich dachte, dass die Zuckerkügelchen besser für sie seien als die Schulmedizin.

Heute weiß ich es besser.

Heute weiß ich, warum Randi für den Beweis der Homöopathie eine Million Dollar in Aussicht stellt.

Heute weiß ich, warum er sie behalten wird.

Ich habe Homöopathie oft mit pflanzlichen Arzneimitteln gleichgesetzt. Das stimmt nicht. Die Homöopathie schlägt einen gänzlich anderen Weg ein, der nicht ausschließlich mit Natur und Pflanzen zu tun hat. Oder würden Sie ein Metall wie Arsen etwa in diese Kategorie einordnen?

Als Begründer gilt Samuel Hahnemann. Der deutsche Arzt hatte Ende des 18. Jahrhunderts die Idee, dass etwas, das bei gesunden Menschen eine Krankheit hervorriefe, bei kranken Zeitgenossen als Heilmittel funktionieren könne. Das ist das »Simile«-Prinzip: Similia similibus curentur – Gleiches mit Gleichem austreiben.

Um seine Theorie zu untermauern, schabte er die Rinde des Chinabaums ab. Nachdem er davon gegessen hatte, durchlebte er dieselben Symptome, als wenn er an Malaria erkrankt wäre. Daher folgerte er, dass eine geringe Menge Chinarinde die Beschwerden der Tropenkrankheit lindern müsse.

Die Idee war keineswegs neu. Gleiches mit Gleichem

zu vergelten, hatte bereits ein gewisser Herrgott damals auf dem Berg Sinai gefordert, als er aus einem brennenden Dornbusch heraus zu dem Pharaonenschreck Moses sagte: »Auge um Auge, Zahn um Zahn«. Während die juristische Anweisung, die Gott aus seinem flammenlodernden Gestrüpp gab, eine bahnbrechende Verbesserung in der damaligen Rechtssprechung bedeutete – bisher hieß es nämlich »Zehn Zähne für einen Zahn« –, erwies sich die Theorie Hahnemanns als nicht ganz so durchschlagend.

Denn obwohl er bei der Chinarinde recht hatte (weil dieser Baum Chinin enthält und das tatsächlich bei Malaria hilft), stellte Hahnemann noch eine zweite Regel auf, die die erste Theorie ad absurdum führen sollte.

Hahnemann vermutete, dass die Wirkung einer Arznei durch Verdünnung vervielfacht würde. Jedoch nicht nur halbe-halbe, auch nicht eins zu sechs, sieben oder gar zwanzig, sondern viel, viel mehr. Weil »Verdünnen« so nach Weinpanscherei klingt, nannte er diese Methode »Potenzierung«. Sollten Sie ein homöopathisches Mittelchen wie »Belladonna« oder »Sepia« in Ihrem Arzneischrank haben, dann werfen Sie mal einen Blick darauf. Neben dem wohlklingenden Namen steht eine Zahl und ein Buchstabe. Das ist der Verdünnungsfaktor. »D23« bedeutet beispielsweise, dass ein Tropfen des Wirkstoffes zunächst mit zehn Tropfen Wasser verdünnt wurde. Jetzt muss das Ganze noch James-Bond-mäßig gemischt werden. Also geschüttelt und nicht gerührt. Dafür kloppt man den Behälter mindestens zehn Mal gegen einen festen, aber elastischen Gegenstand. Damit haben Sie »D1«. Jetzt nehmen Sie sich einen Tropfen daraus und verdünnen ihn mit zehn weiteren Tropfen Wasser. Und wieder müssen Sie klopfen. Dann haben Sie »D2« und ein Verhältnis von 1:100. Wenn Sie diesen Vorgang noch einundzwanzig Mal wiederholen, dürfen Sie »D23« auf den Becher schreiben.

Das Schütteln ist natürlich total lästig. Nicht mal die unterbezahlten Lagersklaven eines Internetbuchhändlers wollen so etwas Stumpfsinniges machen. Deshalb machen das heute hauptberuflich Roboter. Das hölzerne Schlagbrett, das auf der einen Seite mit Leder bezogen und mit Pferdehaar gefüllt ist, hat sich aber seit Hahnemann im Repertoire der Globulifabriken tapfer gehalten. So, es wird also verdünnt, gekloppt, verdünnt, gekloppt.

Wenn Sie jetzt mitgerechnet haben und dreiundzwanzig Mal mit zehn Tropfen verdünnt haben, werden Sie feststellen, dass bei »D23« nicht mehr viel vom Originalwirkstoff übrig bleibt. Nicht viel ist sogar noch übertrieben, denn Sie haben ein Verhältnis von Wasser zu Wirkstoff, das sich auf eins zu hundert Trilliarden beläuft. (Das ist eine Eins mit dreiundzwanzig Nullen.) Damit ist rechnerisch kein Molekül mehr übrig.

Deutlich wird das mit meinem Rezept für homöopathische Fanta. Dafür fahren Sie nach Wilhelmshaven und kippen eine Dose der gelben Limonade ins Meer. Jetzt lassen Sie die Gezeiten und den Mond ihre Arbeit machen. Die schütteln die Limo durch und beweisen damit, dass sie für weit mehr taugen als nur für ein Lied von Heppner und Witt. Zwei Tage später bitten Sie einen Freund in New York, ebenfalls an die Küste zu gehen und ein Glas Meerwasser abzuschöpfen. In dem Glas befindet sich genauso viel von dem ursprünglichen Getränk wie bei einer handelsüblichen »D23«-Vermischung. Doch dank der Simile-Maxime hilft die homöopathische Limo natürlich trotzdem gegen Zuckererkrankung und gelbe Haut.

»D23« ist aber bei weitem noch nicht das obere Ende der Fahnenstange. Es gibt noch höhere »Potenzierungen«, und dabei werden nicht nur zehn, sondern direkt hundert oder tausend Tropfen zum Verdünnen verwendet. »D30« entspricht einem Verhältnis von eins zu einer Quintillion, also einem Tropfen aufgelöst im Fünfzigfachen des Erdvolumens. Da kann sich beim besten Willen kein Molekül mehr finden.

Das Fünfzigfache des Erdvolumens – so viel unbenutztes Wasser ist gar nicht da. Das bedeutet, dass das Wasser, das zum Verdünnen verwendet wird, bereits andere Wirkstoffe potenziert hat. Es sind also mehr andere Inhaltsstoffe drin als das ursprüngliche verdünnte Mittel.

Die Homöopathen wollen diese Bedenken damit zerstreuen, dass sie behaupten, Wasser habe ein Gedächtnis. Es braucht aber zusätzlich auch noch einen Verstand, damit es sich nicht nur merkt, welches Mittel da verdünnt wurde, sondern muss auch noch aktiv unterscheiden können, dass es genau um diesen Wirkstoff geht und nicht um einen anderen, der vielleicht noch im Wasser, das zum Verdünnen verwendet wird, herumschwimmt. Dabei stimmt es tatsächlich, dass Wasser molekulare Strukturen um andere Moleküle bilden kann. Was allerdings gerne unter den Tisch gekehrt wird, ist, dass diese Strukturen sehr kurzlebig sind. Teilweise halten sie sich nur für Pikosekunden.[130] Und mal ganz ehrlich, würden Sie noch ein Glas Sprudel trinken wollen, wenn das Wasser sich alles gemerkt hätte, womit es jemals in Berührung gekommen ist?

Nun gut, da kann man dem Erfinder der Homöopathie

---

130 Ben Goldacre, »Die Wissenschaftslüge«, 2008

keinen Vorwurf machen. Als Hahnemann sich die Methode ausgedacht hat, wusste noch niemand etwas von Molekülen. Deren Existenz wurde erst 1911 von dem Franzosen Jean-Baptiste Perrin belegt. Warum die Homöopathen von heute allerdings immer noch so tun, als wüssten sie nichts von den kleinen Teilchen, ist mir ein Rätsel.

Als Argument, dass diese »Heilmethode« trotzdem funktioniert, höre ich von Freunden oft, dass ihr Schnupfen durch die kleinen Kügelchen verschwunden sei. Nun gut, *jeder* Schnupfen geht irgendwann vorbei, selbst wenn er nicht behandelt wird. Und in der Regel nehmen meine Freunde die Globuli, wenn die Krankheit am schlimmsten ist. Danach wird es natürlich besser, das ist der natürliche Verlauf von Krankheiten.

Den Ablauf macht sich die Homöopathie zunutze, indem sie behauptet, dass es immer zu einer »Erstverschlechterung« komme. Ein Leiden werde also erst einmal intensiver, das bewirke die homöopathische »Medizin«. Danach erst werde es besser. – Seltsamerweise entspricht das exakt dem Verlauf, den eine Krankheit nimmt, wenn sie gar nicht behandelt wird. So etwas aber auch! Ob da wohl ein Zusammenhang besteht?

Fakt ist, keine wissenschaftliche Studie konnte bislang die Wirkung homöopathischer Mittel nachweisen.[131] Alle Forschungen haben stattdessen ergeben, dass Homöopathie ein reines Placebo sei und ausschließlich deshalb wirke. Doch ihre Anhänger streiten dies vehement ab.

---

131 Kevin Smith, »Homeopathy Is Unscientific and Unethical«, 2012, in *Bioethics*, Vol. 26, No. 9

Als Totschlagargument, dass die Pseudo-Wissenschaft trotzdem funktioniere und kein Placebo sein könne, wird gerne angegeben, dass sie sowohl bei kleinen Kindern und Babys als auch bei Tieren wirke.

Dabei dürfen wir nicht vergessen, dass Kinder besonders suggestibel sind, wie Ihnen jeder, der schon einmal hypnotisiert hat, bestätigen kann. Deshalb wirken gerade Placebos bei Kindern sehr gut. Kein Wunder, denn Kinder besitzen noch eine unbändige Vorstellungskraft. Wenn Sie einmal versucht haben, Ihrem Sohn zu erklären, dass im Schrank *wirklich* kein fünfäugiges Monster wohnt, er aber darauf beharrt, es vorhin noch gesehen zu haben, wissen Sie, wovon ich spreche.

Aber Babys und Hunde können ja gar nicht verstehen, was ihnen ein Arzt erzählt. Wie sollte dann ein reines Placebo wirken?

Weil sie nicht sprechen, können sie auch nicht wirklich mitteilen, ob eine Verbesserung stattgefunden hat oder nicht. Diese Interpretation ihrer möglichen Schmerzen liegt im Auge der Betrachter, also der Eltern. Diese haben das Gefühl, dass etwas »getan wurde«, und beurteilen die weitere Entwicklung entsprechend. Und weil sie etwas unternommen haben, sind die gestressten Eltern nach der Verabreichung des »Medikamentes« selbst viel entspannter, was sich natürlich wieder auf das Kind auswirkt.

Beim Placebo scheint es demnach nicht nur auf die Vorstellungskraft des Patienten anzukommen. Ein interessanter Versuch von Robert Rosenthal zeigt, wie stark sich »neutrale« Beobachter beeinflussen lassen und damit auch auf die Beobachteten einwirken. Und gerade Eltern, die auf eine schnelle Genesung ihres Kindes hoffen, sind alles andere als neutral.

Zu Beginn eines Schuljahres kam eine Handvoll Forscher in eine Grundschulklasse und gab vor, die Schüler auf ihre Intelligenz, Lernbereitschaft und andere Fähigkeiten zu testen. In Wirklichkeit tranken sie jedoch mit Leonard Cobb, der gerade eine Placebo-OP durchführen sollte, einen Kaffee, denn die Tests und ihre angebliche Auswertung interessierten sie kein Stück. Wahllos pickten sie auf gut Glück drei, vier Namen heraus und präsentierten diese dem Lehrpersonal als die Schüler mit den größten Erfolgsaussichten auf hervorragende Leistungen. Die Lehrer wurden natürlich zu absoluter Geheimhaltung verpflichtet: Die Schüler dürften unter gar keinen Umständen erfahren, dass sie die Schlauesten wären. Man würde die Lehrer überwachen, um sicherzustellen, dass sich niemand verplappern würde. – Nur gut, dass der Versuch in einer amerikanischen Schule und nicht in einem deutschen Supermarkt durchgeführt wurde.

Am Ende des Schuljahres kamen die Forscher erneut in die Klasse. Die Lehrer versicherten, dass sie nichts verraten hätten, und gratulierten den Forschern zu ihren (fiktiven) Testergebnissen: Die Schüler, die sie vor dem Schuljahr ermittelt hätten, hätten auch das ganze Jahr über die besten Noten erzielt.[132]

Erstaunlich, was eine entsprechende Erwartungshaltung alles bewirkt …

Aber wieso hält sich die Homöopathie trotz aller Gegenbeweise so hartnäckig?

Jetzt mal abgesehen davon, dass die Heilpraktiker, die

---

132 Robert Rosenthal und Lenore Jacobson, »Pygmalion in the Classroom – Teacher Expectation and Pupils' Intellectual Development«, 1968

Ihnen die Placebolis, ups, ich meinte: Globuli verschreiben, damit natürlich eine Menge Kohle machen. Schließlich haben sie keine Rinderhälften-Flatrate wie der Zauberer Dedi. Nur letztlich sind die Heilpraktiker auch nicht besser dran als die NLP-Practitioner und die kleine UFO-Sekte aus Michigan. Wenn man sein halbes Leben lang an die Macht weißer Kügelchen geglaubt hat, ist es schwierig, die zweite Hälfte in dem Wissen zu verbringen, dass man die erste mit Unfug verplempert hat.

Andererseits ist es doch gar nicht schlimm, zuzugeben, dass Homöopathie nur auf dem Placebo-Effekt beruht. Wie wir aus der Studie von Kaptchuk wissen, wirken Placebos auch, wenn wir wissen, dass es welche sind. Sie können also gerne Ihre Zuckerkügelchen weiterhin in rauhen Mengen schlucken. Ich würde zwar Würfelzucker bevorzugen. Der schmeckt besser, kann in koffeinhaltigen Getränken aufgelöst werden und ist viel billiger. Meist gibt's den sogar zum Kaffee umsonst dazu.

Doch die Homöopathie hat eine große Stärke, und das sind die Heilpraktiker, die sie anwenden. Die sind sicher der Hauptgrund, warum ihre Kunden so zufrieden sind. Mein Großonkel Josef Enders, von meinem Bruder und mir Onkel Sepp genannt, der Chirurg war, hat immer gesagt, es brauchte nur ein Röntgenbild, und schon ginge es dem Patienten besser.

Die Menschen gehen zum Arzt, weil sie davon ausgehen, dass er ihnen hilft. Damit er ihnen helfen kann, muss er natürlich etwas tun. Er muss sie untersuchen und ihnen etwas verschreiben. Damit macht er das, was die Patienten erwarten, und das fördert die Genesung. Homöopathen nehmen sich meistens viel Zeit für ihre Kunden. Alles wird genau »untersucht« und ein ganzheitlicher

»Befund« erstellt. Da könnte sich mancher vom Gesundheitssystem und IGeL-Leistungen gebeutelte Schulmediziner eine Scheibe abschneiden.

Ob das allerdings den Verkauf von vollständig wirkstoffbefreiten Zuckerkügelchen für sonst wie viele Euro pro Fläschchen rechtfertigt, sei dahingestellt. Dann fliege ich doch lieber auf die Philippinen. Da ist das Wetter wenigstens besser.

Es steht Ihnen natürlich frei, alles und jedem zu glauben. Ich will Sie davon auch gar nicht abhalten. Vielleicht treffen Sie irgendwann jemanden, der tatsächlich die Zukunft voraussagen, Gedanken oder aus der Hand lesen, Menschen durch bloßes Handauflegen heilen oder andere Wunder vollbringen kann, ohne auf Fingerfertigkeit oder psychologisches Blendwerk zurückzugreifen. Ich will nicht abstreiten, dass es das Übernatürliche gibt. Nur möchte ich Sie bitten, ganz genau hinzusehen, bevor Sie einer Person Ihr Vertrauen schenken, Geld geben oder auf deren Ratschläge hören.

Nur, weil etwas unerklärlich scheint, bedeutet das nicht zwangsläufig, dass es keine Erklärung gibt.

Zugabe

»Wie wird man Weltmeister der Mentalmagie?«

*»Will ich mal wieder mit
dem Kopf durch die Wand,
legst du mir Helm und
Hammer in die Hand.«*
Sportfreunde Stiller – *Applaus, Applaus*

Wenn ich anderen Menschen davon erzähle, dass ich an den Weltmeisterschaften der Zauberkunst teilgenommen habe und die punkthöchste Darbietung in der Sparte Mentalmagie gab, ernte ich meist irritierte Blicke. Gut, vielleicht interessiert sich mein Bäcker eher dafür, wie viele Brötchen ich kaufen möchte. Und die Leute auf der Straße, die mich nach dem Weg gefragt haben, wollen lieber wissen, wie sie zum Albrecht-Dürer-Haus kommen. Das mag sein, aber im Frühjahr 2012 war ich so überwältigt von meinem Sieg, dass ich wildfremde Menschen angesprochen habe, um ihnen davon zu berichten. Inzwischen kann ich besser mit dem Erlebten umgehen und fange nicht ungefragt davon an. Trotzdem hat sich an dem verständnislosen Blick wenig geändert.

Bei Zaubermeisterschaften denken die meisten immer an Harry Potter. Sie stellen sich einen wunderbar blauen Himmel vor, aus dem ein Ungarischer Hornschwanz herabstößt, um mich mit einem gezielten Feuerstrahl in ein Grillhähnchen zu verwandeln. Und dann müsste ich ein sprechendes goldenes Ei stehlen und am nächsten Morgen meine entführte Freundin aus einem düsteren

See befreien, um am dritten Tag durch ein lebensgefährliches Labyrinth zu rennen, an dessen Ende ein psychopathischer Irrer ohne Nase mich töten wollte.

So jedenfalls beschreibt Joanne K. Rowling im vierten Band um den Zauberer mit der Narbe auf der Stirn das »Trimagische Turnier«, was einer Weltmeisterschaft im Zaubern am nächsten kommt. Nur ist die Romanreihe glücklicherweise reine Fantasie und hat mit der Wirklichkeit nichts zu tun. Bei der echten Weltmeisterschaft gibt es weder Drachen noch Wassermenschen – aber jede Menge durchgeknallte Irre.

Überhaupt ist bei so einer Weltmeisterschaft einiges anders, und die Zunft der Zauberer weigert sich, dem Anspruch der literarischen Vorlage gerecht zu werden. So finden die Weltmeisterschaften keineswegs auf einem alten Schloss statt. Nein, die Zauberkünstler dieser Welt versammelten sich in jenem Jahr in Blackpool, einem alten Badeort an der englischen Westküste.

Einen blauen Himmel habe ich dort jedoch nie gesehen.

Stattdessen goss es in Strömen, was die anwesenden Engländerinnen nicht davon abhielt, mit bauchfreien T-Shirts rumzurennen. Klar, ansonsten hätte man ihre Tätowierungen nicht sehen können. Das wäre jammerschade, denn damit würde das Rätselraten flachfallen: War das wohl schon immer ein Kugelfisch, oder hatte sich die Frau damals vor zwanzig Jahren und sechzig Kilo vielleicht einen Gecko stechen lassen?

Und dieses Rätselraten ist die einzige Attraktion, die man hier freiwillig in Anspruch nehmen möchte.

Denn Blackpool gilt als eine der Geburtsstätten des modernen Massentourismus – na, wenn das nichts ist, auf das man stolz sein kann! Leider liegt die Geburt inzwischen über einhundert Jahre zurück, und so lassen sich einige Abnutzungserscheinungen und beginnende Senilität ausmachen. Kam im 19. Jahrhundert noch die britische Arbeiterklasse in Scharen, um sich in dem Küstenstädtchen die frische Seeluft um die Nase wehen zu lassen, so kommen inzwischen nur noch Engländer nach Blackpool, die so aussehen, als wären sie die Geburtshelfer von damals. Und obwohl die falschen Fassaden der Gebäude langsam gammelig und von besagter Seeluft zerfressen werden, hat es die Stadt selbst noch nicht bemerkt und verlangt voller Stolz für alles exorbitante Preise. Selten liegen Dekadenz und Verfall so offensichtlich nebeneinander. Wenn Sie den Film »Funny Bones« kennen, wissen Sie, was ich meine. Denn der wurde genau hier gedreht. Und jeder, der schon einmal einem Engländer dabei zugesehen hat, wie der in einem Plastikeimer voll Sangria zu ersaufen versucht, hat das Flair der Stadt vor Augen.

Als wären die tätowierten Inselschönheiten vom Rang einer Fidschi-Meerjungfrau noch nicht genug, fallen einmal im Jahr Zauberkünstler aus der ganzen Welt in Blackpool ein, um sich über den aktuellen Stand der Magie schlauzumachen.

Ja, es gibt tatsächlich Zauberfachkongresse, auf denen über gezinkte Karten, aufblasbare Tiger und falsche Jungfrauen gefachsimpelt wird. Die weltweit größte dieser Magiermessen findet, gut versteckt vor den Augen der Öffentlichkeit, in Blackpool statt. Im Jahr 2012 sogar mit dem Ziel, die Besten der Zunft zu küren. Und zwar ganz ohne tödliches Labyrinth, Flugechsen und Quidditch.

Wie bei jeder Sportart, in der man sich messen kann, so

machen auch Zauberkünstler und Mentalisten gerne auf Schneewittchens Stiefmutter und wollen wissen, wer der Schönste und Stärkste im ganzen Lande sei. Dafür veranstaltet die FISM, die Fédération Internationale des Sociétés Magiques, also der Dachverband aller Zaubervereinigungen der ganzen Welt, im Abstand von drei Jahren einen Wettbewerb. Jedes Land, das Mitglied der FISM ist, schickt dann ein paar Auserwählte ins Rennen. Die Auswahlkriterien der Kandidaten unterscheiden sich von Land zu Land. In einigen gibt es schlicht und ergreifend nur fünf Zauberer, und die müssen dann natürlich mitmachen. Der Älteste von den fünfen zaubert zwar schon lange nicht mehr, wird aber trotzdem alle drei Jahre in die Welt hinausgeprügelt, um gefälligst die Ehre seines Volkes zu verteidigen. Andere Länder sind da eher bedacht und vergeben die Plätze nach einem Ansatz, der in der heimischen Politik erprobt wurde, und so dürfen nur die Zauberkünstler antreten, die dem Präsidenten der FISM am meisten Geld geschenkt haben. Deutschland hingegen macht seinem Ruf als Spießer wieder alle Ehre und gibt sich deshalb besonders korrekt; die Teilnehmer müssen sich erst in einer Vorentscheidung qualifizieren, um dann im Jahr darauf bei den Deutschen Meisterschaften erneut zu bestehen. Diese Gewinner wiederum werden von einem Gremium des Vorstandes des Magischen Zirkels nach der Wahrscheinlichkeit ihrer internationalen Gewinnchance ausgesiebt und zu einer kleinen Delegation zusammengestellt. Dieser Hickhack klingt auf den ersten Blick mächtig bürokratisch (auf den zweiten übrigens immer noch), hat Deutschland aber in den vergangenen Jahren immer sehr viele gute Plazierungen eingebracht.

Im Jahr 2012 kam FISM in eben dieses Blackpool, und ich war einer der zehn Auserwählten, die für Deutschland an den Start durften. Jetzt wusste ich also, wie sich Keanu Reeves in »Matrix« gefühlt hatte. Nur stand Neo vor der verhältnismäßig einfachen Frage, ob er die rote oder die blaue Pille schlucken sollte. Ich hingegen musste mein ganzes Equipment nach England karren, meine Nummer ins Englische übersetzen und mich gegen rund zweihundert Konkurrenten durchsetzen.

Während meiner Schulzeit hatte ich ein Jahr in den Vereinigten Staaten verbracht. Darum war die Übersetzung meiner Darbietung das geringste der Probleme. Jetzt zahlte sich aus, dass ich mich gegen einen kulturellen Aufenthalt und für das Land mit der »Spring Break« entschieden hatte. Meine Hormone hatten sich also als sehr weitsichtig erwiesen!

Der Transport meiner Requisiten erschien mir viel unlösbarer. Um meiner Nummer eine besondere Atmosphäre zu verleihen, wollte ich unbedingt einen alten Überseekoffer auf der Bühne stehen haben. So ein großes, schweres Ding aus Holz mit fetten Eisenbeschlägen. Mentalmagie hat in der Regel keine große Ausstattung. Im Gegensatz zur klassischen Zauberkunst passiert alles im Kopf des Publikums. Für eine Weltmeisterschaft wollte ich jedoch zusätzlich mit einem Bühnenbild begeistern. Ich vermutete, dass die meisten anderen Mentalisten diesen Mehraufwand scheuen und tatsächlich nur mit Stift und Block nach Blackpool kommen würden. Denen wollte ich einen Schritt voraus sein. Deshalb musste der Koffer mit!

Aber wie?

Für den Gepäcktransport im Flugzeug war er viel zu groß, und ich konnte mir spannendere Dinge vorstellen, als von Nürnberg mit dem Auto nach England zu fahren.

Hier sollte sich wieder zeigen, wie sehr die Gemeinschaft der Zauberkünstler zusammenhält: Als ich Thomas Höschele, einem der Teilnehmer aus Österreich, bei einem gemeinsamen Auftritt von meinem Transportdilemma berichtete, bot er mir direkt an, den Koffer für mich mitzunehmen. Er wollte am Ende seiner Nummer seine Freundin mit einem großen Feuerwerk erscheinen lassen und musste deshalb ohnehin mit einem Bus anreisen. Der Bus wäre zwar bereits gerammelt voll mit Bengalischen Fackeln, Pyro-Sternchen und der geheimen Apparatur, um seine Herzdame plötzlich auf der Bühne stehen zu haben, aber für meinen Koffer gäbe es noch Platz.

Alle meine Probleme schienen sich wie magisch in Luft aufzulösen. Ein sehr gutes Vorzeichen für eine Weltmeisterschaft der Magie, wie ich fand.

So reisten mein Koffer und ich getrennt nach Blackpool.

Ich hatte zwar schon bei mehreren Weltmeisterschaften zugeguckt, nur teilgenommen hatte ich noch nie.

Seit ich zweiundzwanzig Jahre alt war, stand für mich allerdings fest, dass ich eines Tages an einer Weltmeisterschaft teilnehmen würde. Diesen Entschluss fasste ich im Jahr 1997, als die FISM nach Dresden kam.

Alle drei Jahre finden die Meisterschaften im Hoch-, Schnell- und Weitzaubern in wechselnden Ländern statt. In jenem Jahr sollte es Deutschland sein, und für mich gab es kein Halten mehr. Eine WM im eigenen Land? Da musste ich hin!

Acht Jahre nach dem Mauerfall fuhr ich ganz alleine in die ehemalige DDR. Dort, zwischen grünen Abbiege-Pfeilen an Ampeln und dem Panorama von Plattenbauten, sollte für mich ein Traum Wirklichkeit werden. Denn plötzlich fand ich mich neben den großen Namen der Zauberkunst wieder. Als ich einen Kaffee bestellte, stand etwa neben mir David Williamson, wegen dessen Waschbären, den er auch bei Kartentricks einsetzte, ich schon mehrfach vor Lachen Bauchschmerzen bekommen hatte. Max Maven, die amerikanische Mixtur aus Mephisto und einem Mentalisten, habe ich fast auf der Treppe umgerannt, und das Burger-Essen mit dem Close-up-Zauberkünstler John Carney werde ich nie vergessen. – Wenn Ihnen diese Namen nichts sagen, ist das völlig in Ordnung. Die Jungs sind die Brad Pitts, die Picassos und Pavarottis der Zauberszene. »Normale« Menschen können damit natürlich trotzdem nichts anfangen. Aber glauben Sie mir, wenn Sie einmal sehen, was Juan Tamariz mit einem Kartenspiel anstellt, werden Sie in kürzester Zeit wieder zum Kind und Freudentränen weinen, weil Sie wirkliche Magie erleben. Wenn Sie spanische Freunde haben, fragen Sie diese spaßeshalber nach Señor Tamariz. Die werden ihn garantiert kennen und Ihnen begeistert von seinen Fernsehshows berichten.

Und zwischen all diesen Wundermachern befand ich mich! Bisher kannte ich ihre Auftritte nur von unter der Hand weitergereichten VHS-Bändern, die bereits so oft kopiert wurden, dass die Aufnahme ähnlich verwaschen aussah wie weichgezeichnete Erotikfilme aus den späten Siebzigern. Sogar meine hochgeschätzte »Tanz der Teufel«-Kopie, die ich damals mit dreizehn im Austausch gegen mein gesamtes Taschengeld von Manfred aus der Oberstufe bekommen habe, hatte eine bessere Qualität. Das Erstaunlichste für mich war, dass diese ganzen »Stars« völlig normal waren. Sie konnten mit einem Blick eine Münze verbiegen oder wussten sofort, an welches

Wort aus einem tausend Seiten starken Lexikon der Zuschauer dachte, aber keiner von ihnen hielt sich für etwas Besonderes. Sie unterhielten sich mit jedem und alberten mit allen rum. Da spürte ich, dass diese Szene etwas unglaublich Persönliches hat.

Und als ich im großen Saal des Dresdner Kongresszentrums saß und bei den Wettbewerben mitfieberte, da wusste ich, dass ich eines Tages auch bei einer Weltmeisterschaft mitmachen wollte. Ich wollte Teil dieser großen Gemeinschaft sein. Ich wollte ebenfalls den anwesenden Zauberern ein Rätsel aufgeben. Ich wollte, dass sie mit mir bangten, ob ich einen Preis bekomme oder nicht. Ich wollte zur FISM!

Zwischen meinem Wunsch und der tatsächlichen Teilnahme sollten allerdings noch fünfzehn Jahre und fünf Weltmeisterschaften liegen. Unter anderem, weil ich dafür natürlich erst einmal eine vernünftige Wettbewerbsnummer brauchte.

Wie entsteht eine solche Nummer?

Langsam.

Sehr langsam.

In den fünfzehn Jahren hatte ich viele Ideen, und genauso viele musste ich wieder verwerfen. Mathematisch gesehen ist das natürlich einleuchtend, aber auch vom eigenen Anspruch war das die einzige Möglichkeit. Schließlich treten alle drei Jahre einige Hundert Teilnehmer an. Das ist eine Menge Zauberholz. Da wird es verdammt schwierig, mit einem Effekt und einer Geschichte zu kommen, die nicht schon Tausende Male gezeigt wurde. Und dann geht es ja auch noch darum, die anwesenden Zauberkünstler und Mentalmagier zu täuschen. Die dürfen auf keinen Fall wissen, wie ich meine Darbietung bewerkstelligen würde. Ansonsten konnte die Vorführrung noch so unterhaltsam sein – Zauberer wollen nach einem Wettbewerb sprachlos sein und keine Erklärung für das Gesehene haben.

Doch wie sollte ich an eine Geschichte kommen, die nicht schon unendliche Male erzählt wurde? Durch Zufall wurde meine Aufmerksamkeit auf ein Buch von Morgan Robertson gelenkt. Mein guter Freund Dirk und ich hatten zu Schulzeiten damit angefangen, auf Flohmärkten nach ungewöhnlichen, alten Büchern Ausschau zu halten und sie dem anderen zu schenken. Je abwegiger ein Buch, desto besser. Meine Highlights waren ein Buch über die »Gartenpflege für den gereiften Mann« aus den Vierzigern und eine (ernst gemeinte!) Anleitung, wie man sich mit seiner Schultasche gegen einen atomaren Angriff schützen konnte.

Im Jahr 2003 brachte mir Dirk den Roman »Titan – Eine Liebesgeschichte auf hoher See« von Morgan Robertson mit. Auf dem grünen Cover prangte ein dicker Eisberg, und da mein Freund wusste, wie sehr ich den Film »Titanic« von James Cameron verabscheute, hielt er es für das perfekte Mitbringsel. Meine Abneigung gegen dieses Machwerk auf Zelluloid wird übrigens durch meine Frau immer wieder aufs Neue angestachelt. Sie mag den Film nämlich. Und immer, wenn ich nicht aufpasse, landet die Silberscheibe in unserem DVD-Player, und die nächsten fünf Stunden ertönt das Gejammer von Leonardo DiCaprio und Kate Winslet im ganzen Haus.

Dirks Lippen umspielte also ein süffisantes Grinsen, als er mir den Roman überreichte. Unsere Abmachung sah vor, dass wir jedes Buch lesen – egal wie doof es auch klingen mochte. Dieses Buch klang für mich besonders blöd. Es schien tatsächlich der plumpe Versuch zu sein, die Geschichte meines Nemesis-Films neu zu erzählen: Ein Schiff fährt von Amerika nach England. Auf dem Weg rammt es einen Eisberg und säuft ab. Die Hauptfigur kann sich und seine Geliebte retten, indem die beiden von Bord hüpfen und über das Eis flüchten. Zum Glück gibt es in dem Roman wenigstens keine beschlagenen Autofenster, gegen die eine schweißnasse Frauenhand klatscht. Dafür einen hinterhältigen Kapitän, der seine Widersacher erst unter Drogen und dann in das Krähennest, den Ausguck des Schiffes, setzt. Und natürlich Eisbären. Das hätte dem Film mit DiCaprio auch gutgetan. Dann wäre zumindest ein glaubwürdiger Charakter dabei gewesen.

Ich hielt das Ganze also für reine Abzocke. Ein Autor, der auf der Titanic-Welle mitschwamm, um das schnelle Geld zu machen. Wie erstaunt war ich, als mich Dirk auf das Copyright hinwies: Der Roman war von 1898! Robertson konnte gar nicht von Cameron abgeguckt haben. Aber es kam noch besser, als mir bewusst wurde, dass die Titanic erst vierzehn Jahre später, am 15. April 1912, sank. Demnach konnte Robertson weder von dem unsäglichen Film inspiriert worden sein noch von dem Originalunglück. Denn als er das Buch geschrieben hatte, gab es die Titanic noch gar nicht.

Verrückt!

Aber die Parallelen sollten nicht enden. Das Schiff im Buch ging im April unter – genau wie die Titanic. Auf beiden gab es zu wenig Rettungsboote – der Hauptgrund für die zahlreichen Toten. Beide beförderten dreitausend Passagiere, und zwischen dem Ort des literarischen und des tatsächlichen Untergangs liegen nur ungefähr einhundert Seemeilen. Während die Titanic von Southhampton nach New York fuhr, schipperte Robertsons

Schiff den genau entgegengesetzten Weg. Aber der Knaller ist, wie der Autor das Schiff in seinem Roman nannte: »Titan«!

Ich war begeistert von den ganzen Übereinstimmungen. Sofort schossen Bilder in meinen Kopf, wie Robertson eines Nachts eine Vision hatte. Vor seinem geistigen Auge sah er den Untergang eines Schiffes und hielt es schriftlich fest. Doch was er für eine kreative Eingebung gehalten hatte, sollte sich als Wirklichkeit herausstellen. Robertson war ein Prophet!

Natürlich weiß ich, dass Morgan Robertson *kein* Prophet ist und *nicht* in die Zukunft geblickt hatte. Ich habe schließlich mein eigenes Buch gelesen und weiß, dass es sich hierbei lediglich um das Phänomen der Synchronizität handelt. Und wie die abergläubischen, tanzenden Tauben sucht unser Verstand nach Verbindungen und Erklärungen. Trotzdem ist es faszinierend, die Übereinstimmungen zu entdecken. Ich für meinen Teil war ganz euphorisch.

Das war der Moment, in dem es Klick machte.

Wenn ich begeistert war, dann konnte ich auch andere damit begeistern. Und die provokante Frage, ob es sich bei Robertson um einen Prophet gehandelt habe, war die perfekte Einleitung für eine fesselnde Darbietung.

Damit wurde die Titanic zum übergreifenden Thema meiner zukünftigen Wettbewerbsnummer.

Doch bevor die Titanic und ich nach Blackpool reisen sollten, stand eine Menge Arbeit an. Zum Glück war ich dabei nicht auf mich alleine gestellt.

Ich bin davon überzeugt, dass hinter jeder erfolgreichen Wettbewerbsnummer nicht eine Person allein steht, sondern ein Team. Mein Team bestand aus meinem langjährigen Bühnenpartner Dirk Wiedemann, meinem Zauberlehrer Werner Fleischer und meinem Schauspielcoach Pius Maria Cüppers, der 1997 die Weltmeisterschaft in der Sparte Comedy-Magie gewann. Erst im Zusammenspiel mit dieser Kreativ-Taskforce war es mir möglich, die Nummer aus allen Winkeln zu betrachten und von der ersten Idee zur wettbewerbsfähigen Darbietung zu entwickeln. Denn ein toller Einstieg mag die halbe Miete sein, aber die andere Hälfte muss ebenfalls überzeugen. Werner Fleischer hatte mir beigebracht, dass die Zauberei nur Mittel zum Zweck sein darf, um unser Publikum niveauvoll zu unterhalten. Denn das ist der Grund, warum die Menschen kommen, um eine Show zu sehen. Sie wollen unterhalten werden.

Doch die drei halfen mir nicht nur, genügend Entertainment in die Nummer zu bringen, sondern zogen mich oft auf den Boden der Tatsachen zurück, wenn ich Pläne hatte, deren Umsetzung jeden Rahmen sprengen würden. Zum Beispiel hielt ich es für eine gnadenlos gute Idee, eine Kapitänsuniform zu tragen. (Ich vermute, dass daran mein erhöhter Sascha-Hehn-Konsum in Jugendjahren Schuld hatte.) Hinter mir wollte ich ein gigantisches Modell der Titanic aufgebaut haben, das während meiner Nummer auseinanderbrechen und sinken sollte.

Die wildeste aller Ideen war die, Leonardo DiCaprio zu kontaktieren. Er sollte mittels Videoprojektion an meiner Wettbewerbsnummer teilnehmen, und ich wollte hinterher in diese Projektion eintreten und dann mit ihm die Treppe der Titanic hinaufsteigen. Aber irgendjemand musste ihm gesteckt haben, dass ich seinen Film furchtbar finde und jedes Mal in laute Jubelstürme ausbreche, wenn er sich von der Schiffsplanke runterrutschen lässt und wenig später eisesstarr in die Tiefe gleitet, um Platz für die mopsige Winslet zu machen. Ich befürchte, ich hätte noch viel mehr Zeit mit Briefeschreiben verplempert – schließlich hatte ich Kontakt zu jemandem, der einen Freund von der Schwester des Onkel des Hundes von Leonardo DiCaprio kannte –, wenn nicht mein flotter Dreier gekommen wäre und freundlich vorgeschlagen hätte, dass wir uns wieder auf die wirklich wichtigen Dinge besinnen.

Zum Beispiel auf mein Schauspiel.

Alleine an meiner ersten Frage, mit der ich die Nummer eröffnen wollte, arbeiteten Pius und ich mehrere Abende. Ich habe keine Ahnung, wie oft ich »Schrecklich, oder?« gesagt habe. Es dauerte ewig, bis er mir endlich glaubte, dass ich auch wirklich genervt war. Er ist sich zwar sicher, dass ich so überzeugend gewirkt habe, weil er ein guter Schauspiellehrer ist, aber ich vermute eher, dass ich nach dem zweitausenddreihundertzweiundachtzigsten Mal einfach tatsächlich kurz vorm Durchdrehen war.

Stellen Sie Ihr Team mit Bedacht zusammen. Sorgen Sie dafür, dass sich die Stärken ergänzen, wie bei den Beatles – bis zu dem Zeitpunkt, an dem Yoko Ono alles kaputt gemacht hat.

Die Gruppe sollte jedoch keinesfalls zu groß werden. Zwar bedeuten mehr Mitglieder auch mehr Ideen, aber dann verbringen Sie mehr Zeit mit Diskussionen als mit dem Ausprobieren.

Natürlich haben mir noch sehr viel mehr Kollegen bei den unterschiedlichen Problemen geholfen, die während der Entwicklung der Nummer auftraten, aber das Kernteam bestand aus den erwähnten drei Personen. Ohne sie würde ich sicherlich immer noch das Buch von Robertson in der Hand halten und sagen, dass das eine großartige Grundlage für eine Weltmeisterschaftsnummer sei.

Aber dank ihnen hatte ich am Ende eine runde Darbietung, die nur darauf wartete, vor einem Fachpublikum gespielt zu werden.

Meine drei Probleme waren also gelöst: Die Wettbewerbsnummer war in meinen Augen gut genug, um den internationalen Ansprüchen gerecht zu werden. Der Text war bereits ins Englische übersetzt und mehrfach geprobt worden, und mein Überseekoffer reiste mit einem anderen Teilnehmer ins ferne Blackpool.
Was konnte mich jetzt noch aufhalten?

Frohen Mutes kam ich in Blackpool an und betrat das Opera House, in dem die größte Zauber-Convention der Welt stattfand.
Als Erstes rannte ich mal wieder in jemanden hinein. Diesmal war es nicht Max Maven, sondern ein Kerl mit Schnauzbart und einer paillettenbesetzten Krawatte, die sich wie eine Schlange unter seine viel zu enge Glitzerweste zwängte. Angestrengt suchte ich nach dem Schild »Bitte geben Sie Ihren guten Geschmack an der Garderobe« ab, fand aber nichts. Nein, dieser Mensch hatte sich freiwillig so angezogen. Und völlig verwundert musste ich feststellen, dass er nicht der Einzige war, der sich mit seinem Kleidungsstil bewusst gegen die Genfer Konventionen entschieden hatte. Klar, wenn man in Berlin wohnt, ist man daran gewöhnt, dass alle Leute mit bekloppten Klamotten rumrennen und dabei glauben, sie wären verdammt cool. Hier wollte aber niemand cool sein, sondern die Socken mit dem Kaninchenaufdruck waren genauso ernst gemeint wie das Outfit der dicken Frau mit den Locken, die sich in eine Spandexhose geschossen hatte. Beide trugen diese Accessoires jeden Tag,

um ihren Mitmenschen unmissverständlich klarzumachen, dass sie Zauberer waren. Erschreckend kommt hinzu, dass die lockige Dicke gar keine Frau war, sondern einer der besten Bühnenmagier unserer Zeit. Er kann mit leeren Händen in die Luft greifen und unzählige Kartenfächer erscheinen lassen. In seiner Freizeit schien er jedoch lieber Dinge verschwinden als erscheinen zu lassen – und zwar hauptsächlich Hamburger.

An ihm vorbei drängelte sich direkt der nächste modische Fehlgriff. Ein spindeldürrer Typ, auf dessen T-Shirt ein fetter Hinweis prangte: »Nein, ich ziehe keine Karte!« Alle, die das Shirt erblickten, mussten lachen. Denn das, was wir in den nächsten Tagen bestimmt am meisten sahen, waren Kartentricks. Und fast alle Kartentricks fangen damit an, dass eine Karte gezogen wird. Da unterscheiden sich Profis nicht groß von Ihrem Onkel Herbert.

Mehr Begeisterung erntete nur das T-Shirt mit dem Aufdruck »Für meinen nächsten Trick brauche ich eine Freiwillige und ein Kondom«. Wie schon bemerkt, wir waren hier, weil wir zaubern können, nicht, weil wir witzig sind.

Ich blickte in die Menge und sah immer mehr Menschen, die sich tatsächlich die ersten Kartentricks zeigten. Andere hatten kleine Vogelkäfige mit verängstigten Tauben dabei. Irgendwo an der Seite zogen sich Jugendliche Münzen hinter ihren Ohren hervor, während sich zwei Mentalisten mit den uralten Worten »Dir geht's gut, und wie geht's mir?« begrüßten. – Unglaublich, so viele Nerds auf einem Haufen sieht man sonst nur auf einem Parteitag der »Piraten«!

Mein erster Stopp war die Technikprobe. Schließlich kannte hier noch niemand meine Nummer und wusste, wann ich welche Lichtstimmung oder Musik brauchte, um das Maximum aus meiner Vorführung rauszuholen. Leider war nicht nur meine Darbietung unbekannt, sondern auch die von den übrigen zweihundert Teilnehmern. Zweihundert Nummern, und für jede musste sich die Stage Crew aufschreiben, wann welcher Spot mit welcher Farbe für wie lange auf welchen Fleck der zwölf Meter breiten Bühne strahlen sollte. Dementsprechend waren die ersten Worte des Technikers auch kein großes Hallo, sondern die knappe Information, dass ich genau zehn Minuten hätte, um ihm alle meine Wünsche zu erzählen. Die Zeit würde bereits laufen.

Innerhalb kürzester Zeit hetzte ich durch meine Nummer. Ständig wanderte mein besorgter Blick auf den Zettel des Technikers. Hatte er meine Regieanweisungen aufgeschrieben? Hatte ich etwas vergessen? Und warum war der Zettel des Technikers immer noch leer? Er lächelte mich an. Dass ich dabei feststellte, dass ein Backenzahn im Oberkiefer – und zwar der mit der Nummer II-27 – fehlte, beruhigte mich nicht wirklich. Es zeigte mir zwar, dass ich nicht alles von meinem Zahnmedizinstudium vergessen hatte und immer noch das FDI-Schema beherrschte, steigerte aber nicht gerade das Vertrauen, das ich in mein Gegenüber setzen sollte. Doch dieses Gegenüber versicherte mir, dass er das gleich aufschreiben würde, wenn ich weggegangen wäre. Er hätte ein echt gutes Gedächtnis, *Dude,* und woran er sich nicht erinnern würde, wäre es auch nicht wert.

Prima.

Das beruhigte mich …

Um meine Selbstsicherheit war es also geschehen. Die ganze innere Ruhe, die ich bei der Ankunft noch gespürt hatte, war wie weggespült. Hinein in das Meer zwischen

Großbritannien und Irland. Weggelächelt von einem fehlenden Zahn.

Zum Glück waren wir in England, Alkohol würde also in der Nähe sein. Doch kurz bevor mich meine Verzweiflung um den Verstand brachte, traf ich auf andere deutsche Teilnehmer.

»Warst du auch schon bei der Probe?«, fragten sie mich mit offensichtlicher Schadenfreude.

Nachdem sie sich einige Zeit an meiner Misere gelabt hatten, legten sie ihre Hand auf meine Schulter.

»Alles easy. Der Techniker hat bei uns auch kaum was aufgeschrieben. Der macht den Job seit Jahren. Und bisher hat's immer geklappt. Er hat trotzdem angeboten, dass wir uns während der Auftritte einfach neben ihn stellen und ihm die Einsätze live ansagen können.«

Sofort setzten wir uns zusammen und gingen die Nummern durch. Für mich wollte Stefan Olschewski den Techniker unterstützen, und ich würde bei der Nummer von Thomas neben dem Mischpult stehen. Und das, obwohl Stefan, Thomas und ich direkte Konkurrenten waren. Wir traten alle drei in derselben Sparte, Mentalmagie, an. Trotzdem halfen wir einander, ohne groß darüber nachzudenken. Wir wussten selbst am besten, wie sich der andere fühlen musste, und waren froh, helfen zu können.

Gleiches habe ich hinter der Bühne noch bei vielen Teilnehmern beobachten können. Zauberkünstler sind – wie die meisten Kreativen – einfach entsetzlich chaotisch. Ständig hat einer etwas vergessen. Mal ist es ein Seidentuch, mal ein Filzschreiber oder auch schon mal, dass man die Tauben hätte füttern sollen und nun ohne Federvieh dasteht. Egal, was es ist, immer findet sich ein Kollege, der aushilft. Sogar dann, wenn die eigene Nummer als Nächstes ansteht. Bei einem Wettbewerb, der vom Glamourfaktor unendlich weit von einer Olympiade entfernt ist, wird der Olympische Gedanke sehr groß geschrieben.

Meine Startnummer war die »13«. Für einen Mentalmagier ist das freilich eine Glückszahl. In jedem Fall. Da halte ich es mit dem Hufeisen von Niels Bohr.

Direkt am ersten Tag musste ich mich also dem Publikum stellen. Zum Glück war unter den zwölf Nummern vor mir noch ein anderer Mentalist, und ich musste nicht als Erster in meiner Sparte starten. Psychologisch gesehen ist das nämlich eine äußerst ungünstige Position. Statistisch gesehen schneiden die Personen, die bei einem Wettbewerb als Erste antreten, immer schlechter ab als die, die später drankommen. Das liegt daran, dass die Jury anfangs noch keine Vergleichsmöglichkeiten hat. Später können sie sagen, die Vorführung gerade war besser oder schlechter als die Nummern zuvor. Aber bei der ersten Nummer gibt es keinen Vergleich, sondern nur einen ersten Eindruck. Und der ist prägend. Natürlich vergibt die Jury erst ganz am Ende des Wettbewerbs die Punkte, und dabei vergleichen die Juroren alle Nummern. Aber bei allen anderen Nummern können sie bereits während des Auftritts vergleichen. Einzig die Startnummer eins muss für sich selbst bestehen und wird ausschließlich am ersten Eindruck gemessen. Darum sorgen Sie um Himmels willen dafür, dass Sie nicht als Erstes ranmüssen, wenn Sie einmal an einem Wettbewerb teilnehmen sollten. Sei es »Deutschland sucht den Superstar« oder etwas Anspruchsvolleres wie der »Miss Wet-T-Shirt Contest« in Augsburg. Egal, wie sehr Ihre wohlgeformten Brüste auch unter einem nassen T-Shirt zur

Geltung kommen mögen – erst im Vergleich mit anderen haben Sie wirklich gute Chancen.

Trotzdem musste ich direkt am ersten Tag ran.

Startnummer 13.

Und der Techniker hatte sich nichts aufgeschrieben.

Hatte ich schon erwähnt, dass meine innere Balance komplett dahin war?

Sonst die Ruhe selbst, war ich jetzt ein einziges Nervenbündel. Wo ist bloß ein Ungarischer Hornschwanz, wenn man ihn braucht, um gefressen zu werden?

Zum hundertsten Mal klopfte ich meinen Anzug ab. In der Innentasche war der Brieföffner, um meinen Hals hing die Kette mit der Münze, und das Buch von Morgan Robertson (diesmal im englischen Original mit dem Titel »Futility« – Sinnlosigkeit) hielt ich in meiner rechten Hand. Also, alles war da, wo es sein musste. Trotzdem klopfte ich erneut meinen Anzug ab, um zu überprüfen, ob der Brieföffner auch immer noch in der Tasche war und die Münze an der Kette um meinen Hals.

Ich hatte Lampenfieber.

Nachdem ich für die nächsten fünfzehn Sekunden beruhigt sein würde, dass Öffner, Kette und Buch an ihrem Platz waren, ging ich in Gedanken meinen Text durch: »Isn't that awful?«

Weiter kam ich nicht, denn ich hielt es für wichtiger, zu überprüfen, ob meine drei Requisiten noch da waren.

Lampenfieber ist etwas Schreckliches. Es frisst einen von innen auf. Der Herzschlag beschleunigt ins Unermessliche, körpereigene Dopingstoffe wie Adrenalin werden in solchen Mengen ausgeschüttet, dass sie sogar die nach oben offene Jan-Ullrich-Skala in Bedrängnis bringen.

Lampenfieber löst im menschlichen Körper Reaktionen

aus, die typischerweise in einem Angriffs- oder Flucht-
verhalten enden.[133] Das war zu Zeiten, in denen ein Säbel-
zahntiger hinter einem zum Sprung ansetzt, ganz schlau.
Hinter einem geschlossenen Vorhang sind die beiden Verhaltensweisen jedoch keine Option. Weder das Nieder-
metzeln des Publikums noch das Verlassen des Veranstal-
tungsortes werden ein erneutes Engagement nach sich
ziehen. Und so bleibt der nervöse Künstler nägelkauen-
derweise hinter dem Vorhang stehen.

Charles Rosen, ein bekannter Musiktheoretiker, hat
aufgezeigt, dass die körperlichen Auswirkungen des
Lampenfiebers denen ähneln, die in mittelalterlichen Ab-
handlungen dem Verliebtsein zugeschrieben wurden. Er
bezeichnet sie als kulturelle Phänomene, da sie den Körper nicht vernünftig auf die bevorstehende Aufgabe vor-
bereiten, sondern eher davon abhalten.[134] Seiner Auffassung nach reduziert Lampenfieber die Leistungsfähigkeit.

Damit widerspricht er natürlich vielen Künstlern, die
behaupten, dass Lampenfieber wichtig sei. Es wäre ein
Eustressfaktor, der ihre Aufmerksamkeit schüre und sie
zu Höchstleistungen antriebe. Das Lampenfieber würde
erst zeigen, dass der Künstler den Auftritt überhaupt
ernst nähme. Ohne Lampenfieber hätte man kein Feuer.

Ein wissenschaftlicher Beleg für diese Aussage konnte
bisher jedoch nicht geliefert werden.[135] Ich vermute eher,
dass Künstler, die behaupten, Lampenfieber wäre wich-

---

133 Walter Bradford Cannon, »Wut, Hunger, Angst und Schmerz: eine
Physiologie der Emotionen«, 1975 (Original: 1915)

134 Charles Rosen, »Lampenfieber«, 2007, in *Lettre International,*
Nr. 079

135 Christoph Drösser, »Es ist die Hölle«, 2009, in *Die Zeit,* Nr. 15

tig, sich damit nur ihre Angst schönreden. Denn vertrauen Sie mir, es macht viel mehr Spaß, nicht wie ein gehetztes Kaninchen aufzutreten. Und es ist nicht einmal so schwierig, sein Lampenfieber loszuwerden.

Sie fragen sich jetzt möglicherweise, was das mit Ihnen zu tun hat. Warum sollten Sie sich für die Panikattacken vor einem Auftritt interessieren? Sie haben einen seriösen Job. Sie verdienen Ihr Geld nicht damit, dass Sie auf den Brettern, die angeblich die Welt bedeuten, stehen. Doch Lampenfieber ist nicht nur Schlagerstars, Pianisten oder Mentalmagiern vorbehalten. Es kann jeden treffen. Denn früher oder später muss jeder einmal vor anderen Menschen stehen und etwas sagen. Sei es das Vortragen der Hausaufgaben in der Schule, die Zusammenfassung des Kassenberichts, die Rede zur Einweihung Ihrer Simpsons-Statue im Garten oder die ergreifenden Worte bei der Hochzeit Ihrer Tochter, die tatsächlich den Kerl, der seinen Tachostand auf Facebook postet, geheiratet hat.

Sind das Situationen, über die Sie sich freuen würden? Tatsächlich drücken sich die meisten Menschen liebend gerne darum, vor anderen zu sprechen. Statistisch gesehen ist das sogar die am weitesten verbreitete Angst. Bei der Countdown-Show »Die 10 größten Ängste der Weltbevölkerung« mit Sonja Zietlow läge das öffentliche Reden bestimmt auf Platz 1. Noch vor Höhenangst, Ungeziefer und dem Tod. *(Siehe Abbildung 9)*

Wenn Sie sich jetzt fragen, ob es wirklich Menschen gibt, die lieber sterben würden, als ein kurzes Referat zu halten, und direkt einen sehr effizienten Lösungsansatz vor Augen haben, wie man das Problem der überfüllten Vorlesungssäle an deutschen Universitäten in den Griff bekommen könnte, muss ich Sie enttäuschen. Bei dieser

Die 10 größten Ängste

1. Öffentliches Reden   41 %
2. Große Höhen   32 %
3. Ungeziefer   22 %
4. Tod   19 %
5. Fliegen   18 %
6. Einsamkeit   14 %
7. Hunde   11 %
8. Autofahren   9 %
9. Fahrstühle   8 %
10. Rolltreppen   5 %

Abbildung 9

Statistik handelt es sich um eine der am häufigsten fehlinterpretierten Umfragen. Sie besagt nicht, wovor die Befragten *am meisten Angst* haben, sondern wovor *die meisten Befragten* Angst haben. Also nicht, was die schlimmste, sondern die häufigste Angst ist. Denn jeder konnte mehrere Ängste nennen. Und »Vor anderen sprechen« hat die meisten Stimmen erhalten. – Also doch keine Snackautomaten mit Zyankali-Kapseln vor deutschen Unis.

Aber auch, wenn es nicht die schlimmste Angst ist, so ist sie doch – wie jede Angst – nichts, was Spaß macht oder man anderen zum Geburtstag schenkt.

Dabei ist Lampenfieber gar nicht nötig. Es ist zwar bisher nicht gelungen, ein Toxoplasma gondii so zu dressieren, dass es anstatt der Furcht vor Katzen die Auftrittsangst auslöscht, aber zum Glück gibt es wesentlich einfachere Tricks, damit die Angst gar nicht erst aufkommt.

Am wichtigsten ist es tatsächlich, gut vorbereitet zu sein. Wenn Sie die ganze Zeit darüber nachdenken, wie schlecht ausgearbeitet Ihr Text ist und wie wenig Sie ihn geprobt haben, dann wird es schwierig, entspannt zu bleiben.

Setzen Sie sich deshalb nicht erst am Abend zuvor hin, um sich Gedanken über Ihre Rede zu machen. Planen Sie genug Zeit ein, damit Sie eine hohe Qualität erreichen können. Und überlegen Sie sich im Vorfeld, welche Fragen Ihnen gestellt werden könnten und wie Sie diese beantworten werden.

Es gibt eine alte Regel, die meist dem amerikanischen Luft- und Raumfahrttechniker Edward Aloysius Murphy Jr. zugeschrieben wird und als »Murphy's Law« bekannt ist: »Alles, was schiefgehen kann, geht auch irgendwann schief.«[136] Deshalb habe ich von jedem Requisit immer zwei Exemplare dabei. Also zum Beispiel zwei Stifte, für den Fall, dass einer nicht mehr schreibt oder verlorengeht. Der Techniker erhält meine Musik immer auf zwei CDs und zwei USB-Sticks. Für Sie bedeutet das, dass Sie Ihren Text zweimal ausdrucken. Selbst wenn Sie ihn auswendig vortragen wollen, halten Sie den Ausdruck zusammengefaltet und griffbereit in der Hosentasche. Falls Sie doch einen Hänger haben, können Sie einfach nachgucken. Das ist zwar nicht so schön, aber immer noch schöner, als wie ein Kaninchen in die Scheinwerfer des heranrasenden Autos zu starren und nicht weitermachen zu können.

Der Text ist der nächste Punkt, der für Panik sorgen

---

136 Schon weitaus früher sind Postulierungen dieses »Gesetzes« zu finden, zum Beispiel bei Alfred Holt, »Review of the Progress of Steam Shipping During the Last Quarter of a Century«, 1878, in *Minutes of the Proceedings,* Vol. 51, No. 1878: »Alles, was bei der Seefahrt schiefgehen kann, wird es früher oder später normalerweise auch tun.«

kann. Sie sollten ihn natürlich so gut wie möglich kennen. Selbst wenn Sie ihn nicht frei sprechen, sondern ablesen, ist es wichtig, dass Sie ihn beherrschen und möglichst oft durchgelesen haben.

Aber bitte *nicht* unmittelbar vor dem Auftritt!

Vor dem Auftritt macht Sie das nur nervös. Ungefähr eine halbe Stunde bevor Sie vor die Menschenmassen treten, lassen Sie die Finger von dem Zettel! Gehen Sie den Text auch nicht mehr im Kopf durch! Wenn Sie ihn jetzt noch nicht können, helfen Ihnen diese dreißig Minuten genauso wenig weiter. Im Gegenteil. Es macht Sie nur noch nervöser. Vertrauen Sie mir und meiner langjährigen Erfahrung als Nervenbündel.

Eine halbe Stunde bevor Sie dran sind, überprüfen Sie ein Mal alles. Ein Mal. Lesen Sie meinetwegen Ihren Text einmal durch und sehen Sie nach, ob alle Dinge, die Sie brauchen, an Ort und Stelle sind. Läuft der Computer? Sind die PowerPoint-Folien im richtigen Verzeichnis? Ist der Verlobungsring auch in der Jackentasche?

Danach nicht mehr.

Wenn Sie jetzt noch zehnmal den Computer hoch- und runterfahren, ist hinterher, wenn es drauf ankommt, bestimmt die Sicherung durchgebrannt. – Ein Kollege von mir brauchte für einen Auftritt mal ein ferngesteuertes Auto. Das hat er vor der Show so oft »kontrolliert«, dass während seines Auftritts die Batterien leer waren …

Es war also das Verkehrteste, was ich tun konnte, ständig mein Brieföffnen, die Münze und das Buch durchzuzählen. Ich hätte es besser wissen müssen, aber trotzdem ertappte ich mich dabei, wie ich erneut auf meine Jackentasche klopfte.

Normalerweise bin ich bei meinen Auftritten immer absolut entspannt. Doch in Blackpool war alles anders.

Denn dieses Mal trat ich nicht vor »gewöhnlichen« Zuschauern auf, sondern vor einem Fachpublikum. Das schraubte die Erwartungshaltung an mich selbst in schier unerreichbare Höhen.

Wenn Sie Ihrer Rede eine besondere Bedeutung zumessen, wird automatisch die Anspannung stärker. Ärgerlicherweise muss man manchmal wichtige Vorträge halten. Genauso muss man manchmal vor Fachpublikum bei einem Wettbewerb auftreten. Da lässt sich die Bedeutung nicht herunterspielen. In dem Fall helfen nur noch Tricks. Und damit meine ich nicht den albernen Rat, sich Ihr Publikum nackt vorzustellen. Das löst die Anspannung nämlich kein Stück. Bei einem gutaussehenden Publikum werden Sie höchstens noch aufgeregter, und bei unansehnlichen Zuschauern wird Ihnen schlecht.

Stattdessen stellen Sie sich gerade mit dem Rücken an eine Wand und atmen Sie ruhig und gleichmäßig ein. Wenn Sie wollen, schließen Sie Ihre Augen. Kommen Sie erst einmal runter. Wenn Sie das nicht vor Ihren Arbeitskollegen machen wollen, gehen Sie kurz auf die Toilette. Ein bisschen kaltes Wasser ins Gesicht macht in Sekundenschnelle einen klaren Kopf.

Als Nächstes erinnern Sie sich an das, was Sie in Kapitel 2 zum Thema Glück gelesen haben. Da habe ich Ihnen berichtet, wie die Leistungsfähigkeit von Studenten zunahm, nachdem sie ein lustiges YouTube-Video geguckt oder ein Bonbon gelutscht hatten. Bereiten Sie sich einen kleinen Glücksbooster vor und verwenden Sie ihn.

Sie können sich weiter in eine ideale Auftrittsstimmung versetzen, wenn Sie Ihren MP3-Player dabeihaben. Hören Sie nicht einfach Ihre Lieblingsmusik, sondern bespielen Sie das Gerät mit Stücken, die mit Ihrer gewünschten Atmosphäre übereinstimmen. Wollen Sie gute Laune haben, dann wählen Sie den süßesten Popsong, den Sie finden können. Wollen Sie jemandem einen Heiratsantrag machen, dann besteht Ihre Playlist aus schnulzigen Balladen. Und für den Wirtschaftsbericht, der die Inkompetenz der gesamten Chefetage offenlegt, gibt es nichts Passenderes als Rammstein.

Kopfhörer sind kleine Wunder. Während Sie diese tragen, werden Sie nicht von anderen Menschen zugeschwallt. Wenn Sie mit anderen Künstlern hinter der Bühne stehen, gibt es viele, die ihr Lampenfieber mit einem Laber-Flash zu kompensieren versuchen. Das ist das Letzte, was Sie wollen. Wenn Sie jedoch offensichtlich nichts hören können, suchen sich die akut unter verbaler Inkontinenz leidenden Mitstreiter schnell ein anderes Opfer. Ich verwende deshalb keine kleinen Ohrstecker, sondern extra große Bügelkopfhörer. Manchmal habe ich sie sogar auf, ohne überhaupt Musik zu hören. – Leider funktioniert dieser Trick nicht, wenn Sie zu Hause unliebsamen Besuch erhalten. Lassen Sie die Kopfhörer beim Abendessen auf Ihrem Kopf, werden Sie schnell als Menschenfeind abgestempelt.

Eine letzte Sache noch: Kommen Sie vor dem eigentlichen Termin an. Wo immer Sie hinmüssen, planen Sie genug Zeit für die Anfahrt ein. Wie wollen Sie bei Ihrer Rede locker sein, wenn Sie die ganze Fahrt über Angst haben, ob Sie rechtzeitig ankommen werden. Ich sitze lieber eine halbe Stunde in einem Café nebenan und warte, als dass ich völlig außer Atem den ersten Satz beginnen muss, weil ich die Treppen zum Auftrittsort gerade erst hinaufgerannt bin.

Mit genug Zeit für Vorbereitung und Fahrt, einem Bonbon und Musik sind Sie für Ihren Auftritt bestens gewappnet, und Sie können mit Ihrer Rede loslegen.

Allez, hop, raus vor die Zuschauermeute!

Ich weiß, Sie wollen direkt anfangen zu sprechen, um so schnell wie möglich mit Ihrer Rede durch zu sein.

Machen Sie das nicht!

Stellen Sie sich stattdessen hin und blicken Sie ins Publikum. Versuchen Sie, mit möglichst vielen Personen Blickkontakt aufzunehmen, bevor Sie das allererste Wort sagen. Bleiben Sie einige Sekunden stumm stehen. Zählen Sie langsam bis zehn, auch wenn es Ihnen unendlich lang vorkommen wird, auch wenn Ihnen Ihr Verstand zuschreit, dass das totaler Quatsch sei. Ihr Verstand hat keine Ahnung. Mit diesen zehn schweigsamen Sekunden machen Sie direkt einen unglaublich ruhigen Eindruck. Egal, ob Sie es sind oder nicht. Sich einfach hinstellen – das können nur coole Leute, die sich ihrer Sache sicher sind. Sie strahlen unweigerlich Kompetenz aus und haben direkt einen anderen Status.

Damit haben Sie schon mal einen richtig guten Start hingelegt.

Wenn Sie nun Ihre Rede beginnen, nutzen Sie die Umgebung zu Ihrem Vorteil. Gibt es ein Rednerpult? Super! Halten Sie sich einfach daran fest. Es wird Ihnen im wahrsten Sinne des Wortes »Halt« geben, und Sie kommen nicht in Versuchung, mit Ihren Händen unbeholfen herumzuwedeln. Sollte es kein Pult geben, gießen Sie sich langsam ein Glas Wasser ein. Das Glas müssen Sie ruhig halten, damit nichts rausschwappt. Diese Ruhe wird sich auf Sie übertragen.

Außerdem haben Sie damit direkt einen Gag zur Hand: »Ich muss vorher einen Schluck trinken, mein Thema wird nämlich unglaublich trocken.« Das habe ich von dem erfahrenen Kölner Zauberkünstler Franz Braun gelernt: »Bevor du anfängst, sorg dafür, dass deine Zuschauer drei Mal gelacht haben.« Dadurch kommt das Publikum direkt in eine gute Stimmung und ist bereit, Ihnen zuzuhören. Für Sie selbst wirkt das auch Wunder. Ein lachendes Publikum vertreibt jede Form der Anspannung.

Also, schreiben Sie sich eine witzige Einleitung. Sie glauben, Sie wären nicht witzig? Dann suchen Sie sich ein paar lustige Sprüche aus dem Internet. Klauen Sie sich ruhig etwas zusammen. Es geht hier nur um drei Gags. Und den ersten, den mit dem Wasser, habe ich Ihnen bereits gegeben.

Es ist leichter, sich zu entspannen, wenn man sich wie zu Hause fühlt. Das ist in einem kalten Seminarraum natürlich schwierig. Deshalb ziehen Sie Ihre Uhr aus und legen Sie diese neben Ihren Vortragstext. Dadurch wissen Sie zum einen immer, wie lange Sie schon gebraucht haben, und zum anderen haben Sie stets etwas Vertrautes in Sichtweite. Das klingt nach einer Kleinigkeit, aber durch zahlreiche Coaching-Sessions, mit denen ich Manager und Politiker unterstützt habe, weiß ich, dass sie eine sehr große Wirkung zeigt.

Ich hatte hinter dem Vorhang weder ein Glas Wasser noch ein Pult, um meine Uhr daraufzulegen. Dafür wusste ich, dass mein Brieföffner, die Münze und das Buch genau dort waren, wo sie sein mussten. Schließlich hatte ich das ungefähr viertausend Mal überprüft.

Jetzt war es zu spät, sich darüber Gedanken zu machen. Gleich würde der Vorhang aufgehen. Dahinter konnte ich die dreitausend Zuschauer murmeln hören.

»Holt mich hier raus!«, wollte ich schreien. »Lasst mich alle ›Twilight‹-Filme hintereinander gucken. Meinetwegen bis(s) zum Frühstück. Lasst mich alle Treppen des Empire State Buildings hinauflaufen. Lasst mich jeden Morgen von André Rieu geweckt werden. Alles, wirklich alles, nur schickt mich nicht raus auf diese Bühne!«

Aber ich war so angespannt, dass ich nicht mal schreien konnte. Stattdessen durchfluteten letzte Horrorvisionen meinen Verstand. Für meinen Auftritt hatte ich laut Wettbewerbsreglement genau zehn Minuten Zeit. Das ist nicht viel, wenn man mit einer Darbietung antritt, die Zuschauerbeteiligung erfordert. Denn man kann im Vorfeld nie genau abschätzen, wie der ausgewählte Zuschauer drauf ist. Die geplanten fünfundvierzig Sekunden, um eine Spielkarte ziehen zu lassen, können sich schnell zu einer Ewigkeit ausdehnen. Ungünstig, wenn nach zehn Minuten der Vorhang zugezogen wird. Eine Minute vorher leuchtet noch eine gelbe Lampe, sozusagen als Warnung. Sechzig Sekunden später die rote Lampe. Bricht man dann nicht umgehend seinen Auftritt ab, wird der Vorhang geschlossen und man selbst disqualifiziert. Da versteht die Jury keinen Spaß!

Zehn Minuten. – Eine Woche bevor ich nach Blackpool fuhr, brauchte ich für meine Nummer noch zwölf. Dank der intensiven Textarbeit mit meinem Dreamteam aus Dirk, Werner und Pius sollte sie jetzt genau neun Minuten und siebenunddreißig Sekunden dauern. Ich hatte also einen Puffer von dreiundzwanzig Sekunden.

Nicht gerade viel.

Sollte ich einfach schneller reden?

Ein paar Gags weglassen?

Tausende Ideen rasten durch meinen Kopf. Doch jetzt war es zu spät. Jetzt ging der Vorhang auf, und ich trat ins Licht.

Ich mache zwei Schritte nach vorne. Die Bühne erscheint mir viel größer als bei der Probe. Vom Publikum kann ich nichts erkennen. Der Zuschauerraum sieht wie ein schwarzes Loch aus, weil mir die Scheinwerfer ins Gesicht knallen.

Der Applaus, den das interessierte Publikum jedem Teilnehmer zukommen lässt, ebbt ab. Dann beginnt Céline Dion ihr bekanntes Lied aus dem Film »Titanic« zu singen. Also, natürlich kommt es vom Band! Blackpool ist ein schrecklicher Ort, aber so schrecklich, dass dort tatsächlich Céline Dion herumrennt, dann auch wieder nicht.

Plötzlich findet die Musik ein abruptes Ende, und ich beginne mit den Worten: »Isn't that awful?« – Hoffentlich genügend genervt. Ansonsten würde mir Pius hinterher erst einmal eine Standpauke halten.

Zum Glück lacht das Publikum. Gut. Der erste von drei Gags ist angekommen. Zumindest schon mal keine Standpauke von Franz Braun.

»Ich weiß nicht, wie es Ihnen geht, aber ich kann den Film nicht ertragen. Meine Frau will ihn leider ständig sehen. Jetzt soll es sogar eine Fortsetzung geben – aus der Sicht des Eisbergs.«

Noch ein Lacher.

Danach berichte ich, dass es etwas viel Spannenderes gäbe als den Film. Nämlich das Buch von Morgan Robertson.

Während ich die Parallelen zwischen Literatur und dem echten Schiffsunglück aufzeige, wird es still im Saal. Mein Gefühl hatte mich nicht getrogen. Wenn mich die Übereinstimmungen begeisterten, dann würde das Phänomen auch anderen gefallen.

»Doch das Erstaunlichste ist, wie der Autor das Schiff

in seinem Roman nannte: Titan!« Damit schließe ich meine Eröffnung, und Gänsehaut kriecht meinen Rücken hoch.

»Hatte Morgan Robertson eine Vision? Oder sind die Übereinstimmungen bloßer Zufall?«, frage ich.

Um das zu ergründen, bitte ich eine Zuschauerin, aufzustehen. Diese wurde im Vorfeld von der Jury ausgewählt. Um sicherzustellen, dass wir nichts absprechen konnten. Ein Fachpublikum weiß um die Tricks ihrer Wettbewerbsteilnehmer und will alle Betrugsmöglichkeiten ausschließen.

»Wie heißen Sie?«

»Theresa«, antwortet sie.

»Theresa, ich würde Sie gerne auf eine Tauchfahrt zur Titanic einladen.«

Sie nimmt das Angebot lachend an.

Schnell wiegle ich ab: »Eine *imaginäre* Tauchfahrt zum Wrack des Schiffes.«

Sie stimmt zu, und so bitte ich sie, sich zunächst das Tauchboot vorzustellen.

»Auf der Seite neben einem kleinen Guckfenster steht der Name des U-Bootes. Werfen Sie einen Blick darauf, aber verraten Sie ihn uns nicht. Behalten Sie ihn nur in Gedanken. – Haben Sie den Namen?«

»Ja.«

»Wir besteigen unser Gefährt, die Luken schließen sich, und langsam sinken wir hinab in die Tiefe des Meeres.«

Dabei ändern sich Musik und Lichtstimmung. Die Bühne wird durch ein kühles Blau erleuchtet. Ein Stein fällt mir vom Herzen! Stefan und der Techniker haben den Einsatz genau erwischt. Das Geräusch der Luken, die nach unserem Einstieg zufallen, die Luftblasen, die beim Atmen unter Wasser langsam emporsteigen, und das Sonar sind zu vernehmen.

»Die Titanic liegt tiefer als dreitausend Meter. Entscheiden Sie sich«, wende ich mich wieder an Theresa, »für eine Tiefe.«

Sie überlegt kurz und bestätigt: »Habe ich.«

Die letzte Frage bereitet den Höhepunkt meiner Wettbewerbsnummer vor, der auch Fachkollegen vor ein Rätsel stellen wird.

»Vor uns im Wasser sehen wir etwas Glänzendes. Aus dem U-Boot fährt ein kleiner Greifarm.« Dabei ertönt leise ein mechanisches Geräusch. »Es handelt sich offensichtlich um eine Münze. Auf dieser ist eine Jahreszahl eingraviert. Entscheiden Sie sich bitte jetzt für das Jahr.« Langsam ändert sich die Lichtstimmung von Blau wieder auf Arizona-Gelb. Wir tauchen auf.

Für den Weg auf die Bühne haben wir in der Probe dreißig Sekunden einkalkuliert. Während ich Theresa nach vorne bitte und das Publikum ihr Applaus spendet, zähle ich leise die Sekunden mit. Alles ist im Rahmen, noch fünfzehn Sekunden.

Ich gehe zum Bühnenrand, um die Zuschauerin in Empfang zu nehmen.

Dreizehn Sekunden.

Auf Kursfahrt zum Weltmeister …

Doch dann bleibt Theresa plötzlich stehen. Der Weg nach vorne ist versperrt. Der Fotograf einer magischen Fachzeitschrift hat seine umfangreiche Kameraausrüstung neben seinen Sitz gestellt. Es gibt kein Durchkommen.

Mein Herz beginnt zu rasen.

Wofür braucht man eine derart große Kamera? Es ist

ohnehin verboten, während des Wettbewerbs zu fotografieren!

Theresa muss andersherum auf die Bühne kommen.

Freunde von mir, die im Publikum sitzen, winken sie auf die andere Seite. Sie gestikulieren wild, um ihr klarzumachen, dass sie sich beeilen müsse. Theresa läuft.

Inzwischen habe ich bis null heruntergezählt. Jede Sekunde ab jetzt geht von meinem Puffer weg.

Ich will den Fotografen töten.

Ich überlege, das Abo des Magazins zu kündigen. Ich bin kurz davor, das jetzt hier und live über die Mikrofonanlage zu machen.

Da steht Theresa neben mir. Sie ist außer Atem.

Und mir fehlen zwanzig Sekunden.

Trotzdem: Ruhe bewahren.

Ich atme durch und zeige ihr das Buch von Morgan Robertson, das die ganze Zeit auf meinem Reisekoffer gelegen hat. Aus der Mitte des Buches lugt ein Umschlag hervor. Sie zieht ihn raus, und ich will ihr den Brieföffner reichen. Doch sie hat den Umschlag bereits einfach aufgerissen – Na, da hat es sich ja gelohnt, dass ich vorher so oft überprüft habe, ob der Öffner auch wirklich in der Tasche ist …

»In dem Umschlag steckt ein Brief. Ein Brief der Firma, die die Tauchreisen zur Titanic tatsächlich unternimmt.« Ich stelle mich neben Theresa, damit sie mitlesen kann, was auf dem Papier steht.

»Mit einem Tauchboot fuhren Sie zur Titanic. Der Name Ihres Gefährts lautete …«

Ich mache eine dramatische Pause und frage Theresa, an welchen Namen sie gedacht hat.

»Nepomuk«, antwortet sie.

»Nepomuk? Und in dem Brief steht …«, frage ich nach.

Sie liest es vor: »Nepomuk.«

Ein Volltreffer. Ihre und meine Tauchfahrt stimmen überein.

Doch damit nicht genug. Sie hatte nur in Gedanken entschieden, dass wir in einer Tiefe von 3798 Meter die Titanic zum ersten Mal sehen würden. Als sie die Zahl in dem gedruckten Brief sieht, stutzt sie kurz, so erstaunt ist sie über die Übereinstimmung.

Das Publikum klatscht anerkennend. Dennoch weiß ich, dass die Darbietung für Mentalmagier noch kein allzu großes Rätsel darstellt. Und genau für die habe ich noch ein Ende parat.

In diesem Moment ruft eine mir unbekannte Stimme etwas aus dem Publikum. Selbst wenn mich die Worte damals fast vollständig aus dem Konzept gebracht hätten, so dankbar bin ich ihr doch.

»Yellow lamp!«

Die gelbe Lampe. Noch sechzig Sekunden.

Das schaffe ich niemals.

Ab hier habe ich in den Proben immer zwei Minuten gebraucht.

Christoph Kuch hat gerade den Eisberg gerammt, und alle Hoffnungen auf einen Preis gehen unter. Frauen und Kinder zuerst – Christoph zuletzt!

Es bleibt nur die Flucht nach vorne. Mit einer einzigen Bewegung werfe ich Buch und Brief nach hinten auf die Bühne. Ich falle damit aus meiner Rolle, aber ich muss die Nummer jetzt zu Ende bringen. So schnell es nur irgend geht.

Ich wende mich zum Publikum und rufe: »Seit ich die Tauchfahrt unternommen habe, trage ich die Münze immer bei mir.«

Die Münze hängt an einer Kette. Die Kette ist unter

meinem Hemd. Das weiß ich. Ich habe es vor dem Auftritt oft genug überprüft. Leider weiß ich ebenfalls, dass ich zwanzig Sekunden brauche, um das Hemd zu öffnen. Erst die Krawatte und dann jeden einzelnen Knopf. Das haben wir aus dramaturgischen Gründen so gesetzt. Es sollte eine Spannung entstehen. Das Publikum sollte ahnen, was als Nächstes kommt – es aber nicht glauben können. Es nicht glauben wollen.

Das hielten wir für eine raffinierte Idee.

Jetzt sollten mich diese raffinierte Idee, diese raffinierten Knöpfe, diese Krawatte um meine einzige Chance auf einen Platz bei der Weltmeisterschaft bringen. Panisch zerre ich also an meiner Krawatte.

Was habe ich mir eigentlich dabei gedacht, einen Doppelten Windsorknoten zu machen? Was sprach gegen eine falsche, fertig gebundene Krawatte mit einem Gummizug? Was für Homer Simpson gut ist, konnte doch für mich nicht schlecht sein …

Theresa blickt mich mit großen Augen an, während ich an dem Schlips zerre und meinen Hals von einer Seite auf die andere drehe. – Ihre Augen sollten noch größer werden.

Die Schlinge um meinen Hals ist weit genug, um an den Kragen meines Designerhemdes zu kommen. Kleider machen Leute, hatte ich mir gedacht. Jetzt denke ich nur noch: Schade um das Hemd. Mit beiden Händen greife ich in die Öffnung zwischen den Knopflöchern, und mit einem Ruck reiße ich das Hemd auf. Knöpfe springen ab und rollen über den Boden. Der edle Designerstoff reißt. Wie gesagt, Theresas Augen sollten noch größer werden.

Sie blickt auf meinen Oberkörper. Dort, an einer Silberkette, baumelt eine Münze mit einem Loch. Ich nehme die Kette ab und lasse Theresa die Münze von der Kette ziehen.

»Welche Jahreszahl stand auf Ihrer Münze, die Sie sich nur vorgestellt haben?«

»1806.«

»1806 ...«

Meine Stimme überschlägt sich bei den nächsten Sätzen fast, weil ich versuche, so viel Zeit wie möglich aufzuholen: »Und was ist hier auf dieser Münze eingraviert? Auf der Münze, die ich die ganze Zeit um den Hals getragen habe. Die ganze Zeit, noch bevor Sie überhaupt auf die Bühne gekommen sind. Welche Zahl steht hier?«

Eine kurze Pause, weil sie es selbst nicht glauben kann. Dann sagt sie mit leiser Stimme: »Da steht 1806!«

Sie blickt mich sprachlos an.

Das Publikum tobt.

Und die rote Lampe leuchtet auf.

Schnell springe ich hinter Theresa und ergreife ihre Hände.

»Vielleicht sind Sie auch ein Prophet!«

Mit diesen Worte breite ich unsere Arme aus, und wir stehen in »Ich bin der König der Welt«-Pose da, während erneut Céline Dion ihr Lied heult, das Licht langsam dunkler wird und sich der Vorhang schließt.

Danach war ich fertig mit der Welt. Ich hatte durchaus angenommen, dass eine Weltmeisterschaft anstrengend sein würde. Doch mit so einem Wechselbad der Gefühle hatte ich nicht gerechnet. Mein Körper hatte genug Adrenalin ausgeschüttet, um mich die ganze nächste Woche nicht schlafen zu lassen.

Mein Gehirn schaltete erst einmal auf Standby. Ich

blieb noch einige Zeit mit ausgebreiteten Armen stehen, bis mich Theresa darauf hinwies, dass der Vorhang zu sei und wir die Bühne für den nächsten Künstler freimachen müssten.

Die Kette mit der Münze schenkte ich ihr zum Dank und zur Erinnerung an die Vorführung.

Ich selbst konnte zu diesem Zeitpunkt nichts zu meiner Nummer sagen. Ich war zufrieden mit mir, aber wusste weder, wie es dem Publikum tatsächlich gefallen hatte, noch ob mein Auftritt überhaupt gewertet werden würde. Ich hatte zwar die Nummer umgehend bei der roten Lampe beendet, aber ob das gereicht hatte, war Auslegung der Jury. Doch in diesem Moment war mir das herzlich egal. Eine unglaubliche Last war mit dem Fallen des Vorhangs von meinen Schultern gefallen. Ob ich mit dieser Nummer, an der ich seit gut zehn Jahren gefeilt hatte, einen Preis gewinnen sollte, erschien unwichtig. Ich hatte mir meinen großen Traum, einmal als Wettbewerbsteilnehmer bei einer Weltmeisterschaft der Zauberkunst anzutreten, erfüllt.

Ein verdammt langer Weg. Angefangen bei dem Wunsch, der damals in Dresden geweckt wurde, über zahlreiche Ideen, die ich alle verworfen hatte, bis zu dem Tag, als mir das Buch von Morgan Robertson geschenkt wurde. Und danach fing die eigentliche Arbeit erst an.

Als ich wieder klar denken konnte, schickte ich den Mitgliedern meiner Kreativ-Kombo eine SMS.

Jetzt wollte ich erst einmal die positive Seite des frühen Startes ausnutzen. Während die anderen Mentalmagier noch bangen mussten, konnte ich den Kongress in aller Ruhe genießen.

Diese Vermutung sollte sich jedoch als Irrtum herausstellen. Denn durch den Wettbewerb war ich bekannt wie ein bunter Hund. Unzählige Menschen, die ich noch nie gesehen hatte, sprachen mich an, um mir zu meiner Nummer zu gratulieren. Selbstverständlich kamen auch Fragen von Kollegen, die sich Hinweise darauf erhofften, wie ich die Zuschauerin dazu gebracht hatte, sich für das Jahr 1806 zu entscheiden. Theresa selbst begegnete ich einige Tage später noch einmal. Da zeigte sie mir, dass sie die Kette seit unserem gemeinsamen Auftritt um ihren Hals trug. Ich wertete das als gutes Zeichen. Wenn sie so begeistert war, dann waren es bestimmt auch noch andere Zuschauer.

Aber Gewissheit sollte ich erst am Abend des 14. Juni 2012 erlangen. Das war die Stunde der Preisverleihung. Gebannt saßen alle Kongressbesucher, ob Wettbewerbsteilnehmer oder nicht, im Winter Gardens Theatre. Ich saß mit Freunden – einigen alten und ein paar, die ich erst auf dem Kongress gewonnen hatte – in einem der Balkone und blickte über die Zuschauerreihen. Ein imposantes Theater. Dicker roter Samt fiel mit Wellenschlag von den Wänden. Zahlreiche kleine Lampen erhellten den Saal. Die geschwungenen Handläufe waren mit Goldfarbe angestrichen. Bei meinem Auftritt hatte ich diese Details nicht wahrgenommen. Jetzt betrachtete ich zum ersten Mal in Ruhe die imposante Bühne. Dort hatte ich gestanden und meine Nummer gezeigt. Ich war gerührt, in was für einem schönen Theater ich hatte auftreten dürfen.

Nur nicht sentimental werden, dachte ich mir. Wenn du jetzt flennst und keinen Preis bekommst, halten die dich alle für einen schlechten Verlierer.

Und so biss ich mir auf die Lippen und konzentrierte mich auf das Geschehen auf der Bühne.

»Next category«, verkündete eine Stimme in einem so perfekten Oxford English, dass ich mich nicht gewundert hätte, wenn es die Queen persönlich gewesen wäre, »Mental Magic.«

Mental Magic.

Meine Sparte.

Ich blickte nach links und rechts und sah in lächelnde Gesichter. Wir deutschen Teilnehmer saßen alle beisammen. Viele nickten mir aufmunternd zu oder hielten ihren ausgestreckten Daumen in die Höhe.

Natürlich werden die Gewinner von hinten genannt. Erst der dritte, dann der zweite und zuletzt der erste Platz. Es musste ja spannend bleiben. Doch Spannung war das Letzte, was ich jetzt wollte. Meine spärlichen Hoffnungen zerbrachen mit jedem Namen immer weiter. Mir war inzwischen klar, dass ich einfach gar nicht gewertet worden war. Ich war disqualifiziert worden. Oder einfach zu schlecht. Es war ohnehin eine ganz furchtbare Nummer, versuchte ich mir einzureden. Wenn ich Glück hatte, hätten nicht allzu viele meinen Auftritt gesehen, und ich könnte unerkannt aus dem Theater schleichen.

»And the act with the highest score …«

Dann erklang auf einmal mein Name.

»Krisstofff Küüütsch!«

Das war ich.

Christoph Kuch, in perfektem Oxford English.

Die ersten Zauberer klopften mir auf die Schulter. Das war also tatsächlich mein Name, den die Queen da verkündet hatte. Ungläubig rannte ich los. Hände wurden mir entgegengestreckt, die ich abklatschte. Ich lief durch das Treppenhaus mit dem dicken roten Teppich nach unten. Durch das Foyer. Noch mehr Hände. Weiter zum Parkett. Ich rannte durch ein Meer aus Applaus. Und konnte es nicht glauben. Schließlich erreichte ich die Bühne.

Domenico Dante, der Präsident der FISM, reichte mir seine Hand. Geistesgegenwärtig schüttelte ich sie und nahm den Pokal entgegen. Eine Skulptur aus Glas. Überraschend schwer.

Dennoch reiße ich den Arm empor.

Jemand stößt einen Schrei aus und jubelt lautstark.

Wie peinlich.

Auf den Videoaufnahmen muss ich später erkennen, dass ich es selbst war, der geschrien hat.

Noch peinlicher.

Aber zu diesem Zeitpunkt war ich so glücklich, dass mir alles egal war. Was dieser Preis für mich bedeuten und was er mir ermöglichen sollte, war mir zu diesem Zeitpunkt nicht bewusst.

Offensichtlich bin ich kein so guter Prophet wie Morgan Robertson oder Theresa.

Danksagung

VIELEN DANK AN

Michaela Kenklies und Antje Steinhäuser, die an das Buch geglaubt haben und es zu einem besseren Buch haben werden lassen.

CHRISTOPH KUCH DANKT

Sonja, Emilia und Elian für die Magie in meinem Leben.
Dirk Wiedemann für die rechtliche Beratung und die Freundschaft. Thomas Görtz-Aflatoon für die konstruktive Kritik.
Werner Fleischer und Pius Maria Cüppers, die mir immer wieder aufs Neue zeigen, worum es in der Zauberkunst wirklich geht.

FLORIAN SEVERIN DANKT

Sarah und Frerk für Eure Liebe und Geduld.
Gerdi, Franz, Claudia und Jérôme – Ihr wisst, wofür.
Peter Bold, Michael Janssen und Dirk Wiedemann – ohne Euch wäre dieses Buch anders.
Denis Behr, Gerd Börner, Roland Henning, Christian Kinzler, Robert Marteau, Andreas Meuser, Heiko Schäfer, Lorenz Schär und Michael Sondermeyer für Eure Anregungen und Unterstützung bei der Recherche.

Verwendete Liedzitate
zu Beginn der Kapitel

Vorwort – »Eye in the Sky« von *The Alan Parsons Project,* von dem Album »Eye in the Sky«. Text von Alan Parson und Eric Woolfson. Artista Music, 1982

Kapitel 1 – »The Prophet's Song« von *Queen,* von dem Album »A Night at the Opera«. Text von Brian May. EMI / Hollywood Records, 1975

Kapitel 2 – »Streets of London« von *Ralph McTell,* von dem Album »Spiral Staircase«. Text von Ralph McTell. Transatlantic, 1969

Kapitel 3 – »Männer sind Schweine« von *Die Ärzte,* von dem Album »13«. Text von Farin Urlaub. Hot Action Records, 1998

Kapitel 4 – »Palm Reader« von *Third Eye Blind,* von dem Album »Out of the Vein«. Text von Stephan Jenkins und Anthony J. Fredianelli. Rhino / Elektra, 2003

Kapitel 5 – »Voodoo« von *Funny van Dannen,* von dem Album »Herzscheiße«. Text von Funny van Dannen. Trikont / Indigo, 2003

Kapitel 6 – »Jesus He Knows Me« von *Genesis,* von dem Album »We Can't Dance«. Text von Tony Banks, Phil Collins und Mike Rutherford. Atlantic / Virgin, 1992

Zugabe – »Applaus, Applaus« von *Sportfreunde Stiller,* von dem Album »New York, Rio, Rosenheim«. Text von Peter Brugger, Rüdiger Linhof und Florian Weber. Vertigo / Capitol, 2013

Bildnachweis

S. 64 o. Istockphoto / RickBL
S. 64 u. Istockphoto / Georgijevic
S. 64 Photodisc (Hintergründe)
S. 145 Dynamic Graphics (Wolken)
S. 145 Istockphoto / PaulCowan (Kamel)
S. 145 Istockphoto / markgoddard (Pyramide)
S. 145 Istockphoto / Logray-2008 (Dünen)
S. 163 Florian Severin
Illustrationen: Gisela Rüger, München